WER BAUT WIEN?

Reinhard Seiß

WER BAUT WIEN?

Hintergründe und Motive der Stadtentwicklung Wiens seit 1989

Mit einem Vorwort von Friedrich Achleitner
und einem Nachwort von Christian Kühn

sowie einem aktuellen Kommentar des Autors

VERLAG ANTON PUSTET

Herausgegeben von
URBAN+
KOMMUNIKATION IN STADT- UND RAUMPLANUNG

Co-finanziert durch das „Margarete Schütte-Lihotzky Projektstipendium"
Bundeskanzleramt – Kunstsektion

Bibliografische Information Der Deutschen Bibliothek
Die Deutsche Bibliothek verzeichnet diese Publikation in der Deutschen
Nationalbibliografie; detaillierte bibliografische Daten sind im Internet über
http://dnb.d-nb.de abrufbar.

4. Auflage 2013
© 2007 Verlag Anton Pustet
Salzburg – München – Wien
A-5020 Salzburg, Bergstraße 12
Sämtliche Rechte vorbehalten.
Lektorat: Silke Dürnberger
Umschlaggestaltung: Christina Andraschko, linie3.com
Layout, Satz: Tanja Kühnel, Nadine Löbel, Sieglinde Leibetseder
Druck: Druckerei Theiss GmbH, St. Stefan im Lavanttal
ISBN 978-3-7025-0538-7

www.pustet.at

Inhalt

Wien 2013
Eine Momentaufnahme

„Vieles wird neu. Wien bleibt Wien", plakatierten die Wiener Sozialdemokraten kurz nach der Kommunalwahl im Herbst 2010, bei der sie ihre absolute Mehrheit verloren hatten und daraufhin eine Koalition mit den Grünen eingegangen waren. Es klang wie der Versuch, die eigene Klientel zu beruhigen: Man habe zwar mit dem Juniorpartner eine Partei in die Stadtregierung geholt, die – anders als die Volkspartei während der rot-schwarzen Koalition von 1996 bis 2001 – nicht primär auf Machtteilung, sondern auf Veränderungen abziele, garantiere als Seniorpartner aber, dass die bisherigen kommunalpolitischen Grundfesten bestehen blieben. Ohnehin stand den Grünen nur ein einziges Ressort zu, wobei deren Spitzenkandidatin Maria Vassilakou zunächst bekundete, als Integrationsstadträtin fungieren zu wollen. Doch wurde die neue Vizebürgermeisterin schließlich mit der Geschäftsgruppe „Stadtentwicklung, Verkehr, Klimaschutz, Energieplanung und BürgerInnenbeteiligung" betraut.

Die Stadtplanungsagenden gibt die SPÖ offenbar am bereitwilligsten ab – so wie schon in den 1990er Jahren an die ÖVP. Zum einen verfügt dieses Ressort über ein vergleichsweise geringes Budget und damit auch über relativ wenig Macht, zum anderen sind planungs- und verkehrspolitische Entscheidungen nicht eben dazu angetan, im breiten Wählervolk Sympathie zu gewinnen. Und schließlich besteht in der Stadtplanung wie in keinem anderen Bereich des Rathauses eine Parallelstruktur in Form der ressortübergreifend agierenden Stadtbaudirektion, die der Mehrheitsfraktion ohnehin direkten Einfluss auf ihre wesentlichen Stadtentwicklungsfragen sichert. So untersteht der Planungsdirektor als Chef aller Stadtplanungsabteilungen der Stadtbaudirektorin und diese wiederum dem Magistratsdirektor, welcher allein dem Bürgermeister gegenüber verpflichtet ist.

Vielleicht wurde den Sozialdemokraten auch bewusst, dass nach zwei Jahrzehnten einer an Partei- und Investoreninteressen orientierten, alles andere als zukunftstauglichen Stadtentwicklung zumindest eine gewisse Kurskorrektur überfällig war. Nicht von ungefähr erntete das

Rathaus in den Jahren zuvor nirgends soviel bürgerschaftlichen Widerstand wie im Bereich Planung und Verkehr, was sich allein an gut 40 Bürgerinitiativen aus allen 23 Bezirken und ihrer medialen Präsenz zeigte. Es folgte der politischen Logik, dass die anstehenden, aus sozialdemokratischer Sicht teils unpopulären Reformen nicht von der SPÖ selbst gegenüber Autofahrern und Kleingartensiedlern, Bauträgern und Immobilienentwicklern verantwortet werden sollten, sondern von ihrem Koalitionspartner.

Vor dem erwarteten Ende der Alleinregierung bemühten sich die Sozialdemokraten freilich, noch einige ihnen wichtige Weichen der Stadtentwicklung zu stellen. So ließ sich die Stadtregierung ihre ablehnende Haltung zu einer – international vielfach erprobten – City Maut Anfang 2010 per Volksbefragung absegnen. Der Flächenwidmungsplan für das künftige Hauptbahnhofviertel, der weniger urbanistischen Kriterien als den Renditeerwartungen der Grundeigentümer folgte, wurde ebenso rasch noch beschlossen wie die Widmung für drei neue Hochhäuser im abgelegenen Stadtteil „Monte Laa" – als Ersatz für das einst verheißungsvoll promotete aber bald als unwirtschaftlich erkannte Projekt von Architekt Hans Hollein. Obwohl die beantragten Türme von 110, 100 und 65 Metern Höhe mangels Anbindung durch leistungsfähigen öffentlichen Verkehr in klarem Widerspruch zum Wiener Hochhauskonzept standen, wurden sie in der letzten Gemeinderatssitzung vor der Wahl durchgeboxt. Doch nicht nur dieses späte Vermächtnis – die gesamte Planungs- und Verkehrspolitik der vergangenen 20 Jahre wird noch lange Zeit weiter wirken und wohl für Generationen unübersehbar in die Stadtstruktur und das Stadtbild Wiens eingeschrieben bleiben.

Bestes Beispiel dafür ist die einst als zweites Stadtzentrum konzipierte Donau City. Entgegen den Zielen des Rathauses und allen Beteuerungen des Entwicklers nimmt sie sich nach wie vor als steriles Wohn- und Büroviertel aus. Dass der jahrelang für einen Universitätskomplex reservierte Standort inmitten des Stadtteils nun mit weiteren Wohnungen verbaut werden soll, wird ähnlich wenig zur versprochenen Vitalität und Funktionsvielfalt beitragen wie die zwei projektierten DC Tower – die als neue Wahrzeichen Wiens kolportierten Zwillingstürme von Architekt Dominique Perrault. Deren Werdegang demonstrierte einmal mehr die Willfährigkeit Wiens gegenüber Investoren und damit einhergehend das Niveau des hiesigen städtebaulichen Diskurses: 2007 setzte die Stadt den Wunsch des Developers WED, der Wiener Entwicklungsgesellschaft für den Donauraum, nach zwei Bauten mit 160 und 200 Metern Höhe eins zu eins in einen rechtskräftigen Plan um. Kurze Zeit später urgierte die WED, die Türme mögen doch noch um 15 beziehungsweise 20 Meter höher werden, und die Mehrheitsfraktion im Gemeinderat entsprach auch diesem Begehr. Eine Mandatarin aus dem betroffenen 22. Bezirk rechtfertigte dies sinngemäß dadurch, dass es doch egal sei, ob ein Gebäude nun 200 oder 220 Meter hoch werde, zumal den Unterschied mit freiem Auge ohnehin niemand feststellen könne.

In den darauf folgenden drei Jahren war immer wieder die Rede von einem baldigen Baubeginn, der sich wohl weniger aufgrund der internationalen Immobilienkrise als vielmehr wegen der chronischen Übersättigung des Wiener Büromarkts mehrfach verzögerte. Nachdem auch in der Donau City, etwa im Saturn Tower, große moderne Büroeinheiten dauerhaft leer stehen, ist es nachvollziehbar, dass die WED seit Ende 2010 zunächst einmal nur den DC Tower 1, den höheren der beiden Zwillinge, errichtet – obwohl auch hier für die Hälfte der rund 40.000 Quadratmeter Bürofläche nach wie vor Mieter fehlen. So verwundert es nicht, dass sich der DC Tower 2 dereinst doch auf 160 Meter beschränken soll. Von einem etwaigen dritten Büroturm, den die WED je nach Marktlage optional vorgesehen hatte, war schon länger nichts mehr zu hören.

Das in der Donau City ablesbare Zerfallen großer Stadtentwicklungsgebiete in monofunktionale Teilbereiche fand und findet bei den aktuellen Projekten auf der gegenüberliegenden Donauseite im 2. Bezirk Fortsetzung. Die flussnahe Entwicklungsachse Nordbahnhof–Prater–Messe–Stadion–Krieau, die seit 2008 durch die U-Bahn-Linie 2 erschlossen wird, ist eine Aneinanderreihung funktional homogener „Stadt-Inseln", die kaum in Verbindung zu ihrem Umfeld stehen, ja sich zum Teil davon abschotten. Am ehemaligen Nordbahnhofgelände profitieren die baublockgroßen Wohnhäuser zwar vom weitläufigen Rudolf Bednar-Park, abgesehen von dieser zentralen Grünfläche herrscht im öffentlichen Raum aber wenig Leben – als direkte Folge des voluminösen Städtebaus, der mangelnden Nutzungsdurchmischung der einzelnen Objekte sowie der weitgehend unattraktiven Erdgeschoßzonen.

Geradezu ignorant gegenüber dem Anspruch, in zentralen, gut erschlossenen Lagen auch tatsächlich Stadt zu bauen, erwies sich die

Entwicklung der Wiener Messe zwischen dem gründerzeitlichen Stuwerviertel und dem Naherholungsgebiet Prater. Als ob es im 21. Jahrhundert nicht möglich wäre, Messen, Ausstellungen und Konferenzen – die den Komplex nur etwa ein Drittel des Jahres über bespielen – mit anderen Nutzungen zu verbinden, als ob es an einem so hochwertigen Standort nicht selbstverständlich sein sollte, anspruchsvolle Architektur zu schaffen, entstand hier, inmitten des 2. Bezirks, ein 15 Hektar großer, hermetisch abgeriegelter Komplex aus einem halben Dutzend großvolumiger Hallen, dessen stadträumliche Atmosphäre eher einem peripheren Gewerbegebiet als einer innerstädtischen Gunstlage entspricht. Südlich daran anschließend nimmt das nächste Großprojekt, das nur einer Funktion dienen wird, Formen an: der Campus der neuen Wirtschaftsuniversität. Campus-Universitäten wurden traditionell außerhalb der Stadt errichtet. Wien hingegen schafft einen solchen, neun Hektar großen Campus (lateinisch: das Feld) inmitten der Stadt – anstelle einer urbanen Struktur, die noch andere als Bildungs- und Forschungsaufgaben erfüllen und den gesamten Bereich auch für ein außeruniversitäres Publikum attraktiv machen hätte können.

Östlich angrenzend liegt „Viertel Zwei", eines der jüngsten Beispiele des Wiener „Investoren-Städtebaus" mit knapp 80.000 Quadratmetern Bürofläche, ergänzt um ein Hotel, einen Wohnbau und etwas Gastronomie. Auch wenn der Nutzungsmix hier im Vergleich zu anderen Entwicklungsgebieten vorteilhafter und das Freiraumdesign hochwertiger erscheinen, offenbart das Quartier dennoch die grundlegenden urbanistischen Defizite von Wiens Neubaugebieten der letzten beiden Dekaden: So gut wie jeder Baukörper dient vom ersten bis ins letzte Geschoß ein und demselben Zweck und wird damit nur durch eine spezifische Gruppe von Nutzern zu immer derselben Zeit in Anspruch genommen. Das wird sich über die gesamte Lebensdauer dieser Bauten auch nicht ändern, da sie in keiner Weise auf funktionale Flexibilität hin ausgerichtet sind. Bezüge zum öffentlichen Raum bestehen kaum oder nur vordergründig, zumal die wichtigste Erschließung der allesamt autogerechten Objekte nicht etwa der Haupteingang, sondern die Tiefgarageneinfahrt darstellt. Entsprechend segmentiert ist auch der umliegende Stadtraum: Die vorbeiführenden Straßen erfüllen – trotz merklicher gestalterischer Bemühungen – in erster Linie die Anforderungen des motorisierten Individualverkehrs. Dem gegenüber stehen die halböffentlichen autofreien

Innenbereiche des Quartiers, die jedoch weder die Öffentlichkeit und Lebendigkeit eines städtischen Platzes noch die Privatheit und Ruhe eines geschützten Hofes bieten.

Städtebauliche Monolithen im Nahbereich der Donau wie das Einkaufszentrum „Stadion Center", die Bürokomplexe „Catamaran" und „Rivergate" oder nicht zuletzt das seit Jahren lancierte Großprojekt „Marina City", oftmals mit den altbekannten rathausnahen Banken und Immobilienentwicklern im Hintergrund, komplettieren das neue, zusammenhanglose Erscheinungsbild von Wiens „Waterfront" – die damit auf Jahrzehnte hinaus zu einer fragwürdigen Visitenkarte der Baukultur dieser Stadt wird.

Der Umstand, dass gerade jene Projekte, die in urbanistischer Hinsicht zu wünschen übrig lassen, auch in wirtschaftlicher Hinsicht versagen, lässt ein Mehr an planungspolitischer Qualitätssicherung des Baugeschehens nur noch dringlicher erscheinen. Das Rathaus indes ging in jüngerer Vergangenheit den genau entgegengesetzten Weg: Es forcierte selbst hochspekulative Bauvorhaben trotz nachteiliger stadtstruktureller und stadträumlicher Folgewirkungen und sprang darüber hinaus noch in die Bresche, wenn der freie Markt diese Projekte finanziell scheitern zu lassen drohte.

So geschehen beim skandalösen Großprojekt Wien Mitte, dessen Kubatur vom Investor mit bereitwilliger Unterstützung der Stadtplanung bis zum Äußersten maximiert wurde. Dies ergab am Ende zwar die gewünschte Nutzfläche, kostete der Immobilie aber so viel an Qualität, dass sich zunächst kaum Mieter fanden, die für die 62.000 Quadratmeter Bürofläche im 3. Bezirk auch nur annähernd den erwarteten Preis zahlen wollten – bis die Stadt Wien beschloss, selbst als Großabnehmerin des schwer vermittelbaren Objekts aufzutreten: Bis Frühjahr 2013 geben mit Ausnahme des Amtshauses für die Bezirke 20, 21 und 22 alle Bezirksfinanzämter sowie das Finanzamt für Gebühren und Verkehrssteuern ihre bis dato dezentralen Standorte auf und übersiedeln nach Wien Mitte. Was nach mehr Effizienz und Synergie klingt, bedeutet tatsächlich, dass die bisherigen kundennahen Amtsgebäude brachfallen und der staatliche Eigentümer, die Bundesimmobiliengesellschaft (BIG), bei Weitem nicht alle auch wieder verwerten wird können. Und was mit Einsparungen argumentiert wird, erweist sich für die öffentliche Hand in Gestalt der BIG als dauerhafter Verlust von Mieteinnahmen, die künftig an den privaten Investor fließen: laut Zeitungsberichten angeblich an die 6 Millionen Euro netto jährlich.

Auch das Projekt TownTown in Wien-Erdberg konnte nur dank Standortverlagerungen von Magistratsämtern gerettet werden, was die lokale Immobilienwirtschaft aber nicht davon abhält, immer neue Bürogroßprojekte ähnlicher Machart zu realisieren. So entstand dort, wo die Wiener Planungspolitik unter dem Schlagwort „Mehrwert Simmering" jahrelang eine urbane Bebauung mit attraktiven Freiflächen verheißen hatte, eine Büro-Geisterstadt namens „Marximum": ein dicht verbautes Quartier mit rund 40.000 Quadratmetern Bürofläche, das seit 2009 mehrheitlich leersteht. Im steril gestalteten Freiraum zwischen den uniformen Baukörpern ist oft nur das Security-Personal zu sehen, das dieses Potemkin'sche Viertel bewacht. Gleich vis-à-vis befindet sich der zeitgleich entwickelte „MGC Office Park" mit über 20.000 Quadratmetern Bürofläche – ebenfalls zu großen Teilen unvermietet. Problematisch sind solche Investitionen nicht nur in immobilienwirtschaftlicher Hinsicht. Denn weitgehend ungenutzte Bauten vergeuden wertvollen Boden in guter Lage auf Kosten der Stadt, die hier genauso durch stets benötigte Wohnbauten oder eine gemischte Bebauung erweitert werden hätte können.

Im Wiener Wohnbau zeigen inzwischen manche Akteure ein Bewusstsein für die städtebaulichen Mankos jener Wohnbaupraxis, die seit den 1990er Jahren – begleitet von teils erkaufter, teils unbedarfter medialer Beschönigung – vorherrscht. Die wachsende Kritik an überzogenen Dichten, indiskutablen Freiflächen oder den öffentlichen Raum verödenden Sockelzonen lässt zunehmend mehr Architekten, Wohnbauträger und auch Vertreter des Rathauses eben diese Themen im Munde führen. Allein, der Schritt zu substanziellen Verbesserungen ist nach wie vor ausständig. Wohltuenden Ausnahmen wie der Wohnbebauung am ehemaligen Schlachthofgelände St. Marx im 3. Bezirk mit einer standortverträglichen Maßstäblichkeit, brauchbaren Grünflächen und vielfältig genutzten Erdgeschoßen steht eine Vielzahl neuer Quartiere herkömmlicher Machart gegenüber. Seien es ganze Wohnviertel wie auf den Aspang-Gründen im 3. Bezirk, am Laaer Berg im 10. Bezirk oder in der Tokiostraße im 22. Bezirk, seien es etwas kleinere Wohnanlagen wie jene in der ehemaligen Wilhelmskaserne in der Leopoldstadt oder die „Ville Verdi" unmittelbar vor den Simmeringer Gasometern – nirgends vermögen auffällige Fassaden oder extravagante Gartengestaltungen die Banalität der Bebauung wie des Außenraums zu kaschieren.

Gern wird heute auf Kritik an der urbanistischen Kultur Wiens die Seestadt Aspern ins Treffen geführt: Auf dem ehemaligen Flugfeld im 22. Bezirk soll basierend auf dem Masterplan von 2007 nichts weniger als eine „Stadt der Zukunft" entstehen, mit städtebaulicher Kleinteiligkeit, einem urbanen Nutzungsmix, qualitätvollen Freiräumen und einer hohen Unabhängigkeit vom Auto. So gibt es seit 2008 eine eigene Entwicklungsgesellschaft, die sämtliche Planungs- und Baumaßnahmen bis über ihre Fertigstellung hinaus betreuen soll. Dies bedeutet die erstmalige Abkehr von der üblichen Praxis, die Verantwortung für die Realisierung neuer Stadtteile an die Bauträger abzugeben. Ein ebensolches Novum für Wien stellt die vertragliche Festlegung konkreter Qualitäten mit den Wohnbaugesellschaften im Zuge des Grundstücksverkaufs dar. Die Stellplätze in Aspern werden sich nicht mehr unmittelbar bei den Wohnhäusern, sondern in Sammelgaragen befinden, und für die Vermietung der Erdgeschoßzonen wird ein stadtteilweites Management eingerichtet.

Der Euphorie inner- und außerhalb des Rathauses über so viel Innovation in der Stadtentwicklung ist entgegenzuhalten, dass all diese Neuerungen nach wie vor erst auf dem Papier existieren. Abgesehen von einem bis dato kaum ausgelasteten Technologiezentrum der stadteigenen Wirtschaftsagentur Wien steht von der künftigen Seestadt sechs Jahre nach Erstellung des Masterplans noch kein einziges Gebäude. Zu viele Großprojekte in dieser Stadt führen vor Augen, wie sehr ambitionierte Pläne im Zuge ihrer Umsetzung bis zur Unkenntlichkeit verwässert oder gar pervertiert werden können, als dass nicht weiterhin Skepsis angebracht wäre. Bekanntermaßen sind für die Realisierung der Seestadt exakt dieselben Akteure verantwortlich, die in anderen Stadterweiterungsgebieten jenen Städtebau schufen, von dem sich Aspern dezidiert abheben will: beginnend bei den Magistratsabteilungen aus den Bereichen Stadt- und Verkehrsplanung über den Wohnfonds Wien und die öffentlichen Verkehrsträger bis hin zu den Investoren, Bauträgern und Architekten.

Sollte es in Aspern tatsächlich gelungen sein, sie alle auf eine neue Planungs- und Baukultur einzuschwören, stellt sich die Frage, warum diese nur am nordöstlichen Rand von Wien Niederschlag findet, nicht aber in anderen Neubaugebieten, wo zeitgleich mit der Seestadt ganze Viertel in gewohnter Manier entstehen. Offenbar bedingt die ansonsten vorherrschende Gemengelage an Begehrlichkeiten von Grundeigentümern, Projektentwicklern und Financiers, Baukonzernen und Planern, dass die faktische Stadtentwicklung nach wie vor eher der Rationalität des Wohnungs- und Büromarkts als urbanistischen Zielen folgt.

Die Gegenläufigkeit individueller Ansprüche spiegelt sich selbst im Modellprojekt Aspern wider, obwohl hier bisher ausschließlich öffentliche Akteure das Sagen hatten: Einerseits bezwecken gleich mehrere verkehrspolitische Maßnahmen ein umweltverträglicheres Mobilitätsverhalten der künftigen Nutzer, andererseits macht die projektierte Schnellstraße im Norden der Seestadt diese zu einem über alle Maßen autogerechten Standort: Durch zwei leistungsfähige Anschlussstellen wird die „Stadt der Zukunft" direkt an die A23, an S1 und S2 sowie in weiterer Folge an A4, A5 und S8 angebunden sein. Und während der vom Gemeinderat beschlossene Masterplan großen Wert auf die städtebauliche Qualität des Entwicklungsgebiets legt, schufen die Wiener Linien im Zuge der oberirdischen Verlängerung der U-Bahn-Linie 2 eine mehrere Kilometer lange – teils physische, teils visuelle – Barriere, die den neuen Stadtteil und sein Umfeld wie kein anderes Bauwerk prägen wird.

Widersprüchlichkeiten solcherart sind in Wien geradezu vorprogrammiert, zumal die komplexe Materie der Stadtentwicklung traditionell auf mehrere Geschäftsgruppen aufgeteilt ist und bei Weitem nicht nur durch das Ressort Stadtplanung und Verkehr bestimmt wird. So liegt die Wiener Bauordnung mit ihren übergeordneten Zielen für die Flächenwidmungs- und Bebauungsplanung ebenso in der Verantwortung des Wohnbaustadtrats wie die Wohnbauförderung, deren Vergabekriterien oftmals die Bebauungsdichte in Stadterweiterungsgebieten vorgeben. Ihm unterstehen auch stadtplanungsrelevante Magistratsabteilungen wie die Baupolizei sowie stadteigene Gesellschaften wie der Wohnfonds Wien, der sowohl durch seine Liegenschaftsankäufe als auch durch seine Bauträgerwettbewerbe eigenmächtig stadtstrukturelle und städtebauliche Weichen stellt.

Das wichtigste Instrument der kommunalen Verkehrspolitik sind zweifellos die Wiener Linien, die allerdings nicht in die Zuständigkeit der Verkehrsstadträtin fallen, sondern in jene der Wirtschafts- und Finanzstadträtin. Sie steht auch der Wirtschaftsagentur Wien vor, die unabhängig von den Präferenzen des Planungsressorts Flächen für Betriebsansiedlungen erwirbt und entwickelt. Und schließlich untersteht ihr mit der Wien Holding eine der wichtigsten Grundeigentümer, Investoren und Bauherren am städtischen Immobilienmarkt. Der Umweltstadträtin wiederum obliegen die Grünflächen der Stadt, wodurch auch diese der direkten Handhabung durch die Planungsstadträtin entzogen sind.

Nichtsdestotrotz ist seit der Wahl 2010 Bewegung in die Kommunalpolitik und somit auch in die Stadtentwicklung gekommen. Allein schon, dass der Gemeinderat, nun ohne eine absolute Mehrheitsfraktion, nicht weiter als Abstimmungsmaschine für parteipolitisch motivierte Stadtplanungs- und Verkehrskonzepte, Flächenwidmungen oder Grundstückstransaktionen missbraucht werden kann, dass eine einzige Partei die parlamentarische Kontrolle der Stadtregierung nicht mehr zu unterbinden vermag, erfordert ein Abgehen von bisherigen Gepflogenheiten. Hilfreich mag in diesem Zusammenhang auch sein, dass die Wiener SPÖ in den letzten Jahren einflussreiche Exponenten eines tendenziell absolutistischen Politikverständnisses verloren hat: sei es den früheren Wohnbaustadtrat Werner Faymann, den nun auf nationaler Ebene das in Bedrängnis gebracht hat, was er zuvor auf kommunaler Ebene offensichtlich 13 Jahre lang kritiklos praktizieren konnte – nämlich mit fragwürdigen Medienkooperationen und Zeitungsinseraten Politik zu machen; sei es die ehemalige Vizebürgermeisterin Grete Laska, die zuletzt mit der Neugestaltung des Pratervorplatzes nicht nur ein architektonisches und finanzielles Fiasko zu verantworten hatte, sondern auch das Kontrollamt auf den Plan rief.

Die Ablösung des langjährigen Planungs- und Verkehrsstadtrats Rudolf Schicker wiederum eröffnete die Chance, manche unzeitgemäßen, ja unsachlichen Haltungen und Entscheidungen in der Stadtentwicklung zu überdenken. So konnten die Parkraumbewirtschaftung auf die dichtverbauten Teile der westlichen Außenbezirke ausgedehnt und die bis dato überaus günstigen Kurzparkgebühren um knapp 70 Prozent angehoben werden. Im Gegenzug wurden die Preise von Monats- und Jahreskarten für den öffentlichen Verkehr spürbar gesenkt. Merklich öfter und konsequenter als bisher ermöglicht das Rathaus nun bei Neubauten die Unterschreitung der im Wiener Garagengesetz festgelegten, noch auf die Reichsgaragenordnung von 1939 zurückgehenden

Mindeststellplatzzahlen, deren autoverkehrsfördernder Effekt längst als verkehrspolitisch kontraproduktiv erkannt wurde.

Bei dem einen oder anderen Projekt, das noch zu Schickers Zeiten eine betont verwertungsorientierte Flächenwidmung erhalten hatte, kam es angesichts der urbanistischen Mängel zu einer teilweisen Revision der rechtskräftigen Planungen: Für das künftige Hauptbahnhofviertel wurde 2012 ein kooperatives Expertenverfahren durchgeführt, um auf den noch nicht verkauften Baufeldern südöstlich des neuen Bahnhofs zu einem höherwertigen Städtebau zu kommen. Und im selben Jahr wurde das bereits erteilte Recht für eine Teilbebauung der Baumgartner Höhe mit ihrer parkartigen Durchgrünung und dem denkmalgeschützten Jugendstil-Ensemble von Otto Wagner auf Druck einer Bürgerinitiative im Rahmen eines Mediationsverfahrens neu verhandelt.

Weitgehend unverändert geblieben sind die grundsätzlichen demokratischen Defizite in Wiens Stadtentwicklung, die ein beredtes Zeugnis von der allgemeinen politischen und gesellschaftlichen Verfasstheit der Donaumetropole geben. So ist Stadtplanung nach wie vor ein recht intransparenter Prozess, in den Bürger und Medien viel zu wenig und viel zu spät Einblick erhalten. Zumal die meisten Planungsinstrumente unverbindlich sind oder mannigfache Ausnahmeregelungen kennen, gibt es auch keinerlei Haftung für eine stringente Umsetzung der übergeordneten Ziele in konkrete Pläne und plankonforme Realisierungen. In ähnlicher Weise bleiben die Bürger im Unklaren darüber, wie effizient oder verschwenderisch das Rathaus ihre Steuergelder beim Planen und Bauen handhabt. Überprüfungen durch Rechnungshof und Kontrollamt erfolgen bekanntlich erst im Nachhinein und ziehen per se keine rechtlichen Konsequenzen nach sich.

Gleichzeitig verzichtet die Stadt ganz bewusst auf Einnahmen, die auch mit stadtstrukturell wünschenswerten Lenkungseffekten verbunden wären: Eine faire Besteuerung von Widmungsgewinnen ist als ebenso überfällig anzusehen wie die konsequente Infrastrukturkostenbeteiligung privater Bauherren – oder eine kostengerechte Belastung des Autoverkehrs. Erst wenn die Kommunalpolitik diese und ähnliche Missstände in Angriff nimmt und die dahinterstehenden Interessen überwindet, wird sich Wiens Stadtentwicklung auch auf breiter Basis wieder zukunftsfähig gestalten lassen.

Vorwort
Friedrich Achleitner

Reinhard Seiß ist ein Raumplaner, dem man die Adjektiva frei und kritisch zugestehen kann, ausgestattet mit einer analytischen Intelligenz und einer beachtlichen Portion Fach- und Sachkompetenz. Die vorliegende Publikation, die sich als Analyse und Bewertung versteht, kann man ebenso gut als Streitschrift wie als Führer in die Katakomben der Planungs- und Baupolitik einer Stadt lesen, faktenreich und spannend geschrieben, kämpferisch und geradlinig, skizzenhaft, in einer stringenten Schwarz-Weiß-Technik, sicher auch die Grauzonen harmonisierender „Objektivität" oder gar emotionsfreier „Wissenschaftlichkeit" bewusst meidend.

„Wer baut Wien?" behandelt einerseits die Stadtplanungs- und Stadtbaugeschichte seit 1989 anhand von konkreten Beispielen wie Donau City, Gasometer, Wien Mitte, Wienerberg City oder Monte Laa, andererseits so unerschöpfliche Themen wie Verkehr, Grünraumplanung, Sozialer Wohnbau oder Einkaufszentren samt den maßgebenden Entscheidungsträgern und Institutionen. Jedes dieser Themen würde ein dickes Werk ergeben, soweit es überhaupt zwischen zwei Buchdeckeln abzuhandeln oder vermittelbar ist. So ist es klar, dass die kurzen Abschnitte nur Skizzen bleiben können, die schlaglichtartig einige Themen, Fragen oder Phänomene beleuchten. In der Lesbarkeit liegt die Stärke einer fokussierten Vermittlung, aber auch manchmal die Schwäche mangelnder Balance, für die sich pointierte Argumentationen eben weniger eignen.

Es kommt also darauf an, mit welcher Absicht oder mit welchen Interessen (oder gar Vorurteilen) man das Buch in die Hand nimmt. Ist man ein neugieriger und an der Stadt interessierter Bürger, wird man von Aha- zu Ahaerlebnis geführt, man beginnt, Zusammenhänge zu sehen, zu entdecken und vielleicht auch zu verstehen. Ist man ein in irgendeiner Weise „Betroffener" oder hat man Entscheidungen oder gar „Pfründe" zu verteidigen, wird sich ein Argumentations- oder vielleicht sogar Widerlegungsmechanismus in Bewegung setzen. Beides, um dies vorwegzunehmen, kann man einem sachlichen und fachlichen Diskurs einer Stadt nur wünschen.

Seiß' Engagement gilt vor allem der Berührungs- oder gar Bruchlinie zwischen Stadtplanung und Planungs- beziehungsweise Baupolitik, jenem unerschöpflichen Thema der Kluft zwischen planerischen Hoffnungen oder Visionen (wenn auch oft noch so bescheiden) und der baulichen Wirklichkeit. Dabei geht es nicht so sehr um die Diskrepanz zwischen fachlicher (amtlicher) Vorarbeit und politischen Entscheidungen, sondern eher um das spätere Abweichen von bereits gemeinsam getroffenen Festlegungen, etwa von den jeweiligen Stadtentwicklungsplänen, um private Interessen, nach- oder vorauseilende Umwidmungen von begehrten Bauzonen oder Grundstücken, Nachjustierung der Erschließungen und so fort. Seiß' Diagnose ist (und wer kann ihm darin widersprechen), dass Stadtplanung und Baupolitik im neoliberalen Glanz von Tüchtigkeit und Unternehmergeist immer mehr von einseitigen Wirtschaftsinteressen (Bauträger, Projektbetreiber, Konzerne, Gesellschaften etc.) unter Druck gesetzt werden – oder sich unter Druck setzen lassen, sodass sich auch vernünftige Planungsansätze in ihr Gegenteil verwandeln können.

Natürlich drückt sich in der Planungs- und Baupolitik auch eine allgemeine politische Verfasstheit der Stadt aus. Nach einer fast 90-jährigen, wenig unterbrochenen Dominanz der Sozialdemokratie, muss es in Wien, trotz glänzender Erfolge und der Bilanz einer gut verwalteten Stadt, auch Abnützungserscheinungen, Verkrustungen und Defekte geben, deren distanzierte Zustandsbeschreibung allein Kritik generiert. Eine Kritik, die eine herrschende Struktur naturgemäß als Bedrohung empfindet und zu unterdrücken trachtet. Eine solche Reaktion vonseiten der Stadt wäre zu bedauern. Das Buch ist, soweit ich es verstehe, eine engagierte Aufforderung zu einer gelassenen, aber nicht von vornherein eingefärbten Stadtdiskussion, die wenig mit einer politisch oppositionellen Strategie oder gar mit einer Gegnerschaft zur Stadt zu tun hat – im Gegenteil. Etwas pathetisch formuliert, wenn ein Autor sich so intensiv auf die Probleme einer Stadt einlässt, kann er dies nur mit einem leidenschaftlichen Engagement tun, und dies verdient Gehör.

Es gibt darüber eine stille Übereinkunft, dass Wien keine wirkliche Diskussionskultur hat. In der Welthauptstadt der Verdrängung wird alles in ein personales Netzwerk kanalisiert. Kritik wird nicht von der Frage begleitet, was will jemand wirklich verändern oder verbessern, sondern gegen wen geht es, wem will er damit eins „auswischen". Reinhard

Seiß' breit angelegte Analysen werden es niemandem leicht machen, ihm persönliche Interessen zu unterstellen, höchstens eine kritische Gegnerschaft zur Wiener Stadtplanungs- und Baupolitik. Gerade das aber wäre, nach meiner Einschätzung, der größte Fehler. Man sollte vielmehr die Diskussion aufnehmen, zum Wohle der Stadt und ihrer Entscheidungsträger. Und dazu bildet dieses Buch eine ausgezeichnete und faktenreiche Grundlage.

em.o.Univ.Prof. Dr. Friedrich Achleitner, Architekturpublizist und Schriftsteller, Mitglied der „Wiener Gruppe"; ab 1961 Architekturkritiker, ab 1963 Lehrtätigkeit an der Akademie der bildenden Künste Wien, ab 1983 Professor an der Hochschule für angewandte Kunst Wien; seit 1965 Arbeit am mehrbändigen „Führer zur Österreichischen Architektur im 20. Jahrhundert"; Österreichischer Staatspreis für Kulturpublizistik.

Ausgewählte Projekte der Stadt-
entwicklung Wiens seit 1989

A	Donau City
B	Lassallestraße, Nordbahnhof
C	Wagramer Straße, Wohnpark Alte Donau
D	Millennium Tower
E	Wien Mitte
F	Gasometer City
G	Erdberger Mais, St. Marx
H	Aspang-Gründe
I	Arsenal
J	Wien Hauptbahnhof
K	Wienerberg City
L	Monte Laa
M	Prater–Messe–Stadion–Krieau
N	Flugfeld Aspern
O	Baumgartner Höhe, Steinhof
P	Komet-Gründe
Q	Bacherpark
R	Friedhof Atzgersdorf
S	Rothneusiedl

Bestand   Bau / Planung

Autobahn /
Schnellstraße

U-Bahn

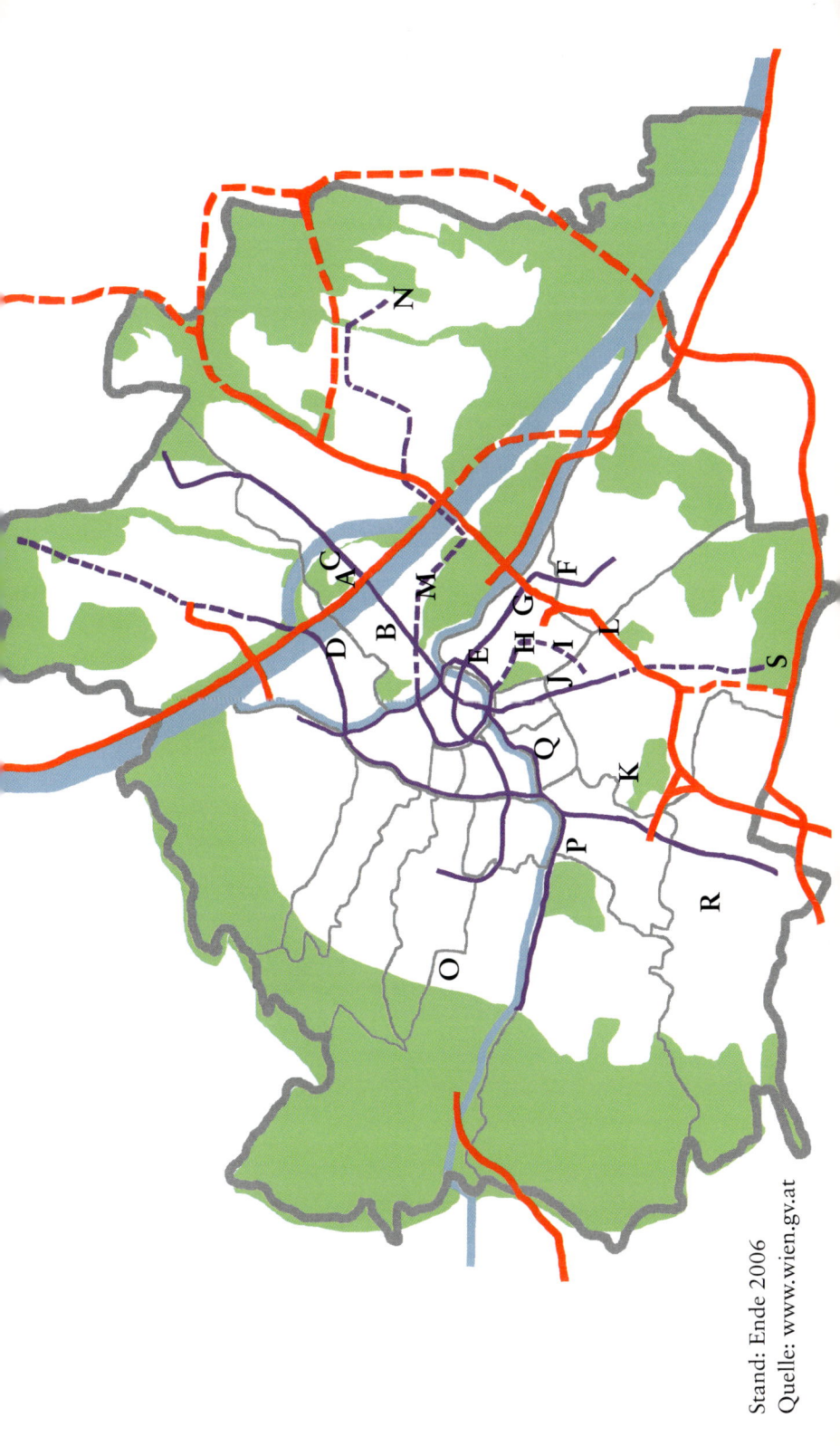

Stand: Ende 2006
Quelle: www.wien.gv.at

Ist Wien anders?

Zur Stadtentwicklungspolitik seit 1989

Als das Rathaus Mitte der 1980er Jahre den Slogan „Wien ist anders" lancierte, war dies der Versuch, das hartnäckige Klischee der morbiden, verstaubten Stadt endlich abzuschütteln und Aufbruch wie Modernität zu vermitteln. Tatsächlich hatte sich Wien in den Jahren zuvor in vielerlei Hinsicht verändert. So wurden die flächenhaft verfallenden Gründerzeitviertel zunächst von jungen Architekten, Künstlern und engagierten Beamten wieder als Wert erkannt und später auch von der Politik in Beschlag genommen, mit dem Erfolg einer Institutionalisierung der sanften Stadterneuerung ab 1984.

Bürgerbeteiligung, ja eine allgemein stärkere Orientierung der Planung an den Bedürfnissen der Menschen, sowie ökologische Ansprüche hielten Einzug in Architektur und Stadtentwicklung. Angesichts des stagnierenden Wohnraumbedarfs war es auch möglich, das klassische Modell der Großsiedlungen durch differenziertere Wohnformen abzulösen. Der öffentliche Verkehr gewann gegenüber dem zunehmend problemhaften Autoverkehr wieder an politischer Wertschätzung, und sogar erste Fußgängerzonen waren entstanden. Schließlich gab sich Wien mit dem Stadtentwicklungsplan von 1984 erstmals eine ganzheitliche strategische Planung – mit ambitionierten Zielen zu baulichen, verkehrlichen, infrastrukturellen oder auch landschaftsräumlichen Aspekten.

Der Fall des „Eisernen Vorhangs" 1989 bedeutete für Wien die vielleicht wesentlichste Zäsur seit dem Zweiten Weltkrieg. Nach Jahrzehnten des Bevölkerungsschwunds wuchs die 1,5-Millionen-Stadt dank der Zuwanderung aus Ost- und Südosteuropa binnen fünf Jahren um knapp 100.000 Einwohner an, sodass allenthalben eine wahre Planungseuphorie ausbrach. „Wien ist anders" stand nun für den Anspruch, nach über 40 Jahren am Rande Westeuropas wieder die Metropole im Herzen des Kontinents zu sein; nicht von ungefähr war bald von einer „Neuen Gründerzeit" die Rede.

Verstärkt durch den bevorstehenden EU-Beitritt Österreichs 1995 sowie die fortschreitende Globalisierung stieg auch der Einfluss der Wiener Wirtschaft auf die Stadtentwicklung zusehends – oder trat zumindest viel offener zu Tage als noch in den 1980er Jahren. Zeitgleich sah es die Kommunalpolitik als Gebot der Stunde an, schnell und flexibel zu agieren, wodurch übergeordnete Planungen mehr und mehr an Gewicht verloren. Gleichwohl kam es mit dem Stadtentwicklungsplan von 1994 noch einmal zur Festlegung langfristiger Zielvorgaben, um gerade in diesen Boomjahren den planungspolitischen Entscheidungen eine Orientierung zu geben.

„Wien ist anders" charakterisiert nicht zuletzt die faktische Stadtentwicklung ab Mitte der 1990er Jahre, zumal diese deutlich „anders" verlief als in den übergeordneten Leitbildern vorgesehen: Eine Vielzahl vor allem großmaßstäblicher Bauten entstand in deutlicher Abweichung von den hehren planungs-, verkehrs- und grünraumpolitischen Grundsätzen, und zwar keineswegs im Widerspruch zum Rathaus, sondern mit dessen tatkräftiger Unterstützung. Solches ist möglich, da Wien – als Gemeinde und Bundesland in einem – die einzige Stadt Österreichs ist, die sich keiner übergeordneten Planungsebene gegenüber verantworten muss oder gar deren Kontrolle unterliegt. Dazu kommt, dass Wien im Unterschied zu den anderen acht Ländern nicht einmal über ein eigenständiges Raumordnungsgesetz verfügt, geschweige denn über rechtskräftige strategische Konzepte.

Wenn Friedrich Schindegger, Doyen der heimischen Raumplanung, von einer „politischen Kultur" schreibt, die „generell Planung eher als Einschränkung des Handlungsspielraums für Verantwortungsträger [...] versteht, denn als ein Mittel zur [...] Verfolgung und Koordination von mittel- und langfristigen Entwicklungszielen", dann meint er zwar Österreich im Allgemeinen, trifft damit Wien aber im Besonderen.[1] Als Konsequenz dieser Planungsauffassung ist der aktuelle Stadtentwicklungsplan von 2005 bereits mehr ein politisch motiviertes denn ein fachlich engagiertes Papier – und damit kaum noch mit seinen beiden Vorgängern vergleichbar. Marketingtauglich verknüpft der STEP '05 verschiedenste Maßnahmen mit strategischen Zielen, die von der Stadtregierung jedoch oft aus ganz anderen Motiven denn aus planerischer Weitsicht oder gesellschaftlicher Verantwortung verfolgt werden.

Je weiter sich die politischen Entscheidungen von den Prämissen einer nachhaltigen und demokratischen Stadtentwicklung entfernen, umso mehr stellt sich die Frage, nach wessen Interessen sie ausgerichtet sind. „Wer baut Wien?" benennt auf der Suche nach den Hintergründen einflussreiche Akteure – Politiker, Beamte, Planer oder Wirtschaftstreibende – sowie maßgebliche Behörden, Banken, Bauträger und Medien. Dies ist für eine nachvollziehbare Darstellung der Sachverhalte unumgänglich, bezweckt allerdings nicht „Beschuldigung" oder „Enthüllung". Denn Entscheidungsträger kommen und gehen – was sich hingegen verfestigt, ist das System, nach dem Wiens Stadtentwicklung erfolgt.

Daher will dieses Buch vor allem der „politischen Kultur", von der Schindegger schreibt, auf den Grund gehen – und zwar durch die Analyse jener Planungen und Bauten der letzten zwei Jahrzehnte, die von der Stadt Wien selbst als maßgeblich präsentiert werden. Ferner gilt es, einige nicht-bauliche Tendenzen auszuloten, zumal sich Stadtentwicklung ebenso sozial, gesellschaftlich, ökonomisch und ökologisch manifestiert. Deren Beurteilung soll vor allem durch den Vergleich der offiziellen planungspolitischen Ziele mit ihrer tatsächlichen Umsetzung erfolgen. Daneben dienen Evaluierungen durch unabhängige Kontrollinstanzen wie den Österreichischen Rechnungshof und die fachlichen Positionen wissenschaftlicher Einrichtungen der Bewertung.

Die dafür getroffene Auswahl von knapp zwei Dutzend Projekten erlaubt es nicht, eine klassische Bilanz des Planungs- und Baugeschehens dieser Stadt zu ziehen. Dazu müssten noch weitere Vorhaben berücksichtigt werden, die weniger im Licht des politischen, wirtschaftlichen und medialen Interesses stehen. Selbstredend haben auch die vergangenen Jahre Vorbildliches hervorgebracht – man denke nur an die Wiederbelebung des Gürtels, an die Aufwertung dicht bewohnter Gebiete infolge des U-Bahn-Baus oder an manch kleinteiligen, vor allem energietechnisch zukunftstauglichen Wohnbau. Doch ist es nicht Sinn und Zweck einer grundlegenden Kritik, generelle Fehlentwicklungen durch einige Best Practices zu relativieren. „Wer baut Wien?" hat zum Anliegen, öffentliches Bewusstsein für die Mechanismen der Stadtentwicklung zu schaffen: als Basis für eine von weiten Teilen der Gesellschaft getragene Urbanismuskritik, an der es in dieser Stadt, ja in ganz Österreich schmerzlich fehlt.

Das zweite Zentrum
Vienna Donau City

Die Idee, das Gebiet zwischen Neuer Donau, Wagramer Straße und UNO City zu bebauen, geht auf das Jahr 1985 zurück, als man in Wien auf Initiative des damaligen Wirtschafts- und Finanzstadtrats Hans Mayr begann, über eine Ausrichtung der Weltausstellung 1995 (gemeinsam mit Budapest) zu diskutieren. Mayr – neben Bürgermeister Helmut Zilk der damals mächtigste Kommunalpolitiker – verband mit dieser Großveranstaltung unter anderem die Hoffnung, Bundesgelder für den konzertierten Ausbau der hochrangigen Infrastruktur Wiens zu lukrieren. Und die Österreichische Bundesregierung bestätigte diese Hoffnung 1987 durch ihren Beschluss zur Mitwirkung an der EXPO 95.

Nachdem ursprünglich mehrere Areale als Standort für die Weltausstellung zur Debatte gestanden waren, fiel die Wahl 1988 schließlich auf das Gelände der heutigen Donau City, das mit direktem Autobahn- und U-Bahn-Anschluss über eine hervorragende Verkehrsanbindung sowie durch seine unmittelbare Nachbarschaft zu UNO City (Vienna International Centre) und Konferenzzentrum (Austria Center Vienna) über ein passendes Umfeld für eine Veranstaltung von Weltgeltung verfügte. Allerdings wies der Standort auch hohe städtebauliche und bautechnische Hypotheken auf: Von der attraktiven Uferzone der Neuen Donau war das Gebiet durch die Donauuferautobahn (A 22) abgeschnitten, und der den Bauplatz an zwei Seiten tangierende Autoverkehr bedeutete eine massive Lärm- und Abgasbelastung. Nicht zuletzt verbarg sich in diesem Bereich eine Mülldeponie aus den Nachkriegsjahren, die im Zuge der internationalen Gartenschau WIG '64 begrünt worden war, nun aber ein zunehmendes ökologisches Risiko darstellte.

Laut Klaus Steiner – Ende der 1980er Jahre als Planer der Magistratsabteilung 21 (Stadtteilplanung und Flächennutzung) für dieses Gebiet zuständig – habe sich die Stadt Wien nicht zuletzt wegen der Mülldeponie für den Standort im 22. Bezirk entschieden: „Da man die enormen Kosten für die unausweichliche Sanierung wohl oder übel auf sich nehmen musste, wollte man die Liegenschaft nach Aushub der Halde auch einer hochwertigen Nutzung zuführen." Dies legte nahe, das Areal nach der temporären Verwendung als EXPO-Gelände für eine intensive Bebauung freizugeben, die im Wesentlichen den heimischen Banken und Versicherungen überlassen werden sollte – als Gegenleistung für deren geplantes finanzielles Engagement im Rahmen der Weltausstellung. „Immerhin hatte Vizebürgermeister Hans Mayr versprochen, die EXPO werde die Wiener keinen Schilling kosten", erinnert sich Georg Kotyza, langjähriger Mitarbeiter der Magistratsabteilung 18 (Stadtentwicklung und Stadtplanung). Den Standort überhaupt baureif zu machen, sah die öffentliche Hand allerdings als ihre Aufgabe an. Dafür bedurfte es nicht nur der Abtragung und Entsorgung des Müllbergs, sondern auch der Überplattung der A 22 sowie der Herstellung der Infrastruktur für den künftigen Stadtteil: eine Milliarden-Schilling-Investition.

„Die Absage der Weltausstellung infolge der Volksabstimmung 1991 war der Stadt Wien finanziell gesehen gar nicht so unrecht", erklärt Klaus Steiner, „da sie sich das Großereignis EXPO sparte, die Weichen für die angestrebte Verbauung des Geländes aber bereits gestellt waren." So wurde 1990 eine in den 1960er Jahren hier errichtete Eissporthalle abgerissen, und die als Erholungsgebiet gewidmete Fläche galt nach der jahrelangen Weltausstellungsdebatte in der öffentlichen Wahrnehmung de facto bereits als Bauland, selbst wenn der Stadtentwicklungsplan 1984 (STEP '84) für das Areal Grünland vorgesehen hatte.[2] An die Stelle der 1989 gegründeten EXPO AG trat unmittelbar nach der Volksabstimmung die WED, die Wiener Entwicklungsgesellschaft für den Donauraum AG. Innerhalb nur eines Jahres wurde ein städtebaulicher Masterplan entwickelt und auf dessen Basis das Flächenwidmungsverfahren durchgeführt.

Zusätzliche Bedeutung erhielt die Idee der Donau City durch die politische Öffnung der östlichen Nachbarstaaten sowie durch den Bürgerkrieg in Jugoslawien, die kurzzeitig einen starken Bevölkerungszuzug nach Wien mit sich brachten. Zwischen 1990 und 1993 stieg die Einwohnerzahl der Bundshauptstadt um rund 90.000, bedingt durch 111.000 neue Bürger aus dem Ausland, die die anhaltende Abwanderung von Wienern ins Stadtumland mehr als kompensierten.[3] So rief das Rathaus zum einen ein groß angelegtes Bauprogramm mit jährlich 10.000 neuen Wohnungen aus, die vorwiegend in den beiden Stadterweiterungsbezirken nördlich der Donau Platz finden sollten. Zum anderen galt es, Flächen für moderne Bürobauten bereitzustellen, zumal sich Wien nun als Tor zu den neuen Märkten Mittelosteuropas sah und auf die Ansiedlung von Headquarters internationaler Konzerne hoffte.

Da die Innenstadt als Top-Standort für Büros die erwartete Nachfrage nicht abdecken konnte, war es nahe liegend, der Donau City die Rolle eines zweiten Stadtzentrums zuzudenken. Zudem sollte sie den rasant wachsenden Neubaugebieten jenseits der Donau als urbaner, multifunktionaler Mittelpunkt dienen und aus dem Siedlungskonglomerat von Floridsdorf und Donaustadt mit heute bereits 280.000 Einwohnern eine vollwertige Stadthälfte machen. Diesen Zielen folgend wurde für die Donau City ein Nutzungsmix festgelegt, der im Endausbau 3.500 Bewohner und an die 12.000 Arbeitsplätze vorsah: 34 Prozent des Bauvolumens sollten auf Büros und Geschäfte entfallen, 30 Prozent auf Wohnungen, 24 Prozent auf Bildung und Wissenschaft, acht Prozent auf Kultur und Freizeit sowie vier Prozent auf Hotellerie.

Der Masterplan von Adolf Krischanitz und Heinz Neumann aus dem Jahr 1991 sah Wiens zweite City als eine Stadt mit zwei Bezugsebenen. Die Grundebene auf tatsächlichem Bodenniveau (nach Aushub der Mülldeponie etwa auf Höhe der angrenzenden A 22) sollte unter anderem den Autoverkehr aufnehmen, aber auch reichlich Platz für eine üppige Durchgrünung des Viertels bieten. Die so genannte Null-Ebene – etwa zehn Meter über dem Grund – wurde von den beiden Architekten für Fußgänger und Radfahrer, für Aufenthalt und Kommunikation reserviert.[4] So hätte laut Adolf Krischanitz „ein dreidimensionaler öffentlicher Raum mit zwei Erdgeschoßzonen übereinander" entstehen können, mit vielfältigen attraktiven Flächen für Handel, Dienstleistungen und Gastronomie – für ein urbanes Leben also.

Die obere Ebene wurde dabei (mit Ausnahme des Bereichs direkt über der Autobahn) nicht als durchgehende Platte konzipiert, sondern als Netzwerk von Stegen, Brücken und platzartigen Erweiterungen, das sich von Gebäude zu Gebäude spannen und dazwischen die Bepflanzung der Grundebene durchblicken lassen sollte. Zur Bebauung teilten Krischanitz und Neumann das Areal rasterartig in Parzellen zu 32 mal 32 Metern und entwickelten ein komplexes System für einen modulartigen Städtebau, der trotz hoher Flexibilität eine räumliche Gesamtordnung erzeugt hätte – etwa eine gestaffelte Höhenentwicklung von der Neuen Donau zur UNO City hin.

Beim darauf basierenden Flächenwidmungs- und Bebauungsplan von 1995 scheute die Wiener Stadtplanung aber davor zurück, den Investoren derart konkrete Vorgaben zu machen und ließ insbesondere bei den geplanten Bürotürmen Lage, Form und Höhe der einzelnen Gebäude weitgehend offen. Als einzige wirkliche Reglementierung wurde das Gesamtbauvolumen des 17,4 Hektar großen Stadtteils mit 1,650.000 Kubikmetern beschränkt. „Die Banken und Versicherungen waren bei der Planung der Donau City von Anfang an mit dabei", weiß der pensionierte Rathausbeamte Klaus Steiner, „und die sprachen natürlich auch beim Städtebau mit." So vergab die Stadt frühzeitig die Chance, Wiens erstes Hochhausviertel als räumliches und bauliches Gesamtwerk zu gestalten und überließ die urbanistische Verantwortung den Investoren und Bauträgern. Nach bisher zwölf Jahren Bauzeit – der hochbauliche Startschuss fiel 1995 mit dem 113 Meter hohen Andromeda Tower – spiegelt sich dies deutlich wider.

Das Wechselspiel der beiden Ebenen wurde im Vergleich zum Masterplan stark simplifiziert. Eine nahezu monolithische Platte trennt „unten" von „oben", wobei sich die Funktion der Grundebene ausschließlich auf die Bewältigung des fließenden und ruhenden Autoverkehrs beschränkt. Während das Konzept von 1991 noch 2.000 bis 2.500 Kfz-Stellplätze vorsah, sollen es aus heutiger Sicht einmal 6.500 sein. Eine üppige Durchgrünung beider Ebenen wurde dadurch – abgesehen von zwei kleineren Bereichen im Wohnpark – verhindert.

Die verkehrsfreie Null-Ebene bietet zum einen weitläufige öffentliche Räume, die in der überwiegenden Zeit des Jahres – weil wind- und wetterexponiert – nur eingeschränkt nutzbar sind. Zum anderen herrscht mancherorts erdrückende Enge zwischen den hohen, sich nach außen verschließenden Baukörpern. Schlug der Masterplan noch zwei Ladenzonen übereinander vor, so verhindern heute die meisten Gebäude mit ihren wenig attraktiven Erdgeschoßzonen selbst auf der Null-Ebene eine urbane Nutzung.

Zuständig für die Verwirklichung der Donau City ist die private WED, die – mit Ausnahme der Wohnbauten – alle Projekte auf der „Platte" konzipiert, meist aber auch errichtet und weiterverkauft. Ihr Vorstandsdirektor Thomas Jakoubek rechtfertigt das weitgehende Abweichen vom Masterplan mit ökonomischen Zwängen: „Im Zuge der Realisierung und Verwertung ergaben sich einfach andere Notwendigkeiten. Beispielsweise zeigte sich, dass die geplante Blockrandbebauung schlecht vermarktbar ist." Für Adolf Krischanitz dagegen wurden „die städtebaulichen Überlegungen aus wirtschaftlicher Panik partikulären Interessen geopfert", weshalb die Donau City heute „mit Sicherheit keinen urbanistischen Fortschritt" darstelle.

Tatsächlich setzte sich ein beziehungsloses Nebeneinander von solitären Bürotürmen gegenüber der Idee eines in sich abgestimmten Ensembles durch – und auch der ohnehin großzügige Flächenwidmungs- und Bebauungsplan verlor mit Zustimmung des Rathauses immer mehr an Bedeutung. „Wir haben die räumlichen Vorgaben bewusst offen gehalten", erläutert die heute zuständige Planungsbeamtin der MA 21B, „um die Kreativität der Architekten hier nicht zu sehr einzuschränken."[5]

Eine am Institut für Örtliche Raumplanung der TU Wien verfasste wissenschaftliche Studie über die Donau City zeigt die Beliebigkeit der Bebauung auf. Demnach sei etwa der Ares Tower ganz anders situiert als ursprünglich geplant und erreiche mit 100 Metern mehr als das Doppelte jener Höhe, die im gültigen Plandokument festgesetzt worden sei.[6] Die benachbarten Bewohner, die bei Baubeginn des Büroturms 1999 bereits hier eingezogen waren, hatten dagegen keinerlei Einspruchsmöglichkeit, da sie nur Mieter und nicht Eigentümer sind.

Damit wichtige Geschäftspartner die repräsentativen Bürobauten nicht nur via Tiefgarage erreichen, bestand beim Ares Tower ebenso wie bei der benachbarten STRABAG-Zentrale der Wunsch, auch „oberirdisch" vorfahren zu können. Da dies auf der verkehrsfreien Null-Ebene nicht möglich ist, wurde ein Teil des Vorplatzes beider Firmensitze auf eine Zwischenebene abgesenkt, auf die man von der Grundebene aus auch per Auto gelangt. Die STRABAG verlegte gleich das ganze Foyer mit dem Haupteingang ihres Headquarters um ein Geschoß nach unten, sodass der Bau von der eigentlichen Fußgängerebene aus nicht mehr zu betreten ist. Wie durch einen Burggraben grenzt sich das Haus somit vom öffentlichen Bereich ab und entzieht seine Erdgeschoßzone jeglichem Publikumsverkehr.

In weiten Teilen der Donau City vermitteln die Freiräume den Eindruck, als handle es sich dabei lediglich um Restflächen zwischen den einzelnen Gebäuden. Dieser Anschein wird durch die heftigen Fallwinde verstärkt, die aus der unreflektiert geplanten Form und Stellung mancher Hochhäuser resultieren. International ist es üblich, dass höhere

Bauwerke noch als Modelle mit speziellen Computerprogrammen auf Windströmungen hin untersucht werden; in Wiens zweitem Stadtzentrum sparten Planungsbehörde und Developer diesen Kostenfaktor mitunter ein. „Dabei war bekannt, dass dieser exponierte Standort direkt an der Donau an sich schon sehr windanfällig ist", kritisiert der pensionierte Stadtplaner Georg Kotyza.

Bereits Ende der 1990er Jahre fertig gestellt wurden die Wohnbauten, die aus der Donau City mehr machen sollten als bloß einen Business District. So exklusiv die Bürotürme gestaltet wurden (sie verzeichnen die höchsten Büromieten Wiens außerhalb des 1. Bezirks), so konventionell wurde der Wohnpark Donau City geplant, weshalb er – von einigen Gunstlagen abgesehen – frei finanziert vermutlich nur schwer verwertbar gewesen wäre. Daher bedurfte es für die Besiedlung der „Platte" des Motors Wohnbauförderung.

„Angesichts der immensen Kosten des künstlich erzeugten Baugrunds brauchte es darüber hinaus auch subventionierte Grundstückspreise, um geförderte Wohnungen überhaupt erst zu ermöglichen", weiß Günter Kenesei, von 1991 bis 2005 für die Wiener Grünen und seither für die ÖVP im Gemeinderat. „Denn der Grundkostenanteil im sozialen Wohnbau darf 220 Euro pro Quadratmeter Wohnnutzfläche nicht übersteigen." Trotzdem mussten die Wohnungen noch in hoher Dichte errichtet werden, um leistbare Miet- und Kaufpreise erzielen zu können. So steht hier unter anderem das mit 110 Metern höchste Wohnhaus Österreichs, der Mischek Tower. Die Folge dieses Städtebaus ist, dass von den 3.500 Menschen, die heute direkt an der Donau wohnen, bei Weitem nicht alle den Fluss auch sehen. Es gibt an diesem exklusiven Standort sogar Souterrain-Wohnungen – was seit Ende der Gründerzeit eigentlich der Vergangenheit angehören sollte.

Der vermeintlich direkte U-Bahn-Anschluss durch die U1-Station Kaisermühlen–Vienna International Centre bedeutet für die Bewohner einen täglichen Fußweg von rund 500 Metern, was im innerstädtischen Bereich dem Abstand zweier U-Bahn-Stationen entspricht. Dies ist dem Umstand geschuldet, dass die Wohnungen im hintersten Teil der „Platte" placiert wurden, die Gunstlagen blieben den Bürotürmen mit ihren heute 6.000 Beschäftigten vorbehalten. Unweit des Wohnparks endet auch der Tunnel der A 22, wodurch dieses Quartier wie kein anderer Bereich der Donau City von Verkehrslärm beeinträchtigt wird. WED-Vorstandsdirektor Jakoubek räumt ein, dass die Wohnbebauung vor allem den Sinn gehabt habe, ein Mindestmaß an Nahversorgung im neuen Stadtteil herzustellen: „Durch Büronutzer allein würde sich ein Dienstleistungsangebot, das auch nur annähernd städtische Standards erreicht, niemals entwickeln." Die Strategie, sozialen Wohnbau einzusetzen, um Standorte für höherwertige Nutzungen aufzubereiten, machte seither Schule und fand mittlerweile auch bei anderen Großprojekten in Wien Anwendung.

Wirkliche Urbanität werde die Donau City laut ihrem Chef-Developer allerdings nie erreichen. Dazu fehle dem insularen Standort – umgeben von Neuer Donau, Donaupark und UNO City – das Hinterland. Und die Bewohnerzahl auf der „Platte" selbst sei viel zu gering, um innerstädtische Lebendigkeit und Vielfalt entstehen zu lassen. Auch die ursprünglich erhoffte Zentrumsfunktion für die Stadterweiterungsgebiete Transdanubiens dürfte der Hochhaus-Cluster kaum erlangen, zumal die Verkehrsströme aus den weitläufigen Wohnsiedlungen des 21. und 22. Bezirks mehrheitlich an der Donau City vorbeiführen. Die Stadt Wien, die einst mit großen Versprechungen – die sie zu keiner Zeit selbst erfüllen hätte können – an die Öffentlichkeit ging (es wurden Attraktoren wie ein Guggenheim-Museum oder ein Opernhaus für die „Platte" angekündigt), will Thomas Jakoubeks nüchternes Szenario nicht akzeptieren.[7] Die mit dem Projekt befasste Beamtin erhofft sich von der für 2012 erwarteten Fertigstellung des Viertels noch entscheidende Veränderungen: „Im Endausbau wird der Stadtteil ein deutlich anderes Gesicht aufweisen als heute. Denn die geplanten Bildungs- und Kultureinrichtungen werden ein neues Publikum hierher bringen, wodurch weitere Lokale und Geschäfte entstehen."

Dabei stellt sich mittlerweile die Frage, was denn Wien an bedeutenden Kulturbauten noch braucht. Das Museumsquartier (1997 bis 2001 realisiert) war wohl für längere Zeit Wiens letzter Kulturgroßbau. Dabei hatte man sich allerdings für den etablierten Standort Innenstadt entschieden – und gegen den Versuch, die „Platte" damit aufzuwerten. Zweit- oder drittklassige Kulturstätten, die mittelfristig noch kommen mögen, werden hingegen kaum die gewünschte Belebung der Donau City mit sich bringen.

Über ein Jahrzehnt hielt die Wiener Planungspolitik auch die Illusion aufrecht, in der Donau City werde dereinst eine Universität errichtet werden. Auf dem dafür reservierten Universitätsstandort – direkt neben dem Andromeda Tower – klafft indes nach wie vor ein riesiges Loch. Anfangs war von einer Ansiedlung der Wirtschaftsuniversität die Rede, dann hoffte man auf eine Auslagerung der Maschinenbaufakultät der TU auf die „Platte", und zuletzt kursierten Gerüchte über eine Umsiedlung der Universität für angewandte Kunst.[8] Doch fehlten zum einen die nötigen Finanzmittel des Bundes, zum anderen aber auch ein seriöses Standortkonzept der Planungspolitik für die Hochschulen der Stadt. So befindet sich im Herzen der Donau City die wohl teuerste Baugrube Wiens und dient bis dato als wenig ansehnliches Parkplatzprovisorium.

Generell ist der neue Stadtteil trotz Realisierung von rund zwei Dritteln des geplanten Volumens noch immer stark von Baustellen geprägt. Abwechselnd treten die künstliche Null-Ebene aus rohem Beton und die zehn Meter tiefer liegende Grundebene zutage – speziell im Übergangsbereich zur Neuen Donau, wodurch Bewohner wie Beschäftigte bis heute keinen direkten Zugang zur attraktiven Uferzone haben. Daher verwundert es nicht, dass sich Dominique Perraults Siegerprojekt des internationalen Gutachterverfahrens von 2002 zur Erstellung eines neuen Masterplans für die noch verbliebenen Flächen neben dem Endausbau der „Platte" auch deren besseren Anbindung an das Umfeld widmet.

So soll die Terrasse entlang des Flusses endlich in Form gebracht werden: durch eine urbane Gestaltung mit Freizeit-, Kultur- und Veranstaltungsbauten, mit großzügigen Treppen und einer Uferpromenade (wobei die Frage, wer die kulturellen Nutzungen finanziert, weiterhin offen bleibt). In der Donau City selbst sieht der Masterplan, der auch als Basis für die neue, kurz vor ihrem Beschluss stehende Flächenwidmung diente, zwei bis drei weitere Türme vor. Ab 2007 werden im noch unbebauten Südteil zwei Bürohochhäuser (eventuell mit integriertem Hotel) entstehen, die Dominique Perrault selbst entwirft – als alles überstrahlende Wahrzeichen des modernen Wien: der DC Tower 1 mit 200 Metern und der DC Tower 2 mit 160 Metern, verbunden durch einen gemeinsamen Sockelbau mit einer Shopping Mall und Restaurants. Der bisher gültige Flächenwidmungs- und Bebauungsplan aus dem Jahr 1995 wies hier Höhen von maximal 120 Metern aus. Und was bei Ares Tower und STRABAG-Gebäude noch als Sonderwunsch erfüllt wurde, nämlich die Absenkung des Vorplatzes für eine attraktivere Zufahrt, das wird bei den neuen Wolkenkratzern bereits als Standard angeboten.

Nun sind das Maßnahmen, die die WED im Wesentlichen schon vor dem – von ihr selbst ausgelobten – Gutachterverfahren beabsichtigt hatte. Daher liegt die Vermutung nahe, dass am preisgekrönten Masterplan weniger die Inhalte als der prominente Name seines Autors hinsichtlich der internationalen Vermarktung der noch folgenden Gebäude von Interesse waren. Eine nähere Betrachtung der Erläuterungstexte zum Planwerk des Pariser Architekten lässt dies plausibel erscheinen: „Diese starke und dennoch offene Silhouette wird zu einer kinetischen landmark." oder: „Durch diese neue Horizontalität, durch die horizontale Erweiterung zum Fluss, wird die vertikale Erweiterung der Donau City möglich. Nach und nach wird eine neue Silhouette in der globalen Vision der Stadt Wien entstehen."[9]

Ähnlich vage argumentiert auch die Wiener Stadtplanung die städtebauliche Weiterentwicklung der „Platte" in ihrem aktuellen Leitbild: „Die erarbeitete Baumassenstruktur geht auf die bestehende Silhouette der Donau City ein. Die Abfolge der ansteigenden und wieder abfallenden Baukörper findet in den künftigen zwei Hochhaustürmen ihren Höhepunkt." Da sich Stadt Wien und WED im Vorfeld des Gutachterverfahrens von 2002 aber auf eine mögliche „Zusatzkubatur" von rund 250.000 Kubikmetern über das vertraglich festgelegte Gesamtvolumen hinaus verständigt haben sollen, könnte unter anderem noch ein weiteres, etwa 120 Meter hohes Gebäude am äußerst östlichen Rand des Geländes entstehen, sofern sich dafür auch Nutzer finden. Das würde Perraults Vision zwar konterkarieren, die Planer im Rathaus haben für diesen Fall aber bereits eine alternative städtebauliche Rechtfertigung parat: „Der vorgeschlagene Baukörper schafft in Verbindung mit dem Hochhaus Neue Donau von Harry Seidler eine Torsituation zum nordöstlichen Wien. Durch die erweiterte Positionierung eines Hochhauses bleibt die Silhouette der Donau City nicht statisch. Sie reagiert auf ihre Umgebung und auf die östlich gelegene, niedrige Wohnbebauung."[10]

Proteste von Mietern und Eigentümern bestehender niedrigerer Türme gegen eine Entwertung ihrer Büros infolge höherer Neubauten befürchtet WED-Direktor Jakoubek nicht. Denn die weitere Verdichtung bringe den heutigen Büroinhabern auch Vorteile wie einen Zuwachs an Nahversorgung oder interessante Blicke auf moderne Architektur – die freie Aussicht sei eben nicht alles, auch nicht in Hochhäusern. Thomas Jakoubek verhehlt dabei nicht, dass es durchaus Strategie gewesen sei, relativ niedrig zu beginnen und immer höher zu werden: „Hätten wir mit den höchsten Türmen begonnen, ließen sich spätere niedrigere Türme kaum vermarkten. So sehen wir die bestehenden Hochhäuser auch als attraktiven Rahmen für die Highlights, die jetzt noch kommen."

Kritik gab es allerdings vonseiten der politischen Opposition im Rathaus, unter anderem an hoch dotierten öffentlichen Aufträgen zu Beginn des Prestigeprojekts EXPO beziehungsweise Donau City: „Heutige Großauftragnehmer der Wiener Stadtplanung – Architekten ebenso wie Verkehrsplaner – erlebten Anfang der 1990er Jahre dank der Gunst des damaligen Planungsstadtrats Hannes Swoboda einen erstaunlichen Aufstieg", behauptet Gemeinderat Günter Kenesei.

Beanstandet wurde auch der Verkaufspreis, den die Stadt Wien der WED 1995 für die Donau City veranschlagt hatte. Die gesamte, Anfang der 1990er Jahre um über eine Milliarde Schilling geschaffene Liegenschaft ging inklusive des Baurechts für ein Volumen von 1,65 Millionen Kubikmetern um kolportierte 868 Millionen Schilling an die private Entwicklungsgesellschaft, sprich an deren Eigentümer: Bank Austria–Creditanstalt, Wiener Städtische Versicherung, BAWAG, Raiffeisen, UNIQA, Erste Bank, Österreichische Investitionskredit AG sowie die japanische Nomura.[11,12] „Davon wurden dem Käufer-Konsortium jedoch 590 Millionen Schilling unbefristet gestundet, wofür sich die WED im Gegenzug verpflichtete, die als Universitätsstandort vorgesehene Fläche im Bedarfsfall für einen öffentlichen Nutzer zu entwickeln und den Verkaufserlös an die Kommune abzuführen", enthüllt Kenesei.

„Nicht nur, dass ein Preisnachlass von 68 Prozent in keinem Verhältnis zur Dimension des betreffenden Grundstücks stand", so der Abgeordnete weiter, „das Brachland im fiktiven Wert von umgerechnet 43 Millionen Euro scheint seit nunmehr zwölf Jahren unverzinst in den Büchern der Stadt Wien auf, zumal es dem Rathaus nicht gelungen ist, eine Hochschule in der Donau City anzusiedeln." 2006, als die Kommunalpolitik den langjährigen Hoffnungsträger TU Wien für die Donau City endgültig abschrieb (auch weil sie die TU nun als Zugpferd für das Stadtentwicklungsgebiet Aspern benötigte), hieß es schließlich, dass der Bildungsstandort auf der „Platte", ungeachtet der einst festgelegten Funktionsmischung, für Wohnbauten genützt werden sollte.[13] Dass ein öffentlicher Bauherr irgendwann einmal 43 Millionen Euro für dieses Grundstück bezahlt hätte, kann nicht ausgeschlossen werden. Dass durch einen Verkauf an private Wohnbauträger die gestundete Summe wieder eingespielt wird, ist dagegen unwahrscheinlich.

So steht zu befürchten, dass der volle Kaufpreis niemals an die Stadtkasse fließen wird und die WED ihre Baulose überaus günstig von der öffentlichen Hand erworben hat. „Dazu kommt noch", bemängelt Klaus Steiner, damals zuständiger Planer in der MA 21, „dass der Preis auf Basis des ersten Masterplans errechnet wurde, als die Donau City – überspitzt formuliert – noch eine Grünfläche mit einigen Hochhäusern war. Obwohl bis heute immer wieder schleichende Erhöhungen der Bebauungsdichte erfolgen, hat man den Preis niemals nachjustiert."

Tatsächlich scheint es, als ob die öffentlichen Kosten des Stadtentwicklungsprojekts für das Rathaus zweitrangig seien. Denn auch in den „Generellen Grundsätzen" des städtischen Leitbilds zur Donau City ist zu lesen: „Die derzeit vorgegebenen Vereinbarungen sollen der Weiterentwicklung für das im Rahmen des Gutachterverfahrens bearbeitete Gebiet nicht entgegenstehen. Unter Beachtung der Gesamtintentionen können Abweichungen von den […] Vorgaben (z.B. die Erhöhung der vertraglich festgelegten Kubatur oder die Anhebung der im Flächenwidmungsplan ausgewiesenen Gebäudehöhen) im Rahmen der stadtgestalterischen Beurteilung Eingang finden und gegebenenfalls [sic!] Vertragsänderungen erfordern."

Wien an die Donau
Lassallestraße, Wagramer Straße

Entsprechend der planungspolitischen Vision, die räumliche Entwicklung Wiens wieder stärker zur Donau hin zu orientieren, wurde Ende der 1980er Jahre auch die Idee einer städtebaulichen Achse erneut aufgegriffen, die sich – nach einem Leitbild von Coop Himmelb(l)au – dem Verlauf der U-Bahn-Linie 1 folgend von der Innenstadt über die Praterstraße, die Lassallestraße und die Reichsbrücke bis in die Wagramer Straße erstrecken sollte. War die Praterstraße baulich mehr oder weniger festgelegt, so bot die Lassallestraße linksseitig, wo sie am Gelände des ehemaligen Nordbahnhofs vorbeiführt, Gelegenheit zu einer kompletten Neubebauung. Die Wagramer Straße wiederum wies im Anschluss an die UNO City größere Bebauungspotentiale auf, auch wenn der Stadtentwicklungsplan von 1984 zur Alten Donau hin die Erhaltung des Grünraumcharakters in den Vordergrund stellte.[14]

Für den knapp 700 Meter langen und 200 Meter breiten Streifen entlang der Lassallestraße, den die ÖBB von ihrem insgesamt 75 Hektar großen Bahnareal als erstes zur Entwicklung freigegeben hatten, sah die Wiener Stadtplanung eine durchlässige Bebauung mit hohem Wohnanteil vor – mit dem Ziel, das Gebiet auch entsprechend zu beleben. Parallel zur Lassallestraße sollte eine Grünachse für Fußgänger und Radfahrer durch das Innere der Baublöcke führen. Und an der Straßenfront plante man eine durchgängige Geschäftszone unter Arkaden, großzügige Fußgängerbereiche zum Flanieren sowie Alleen, um die zentrale Verbindung zwischen Innenstadt und Donau in einen urbanen Boulevard inmitten des 2. Bezirks zu verwandeln.

Was von 1989 bis ins Jahr 2003 realisiert wurde, hat allerdings nur oberflächlich etwas mit den Plänen der Stadt gemeinsam. Die Investoren erkannten das Potential des Standorts für großmaßstäbliche Büroimmobilien und errichteten vier Superblocks von jeweils rund 150 mal 150 Metern. Die leistungsfähige Verkehrserschließung durch die U1 aber auch durch die unmittelbare Nähe zur A22 (Donauuferautobahn) sprach ebenso für eine maximale kommerzielle Nutzung wie die Zentrumsnähe und die Weitläufigkeit des Bauplatzes. Die geplante Durchmischung mit rund 500 Wohnungen, zahlreichen Geschäften und vielfältiger Gastronomie wich damit den Niederlassungen heimischer wie ausländischer Konzerne.

Von der angestrebten Durchlässigkeit, geschweige denn von der konzipierten Grünachse quer durch die Blockinnenbereiche ist nichts geblieben. Im Gegenteil – die Bürokomplexe verschließen sich gegenüber ihrem Umfeld, auch wenn die repräsentativen Fassaden Öffnungen vortäuschen. Am Beginn der Lassallestraße entstand durch einen Rücksprung des OMV-Gebäudes zwischen dem IBM-Bau und der Bank Austria–Creditanstalt zwar ein ausgedehnter Platz, der allerdings mehr die Herrschaftlichkeit der ihn umgebenden Architektur zur Geltung bringt als dass er die urbane Qualität des Quartiers fördert.

Distanz zur umliegenden Stadt schafft auch das überdimensionierte Vorfeld entlang der gesamten Büromeile. An die drei Meter breiten, kaum frequentierten Arkaden schließen ein sechs Meter breiter Fußgängerbereich, ein Grünstreifen von sieben Metern, ein vier Meter breiter Geh- und Radweg sowie nochmals zwei Meter Grünstreifen an. Erst dann erreicht man die sechsspurige Fahrbahn der Lassallestraße. Bei einer Gesamtbreite von über 40 Metern sowie 50.000 Autos pro Tag verwundert es nicht, dass es kaum Querbeziehungen im Straßenraum gibt und von der Neubebauung keinerlei Impulse für die gegenüber liegende Straßenseite ausgehen: für das heruntergekommene, gründerzeitlich geprägte Stuwerviertel ebenso wenig wie für die Ausläufer des seiner Aufwertung harrenden Praters. „Mehr denn je ist die Lassallestraße heute eine reine Durchzugsstraße nach Transdanubien", urteilt Peter Klopf von der MA 21A, Projektkoordinator für das Entwicklungsgebiet Prater. „Einerseits fehlen die Attraktionen, derentwegen es sich lohnen würde, mit dem Auto stehen zu bleiben, und andererseits animiert auch die Architektur mit ihren Großformen zum schnelleren Durchfahren."

Dass schlechter Urbanismus auch wirtschaftlichen Misserfolg bedingt, zeigen Fluktuation und Leerstand in der Lassallestraße. Kurz nachdem der letzte Baublock, die Telekom Austria-Zentrale, bezogen war, wurde der erste der Bürobauten, das IBM-Gebäude, von seinem Errichter bereits wieder aufgegeben; auch die OMV wird demnächst abwandern. Das UCI-Kinozentrum mit seinen 2.200 Sitzplätzen hatte lediglich drei Jahre lang Bestand und steht seit 2002 leer. Als Hauptgrund für die Schließung gab der Entertainment-Konzern an, es fehle diesem

Standort am entsprechenden Umfeld.[15] Cafés, Restaurants und Freizeiteinrichtungen könnten durch Büroangestellte allein nicht am Leben gehalten werden, vor allem wenn diese morgens mit dem Auto in die Tiefgarage ihres Büros fahren, dort arbeiten, in der firmeneigenen Kantine essen und abends wieder per Auto das Büro verlassen. Das heißt, das mangelnde Durchhaltevermögen der Stadtplanung gegenüber den Investoren hinsichtlich einer stärkeren funktionalen Durchmischung – vor allem durch mehr Wohnungen – führte wenig später dazu, dass teils dieselben Investoren wieder abwanderten.

Bis 2010 werden nun, da die Österreichischen Bundesbahnen weitere Teile des aufgelassenen Bahngeländes freigegeben haben, eine zweite Zeile parallel zur Lassallestraße sowie ein Streifen entlang der Vorgartenstraße bebaut. Wiederum gilt ein möglichst diversifizierter Nutzungsmix als stadtplanerisches Ziel entsprechend dem 1994 beschlossenen Leitbild von Boris Podrecca und Heinz Tesar.[16] Die beiden Sieger des städtebaulichen Wettbewerbs für das Nordbahnhof-Areal hatten in ihrem Entwurf die Typologie der gründerzeitlichen Blockrandbebauung mit ihrer funktionalen Vielfalt weiterentwickelt und penibel für jeden Baublock das Verhältnis von Wohn-, Büro-, Gewerbe- und Geschäftsnutzungen festgelegt, Ladenfronten definiert sowie soziale und kulturelle Infrastruktur integriert. Diesem Masterplan folgend will die Stadt Wien in den nächsten Jahren einen Kindergarten, eine Schule sowie einen drei Hektar großen Park errichten und die Straßebahnlinie O vom Praterstern in das Stadtentwicklungsgebiet verlängern.

Ob die privaten Investoren die Ziele des Leitbilds besser umsetzen werden als bei der ersten Bauetappe, hängt davon ab, wie konsequent die Planungspolitik dieses Mal auf der Einhaltung der urbanistischen Qualitätskriterien beharrt. In der zweiten Zeile, parallel zur bestehenden Büromeile, wurde kürzlich der erste Baublock fertig gestellt. Laut Masterplan sollte er 35 bis 70 Prozent Wohnungen, an zwei Erdgeschoßfronten Läden und an der dritten eine öffentliche Dienstleistung beherbergen. Realisiert wurde statt all dem aber ein gesichtsloses Bürohaus. Das so entstandene Defizit an Wohnungen soll nun laut MA 21A in den noch folgenden Blöcken dieser zweiten Zeile kompensiert werden, was nichts anderes heißt, als dass deren Bauträger den vorgesehenen Büro- und Geschäftsanteil reduzieren und ihren Interessen entsprechend reine Wohnhäuser errichten können. Für kurzfristig denkende Investoren ist es bekanntlich attraktiver – weil einfacher und kostengünstiger –, mono-funktionale Objekte zu bauen. Was dies hingegen mittel- und langfristig für die Vitalität des Viertels bedeutet, ist an der Lassallestraße ablesbar.

Jenseits der Donau setzt sich der Transit-Charakter des Straßenzugs fort, auch wenn die Bauformen hier deutlich von jenen der Lassallestra-ße differieren. Anstatt einer Blockrandbebauung sollten im 22. Bezirk Hochhäuser die angestrebte städtebauliche Achse bilden. Anschließend an die UNO City reihen sich auf der linken Seite der Wagramer Straße seit 1998 insgesamt neun Türme aneinander, dicht gedrängt, obgleich die Lagegunst an diesem Standort kein Argument gewesen sein konnte, den Bauplatz derart intensiv auszunutzen. Doch waren die Bodenpreise in dieser Gegend im Zuge der EXPO-Planungen massiv angestiegen, sodass nach Platzen der „Weltausstellungsblase" ein enormer Verwer-tungsdruck auf den spekulativ angekauften Liegenschaften lastete.

Das heute höchste Gebäude ist mit 140 Metern der IZD Tower. Der wuchtige Büroturm bildet das Zentrum eines ganzen Gebäudekomplexes mit einem weiteren Bürohochhaus sowie einem Hotelturm, orientiert auf eine triste und unbelebte „Plaza" in der Mitte, die vom öffentlichen Raum der Wagramer Straße baulich abgeschirmt ist. Eigentlich hatte der IZD Tower nur eine Widmung für 120 Meter, wie auch das Leitbild von 1991 für die gesamte städtebauliche Achse entlang der Wagramer Stra-ße wesentlich geringere Geschoßflächendichten von 2,5 bis 4,0 vorsah. „Beim IZD-Komplex, der ohnehin schon sehr voluminös gewidmet war, machte der Projektentwickler immer wieder Druck, um noch mehr Ku-batur errichten zu können", erklärt der frühere Planungsbeamte Georg Kotyza so manche Fluchtlinien- und Bauhöhenüberschreitung. „Und bei den Wohntürmen im Anschluss daran gab der damalige Planungs-stadtrat Hannes Swoboda sein Einverständnis zu den Bestrebungen der Bauträger, die Grundstücke bis aufs Letzte auszureizen." So weist der Wohnpark heute eine Dichte von 5,5 auf; die im Leitbild mit 50 Metern beschränkten Hochhäuser sind an die 70 Meter hoch.

„Für das Gebiet entlang der Wagramer Straße gab es lediglich ein grobes Gesamtkonzept als Grundlage für die Flächenwidmungsplanung, die sehr stark an den Investorenwünschen orientiert war", ergänzt sein einstiger Kollege Klaus Steiner. Allerdings hätten für jeden Bezirk Gut-achten über die wünschenswerten Bebauungsdichten bestanden, die in den 1980er Jahren auch von jenen Beamten erstellt worden seien, die dann in den 1990er Jahren – in bereits leitenden Positionen – um vieles höhere Dichten mitverantwortet hätten. „Vor allem wenn berühmte Architekten mit ihren Forderungen kamen, ist die Stadt Wien immer schon in die Knie gegangen", so Steiner, „in diesem Fall eben vor Wolf Prix und Gustav Peichl."

Für die Wohntürme unweit der Alten Donau – von der sechsspurigen Wagramer Straße durch eine elfgeschoßige Wohnzeile abgeschirmt – zeichnen neben Prix & Swiczinsky von Coop Himmelb(l)au sowie der Bürogemeinschaft Peichl & Weber auch noch die Gruppe NFOG und ein Team um Architekt Johann Ausch verantwortlich. Ausch plante für die Sozialbau AG drei identische Hochhäuser, deren Fassadengestaltung sich kaum von manchen Großbauten der 1970er Jahre unterscheidet. Konzeptionell reichen sie teils noch weiter zurück, zumal sie traditionelle Qualitätsstandards des Wiener Wohnbaus negieren, geschweige denn neue Wege verfolgen. Architekt Harry Glück hatte auf den Dächern seines Wohnparks Alt Erlaa bereits vor 30 Jahren gemeinschaftliche Schwimmbäder realisiert – die Dachzonen der Sozialbau-Türme sind für die Bewohner nicht einmal zugänglich. Die Vielzahl an Satellitenantennen in den windexponierten Loggien deutet auf eine eingeschränkte Aufenthaltsqualität der privaten Freiräume hin. Der einzige Spielplatz für die Kinder aus den drei Hochhäusern ist viel zu klein dimensioniert und von den meisten Wohnungen aus nicht einsehbar.

Wie alle sechs Türme sind auch die Objekte der Sozialbau AG mit öffentlichen Geldern gefördert und nach sozialen Kriterien unterteilt: Die ersten 14 Etagen, die im Schatten des „bewohnten Lärmschutzbaus" entlang der Wagramer Straße stehen, bieten genossenschaftliche Mietwohnungen für einkommensschwache Bevölkerungsgruppen. Vom 15. bis zum 19. Stock – wo die Aussicht schon weiter reicht als bis zum Nachbarhaus, der nahe Autoverkehr aber noch wahrnehmbar ist – befinden sich geförderte Eigentumswohnungen für die Wiener Mittelschicht. Daran schließen drei frei finanzierte Wohngeschoße an, und ganz zuoberst thront jeweils ein Penthouse mit großzügiger Dachterrasse. Dass 14 Geschoße mit relativ unattraktiven Wohnungen und insgesamt 19 mit Wohnbauförderung errichtete Geschoße quasi als Podest für vier exklusive Wohnetagen dienen, wird von der Stadtregierung mit der gewünschten sozialen Durchmischung der Gebäude gerechtfertigt – zur „Vermeidung von Ghettobildung".[17]

Von den drei anderen Hochhäusern sind die Sozialbau-Türme durch mannshohen Maschendraht abgetrennt. Dies verhindert, dass Nachbarskinder den Spielplatz mitbenützen, wofür durchaus Veranlassung bestünde, zumal jenseits des Zauns auf Einrichtungen für Kinder und Jugendliche gänzlich verzichtet wurde. Wie in der Donau City bieten auch hier manche Hochhäuser Souterrain-Wohnungen an, und zwar überall dort, wo die Tiefgaragen über das Grundniveau ragen. Dieses Problem habe beim Turm von Coop Himmelb(l)au laut Bewohnern bereits mehrmals dazu geführt, dass Regenwasser vom Vorplatz in das Gebäude geflossen sei.[18] Allein der Umstand, dass es bei Hochhäusern mit 22 Stockwerken nicht für wert befunden wurde, das – bewohnte – Erdgeschoß ausreichend anzuheben, sagt viel über die soziale Gesinnung der beteiligten Bauträger, Planer und Beamten aus – und nicht zuletzt über die verantwortlichen Politiker, die solches mit Steuergeldern subventionieren.

Auch in landschaftsplanerischer Hinsicht bietet der Wohnpark Alte Donau wenig Befriedigendes. Die drei Türme der Bauträger SEG und ÖVW sollten ursprünglich einen urbanen Platz bilden. Die tatsächliche Gestaltung der Fläche zwischen den Hochhäusern vermittelt jedoch weniger das Flair einer Metropole als das einer Reihenhausanlage: Der ohnehin knapp bemessene Freiraum ist durch Hecken zerstückelt, und die auf künstlichen Erdkuppen gepflanzten, kleinwüchsigen Bäume dienen in erster Linie dazu, die Lüftungsschächte der Tiefgaragen zu behübschen.

„Planungsstadtrat Hannes Swoboda wollte Wien zur Weltstadt machen, und dafür war ihm jedes Hochhaus recht", resümiert Georg Kotyza. „Ursprünglich sollte auch noch auf der rechten Seite der Wagramer Straße ein Turm entstehen, den prominente Architekten mit der städtebaulichen Notwendigkeit einer Torsituation zu argumentieren versuchten. Schließlich konnten die Begehrlichkeiten des Grundeigentümers aber eingedämmt werden – wohl auch, weil es der Bezirkspolitik nach Protesten von Anrainern nicht mehr ganz geheuer schien, einen solchen Koloss in die Idylle des Kaiserwassers zu stellen."

Spekulativer Bauboom
Büroflächenwachstum und -leerstand

Wofür einst rauchende Schlote standen, stehen heute gläserne Bürotürme, nämlich für eine prosperierende Wirtschaft. Bekanntlich täuschten manche Schornsteine aber bloß vor, Arbeitsplätze und Steuereinnahmen zu sichern, und waren lediglich durch hohe Subventionen und auf Kosten der Umwelt am Rauchen zu halten. Nicht unähnlich verhält es sich mit den heutigen Insignien erfolgreicher Wirtschaftspolitik. In Wien scheint die Symbolkraft von „Glaspalästen" so stark, dass die Stadtväter bereits davon sprechen, Hunderte Arbeitsplätze zu schaffen, sobald sie einem Bauwerber auch nur die Genehmigung für ein Bürogebäude erteilen, in dem Hunderte Angestellte Platz hätten, ungeachtet, ob das Objekt tatsächlich realisiert und verwertet wird.[19]

Statt direkter Finanzhilfen wie früher werden heute wertsteigernde Flächenwidmungen gewährt oder teure Infrastrukturen bereitgestellt. Dieser Gunst erfreuen sich nicht nur Unternehmer, die einen tatsächlichen Bedarf an Büroimmobilien nachweisen könnten; auch Investoren, die lediglich ihr Geld gewinnbringend anlegen wollen, erhalten volle politische Unterstützung. Der Schaden, den die öffentliche Hand mit dieser leichtfertigen Form der Wirtschafts- respektive Spekulationsförderung verursacht, geht auch in der postindustriellen Zeit zulasten der Steuerzahler sowie der Umwelt: sei es durch unnötigen Grünlandverbrauch, sei es durch Straßenverkehr induzierende Projekte an der Peripherie.

Im Jahr 2002 wurde im Auftrag der MA 18 die Studie „Büromarkt und Stadtentwicklung" erarbeitet, die den auch im Stadtbild ablesbaren Boom an neuen Bürobauten analysierte.[20] Vor dem Hintergrund der rapiden Tertiärisierung und Globalisierung der Wirtschaft sorgten vor allem die EDV-Branche, die Informations- und Kommunikationstechnologien aber auch zahlreiche Privatisierungen öffentlicher Unternehmen für eine völlig neue Dynamik am Wiener Immobilienmarkt. Untersucht wurden alle seit 1995 entstandenen Bürokomplexe mit mindestens 10.000 Quadratmetern Bruttogeschoßfläche, also insgesamt 673.000 Quadratmetern, die zu 41 Prozent auf Hochhäuser entfielen.

Die Analyse der bis 2001 realisierten Bauten nach den Standort-kriterien des Stadtentwicklungsplans von 1994 wirft ein bezeichnendes Licht auf die Flächenwidmungspolitik: 42 Prozent der gesamten Brutto-geschoßfläche liegen außerhalb der im STEP '94 für Bürogroßimmobi-lien vorgesehenen Zentren, Geschäftsstraßen und Entwicklungsachsen, gut ein Drittel entstand abseits leistungsfähiger öffentlicher Verkehrs-verbindungen. Dabei gibt es im dicht bebauten Stadtgebiet ausreichend Grundstücke, die bestens erschlossen sind, ein urbanes Umfeld bieten und seit Jahren ihrer Nutzung harren – allen voran die ausgedienten Bahnhofsareale. Dass an den meisten dieser Standorte die Büroentwick-lung deutlich hinter den Möglichkeiten zurückgeblieben ist, liegt auch daran, dass die Stadt Wien immer wieder neue, oftmals günstigere – weil abgelegene – Liegenschaften zur Bebauung freigibt.

Das Rathaus argumentiert dies damit, dass Wien über ein möglichst vielfältiges Angebot an Bürostandorten verfügen müsse, um im inter-nationalen Wettbewerb bestehen und jedem Interessenten einen maß-geschneiderten Bauplatz offerieren zu können. Doch ist es nicht damit getan, Flächen zu widmen, die öffentliche Hand muss sie auch infra-strukturell erschließen. Diese Strategie ist nicht nur überaus kostspie-lig und mangels Auslastung der einzelnen Entwicklungszonen in hohem Maß ineffizient, sie verfehlt überdies die Bedürfnisse der Unternehmen. „Planungsstadtrat Rudolf Schicker ruft quasi im Halbjahrestakt neue Top-Standorte aus, worüber die Wirtschaft alles andere als glücklich ist", berichtet Franz Artner, Chefredakteur des Bau & Immobilien Re-port. „So waren die Wiener Stadtwerke, die den Büro-Campus Town-Town im 3. Bezirk mitentwickeln, merklich verstimmt, als Erdberg – bis 2004 das Hoffnungsgebiet schlechthin – kaum noch politischen Rü-ckenwind aus dem Rathaus erhielt, weil man sich dort plötzlich auf die Vermarktung des Flugfelds Aspern stürzte."

Das weltweite Wirtschaftsprüfungs- und Steuerberatungsunterneh-men PricewaterhouseCoopers etwa siedelte sich 2002 unmittelbar vis-à-vis von TownTown an – dem Vernehmen nach im guten Glauben, dass der Büro-Distrikt zügig realisiert werde. Da das Großprojekt mangels Nachfrage aber jahrelang auf Eis gelegen ist, blieben bisher auch das er-hoffte urbane Umfeld und die gute Adresse aus. „Ausländische Inves-toren fragen immer wieder, wo der zukunftsträchtigste Bürostandort Wiens sei, doch lässt sich diese Frage nicht seriös beantworten", so der

Wiener Fachjournalist. Offenbar ignoriere Wien hier – wie auch in anderen Bereichen der Stadtentwicklung – internationale Trends und Best Practices: „In Hamburg waren die Bürostandorte früher auch über die ganze Stadt verstreut. Seit die Planungspolitik ihre Investitionen aber auf die Entwicklung der Hafen-City konzentriert, folgen ihr alle Investoren freiwillig dorthin."

600.000 Quadratmeter Bürofläche stehen in Wien derzeit leer, auch aufgrund der günstigen Bedingungen, die Investoren in dieser Stadt vorfinden.[21] Für den vom PORR-Konzern im Jahr 2001 erbauten Florido Tower im 21. Bezirk wurde beispielsweise eine eigene Ampelkreuzung in der Floridsdorfer Straße geschaffen, auf Kosten der Öffentlichkeit. Allerdings fanden sich in den ersten Jahren kaum Mieter für den 31-stöckigen Büroturm, und als schwach ausgelastet gilt er nach wie vor.[22] Der Galaxy Tower im 2. Bezirk wiederum blieb nach seiner Sanierung im Jahr 2002, in deren Zuge dem Investor aus Rentabilitätsgründen eine Aufstockung um sechs Stockwerke bewilligt wurde – zunächst komplett unvermietet. Bis heute sind lediglich neun von 21 Etagen genutzt.[23] Zwar liegt die Büroleerstandsrate in Wien mit 6,5 Prozent noch unter dem europäischen Durchschnitt von etwa zehn Prozent, signifikant hoch ist allerdings der Leerstand von über 20 Prozent unter den Wiener Bürobauten der letzten zehn Jahre. In diesem Zeitraum entstanden insgesamt rund 1,5 Millionen Quadratmeter Bürofläche, was laut WED-Vorstandsdirektor Thomas Jakoubek auf eine zu optimistische Einschätzung der Marktsituation aber auch auf die Selbstüberschätzung vieler Developer hinsichtlich ihrer Standorte und Projekte zurückzuführen sei.

Für die Wiener Planungspolitik scheinen leer stehende Hochhäuser keine Veranlassung zu sein, bei der Genehmigung von Bürogroßimmobilien restriktiver vorzugehen, sprich Wirtschaftlichkeitskonzepte und seriöse Marktanalysen von jenen Investoren zu verlangen, deren Projekte die bestehende Flächenwidmungs- und Bebauungsplanung sprengen. Individuelle Höhen- und Dichtekonzessionen seitens der Stadtplanung sind fachlich wie auch demokratiepolitisch nur dann zu rechtfertigen, wenn die Bauten zumindest auch eine Nutzung finden. Denn bei Weitem nicht jeder Bauwerber erhält auf Wunsch eine passende Widmung – und Leerstände bedeuten nicht bloß eine Hypothek für die Eigentümer, sie können zu einem negativen Standortfaktor für ein ganzes Viertel werden.

„Der frühere Wirtschafts- und Finanzstadtrat Hans Mayr sagte immer wieder, wir sollten uns keine Gedanken über Investoren machen, die ihr Geld unbedingt im Boden vergraben wollen", entsinnt sich Stadtplaner Georg Kotyza. „Unabhängig vom Nutzen für die Stadt schien ein Projekt für ihn bereits dann sinnvoll, wenn es der Wiener Bauwirtschaft etwas brachte." Selbst unter Architekten gibt es indes Stimmen, die den Büroboom skeptisch einschätzen, trotz der dadurch guten Auftragslage für ihre Branche. Denn das Überangebot an Büroflächen drücke auf das Mietpreisniveau, das in Wien in vielen Kategorien bereits niedriger sei als in Warschau, Prag oder Budapest, „mit der Folge, dass man in dieser Stadt kaum mehr ein Bürogebäude mit hohem architektonischen Qualitätsanspruch planen kann", beklagt die Architektin Silja Tillner.

Bleibt die Frage, warum Investoren trotz Leerstands nach wie vor auf – mittelmäßige bis schlechte – Büroprojekte setzen. Die Antwort ist vor allem an den internationalen Finanzmärkten zu finden, insbesondere bei den Pensionsfonds. Die teilweise Privatisierung und Kommerzialisierung der bis in die 1990er Jahre öffentlichen Rentensysteme in den meisten europäischen Staaten ließ binnen weniger Jahre hoch dotierte Fonds entstehen, die ihre Gelder langfristig anlegen mussten und müssen, zumal sie in den ersten Jahrzehnten überwiegend Einnahmen verbuchen und noch kaum Pensionsauszahlungen anstehen. Zudem setzen Investmentfonds in wirtschaftlich flauen und weltpolitisch instabilen Zeiten verstärkt auf sichere Immobilienrenditen denn auf riskante Gewinne an der Börse. So beruht die Errichtung zahlreicher Bürobauten, die neben Einkaufszentren als attraktivste Investitionsform gelten, nicht mehr auf dem konkreten Büroflächenbedarf von Unternehmen sondern auf der Notwendigkeit, überschüssige Gelder zu veranlagen.

Vor allem deutsche Fonds fanden, nachdem der Markt in der Bundesrepublik nicht mehr genügend Objekte bot, Interesse an Wiener Immobilien und waren damit hauptverantwortlich für den hiesigen Bürobauboom der letzten Jahre. Einer Analyse der Immobilienexperten von CB Richard Ellis zufolge stieg der Anteil deutscher Fonds an den gesamten Immobilieninvestitionen in Österreich zwischen 2000 und 2001 von 14 Prozent um mehr als das Doppelte auf 33 Prozent an und erreichte in den Jahren 2002 und 2003 über 50 Prozent. Dies zeigt nicht nur die Dominanz deutscher Fonds gegenüber Anlegern aus Drittländern, deren Anteil konstant bei 20 Prozent lag, sondern auch, wie wenig die jüngst errichteten Bürobauten mit der tatsächlichen Wirtschaftsentwicklung Wiens zu tun haben. Dazu kommt, dass ausländische Fonds kaum in den Bundesländern investieren, wodurch der Anteil heimischer Anleger an den Immobilieninvestitionen in der Bundeshauptstadt noch deutlich unter den gesamtösterreichischen Werten – 2002 waren es 28 Prozent, 2003 nur 25 Prozent – liegt.

So wurden nicht nur die Flaggschiffe des Wiener Immobilienmarkts wie der Millennium Tower, das T-Center in St. Marx, der Saturn Tower in der Donau City oder auch Wiens größtes Shopping Center, das Donau-Zentrum, an ausländische Fonds verkauft, selbst „Ladenhüter" wie der Florido Tower und der Galaxy Tower fanden neue Eigentümer beziehungsweise Miteigentümer.[24] Das Gesamtvolumen institutioneller Immobilieninvestitionen in Österreich belief sich 2004 auf 3,4 Milliarden Euro, wogegen der Jahresumsatz der größten heimischen Immobiliengesellschaft, der Immofinanz AG, mit 140 Millionen Euro (inklusive ihrer Investitionen im Ausland) verschwindend gering erscheint. Dabei verfügt die Immofinanz mittlerweile über vier Millionen Quadratmeter Bruttogeschoßfläche, was dem Wohnraumbedarf einer Stadt wie Linz entspricht.[25]

Den Marktforschern des Immobilien-Consulters ERES zu Folge sind in Wien seit Mitte der 1990er Jahre „als Konkurrenz zum klassischen Bürobezirk – dem 1. Bezirk – elf neue Stadtzentren entstanden beziehungsweise im Entstehen."[26] Im dadurch ausgelösten Mietpreiskampf konnte die Innenstadt bald nur noch bedingt mithalten, weshalb sie zuletzt einen merklichen Verlust an Arbeitsplätzen verzeichnete, insbesondere durch die Abwanderung größerer Unternehmen mit entsprechendem Büroflächenbedarf. Dies ging auf Kosten der Branchenvielfalt der City und bewirkte abseits der touristisch aktiven Zonen eine funktionale Verödung. Daher appellierte die von der MA 18 veranlasste Studie „Büromarkt und Stadtentwicklung" an die Planungspolitik, einige wenige Entwicklungszonen für Bürogroßprojekte auszuweisen und dort die öffentlichen Infrastrukturinvestitionen zu konzentrieren. Darüber hinaus, so die Empfehlung der Autoren, bedürfe es eines Konzepts zur Stärkung der Inneren Stadt.

Wenig später sah eine Analyse im Auftrag der MA 21A den Bedeutungsverlust des 1. Bezirks nicht so sehr im Überangebot an peripheren Bürostandorten begründet. Vielmehr sei der Schutz der historischen Altstadt – sprich die Hemmnisse für Neu- und Umbauten – die Ursache für die schlechte Entwicklungssituation.[27] Folglich verlangte Planungs-stadtrat Rudolf Schicker, der diese Untersuchung nach seiner Rückkehr von der Internationalen Immobilienmesse MIPIM im März 2003 prä-sentierte, einen sachlicheren Umgang mit dem Denkmalschutz und eine Neubewertung des Weltkulturerbes.[28]

Die Kraft des Faktischen
Millennium Tower

Der Millennium Tower im 20. Bezirk – von der Donau lediglich durch den stark befahrenen Handelskai und ein kaum frequentiertes Eisenbahngleis getrennt – ist nicht nur Wiens mit Abstand höchstes Gebäude. Es gibt auch kaum einen Bau, bei dem so offenkundig gegen bestehende Widmungen und Planungen verstoßen wurde, noch dazu mit Duldung des Rathauses. „Eigentlich besagte eine Studie des Raumplaners und heutigen Planungsdirektors Kurt Puchinger, dass entlang des rechten Donauufers eine einheitliche Bebauungskante bestehen bleiben sollte", betont der pensionierte Magistratsbeamte Georg Kotyza. „Der damalige Stadtrat Hannes Swoboda war es aber gewohnt, sich ohne stichhaltige Argumente über grundsätzliche strategische Planungen hinwegzusetzen. Seine Begründungen unterschieden sich dabei kaum von jenen der Projektentwickler und Bauträger, die naturgemäß ihre Eigeninteressen vertraten."

So sah die Flächenwidmung aus dem Jahr 1992 für das betreffende Gebiet mehrheitlich Bauklasse IV und V (also maximal 26 Meter Traufhöhe) vor – in einem Bereich allerdings Bauklasse VI, für ein Hochhaus mit 108 Metern. Der Stadtentwicklungsplan von 1994 hielt dazu fest, dass die etwaige Schaffung zusätzlicher Verkaufsflächen in diesem Gebiet keine Konkurrenz für die bestehenden Zentren des 20. Bezirks bedeuten dürfe. Als wichtigstes Ziel für das Viertel nannte der STEP '94 die Renovierung der erhaltenswerten Bausubstanz, die Verdichtung brachliegender Flächen, die Auflockerung zu dicht bebauter Blöcke sowie die Verbesserung der Freiraumqualität.[29]

Nur zwei Jahre später wurde auf Antrag des Wiener Bauunternehmers Georg Stumpf ein Hochhaus mit 140 Meter Höhe genehmigt – als Zentrum der geplanten Millennium City, die neben Büros auch eine Shopping Mall, Restaurants, ein Kinozentrum und andere Freizeiteinrichtungen sowie 500 Wohnungen umfassen sollte. Zeitgleich erfolgte die Fertigstellung der neuen U6- und S-Bahn-Station Handelskai mit direktem Anschluss an das Bauvorhaben. Diese hochrangige Verkehrserschließung galt als Grundvoraussetzung für die Wirtschaftlichkeit des

100-Millionen-Euro-Projekts. Dennoch verzichtete das Rathaus darauf, den Investor – wie in anderen Großstädten durchaus üblich – zu einer Abgeltung der enormen Wertsteigerung seines Grundstücks infolge öffentlicher Vorleistungen zu bewegen: sei es durch Beteiligung an den Errichtungskosten des Stationsgebäudes, sei es durch Gegenleistungen für die stadtstrukturell unmotivierte Abänderung der Flächenwidmung.

Im Gegenteil: Für den Millennium Tower wurde sogar eine öffentliche Straße aufgehoben und dem Bauplatz zugeschlagen. Zumindest hatte der Investor zugesagt, die durch sein Projekt unterbrochene Verbindung zur Donau in Form einer öffentlich zugänglichen Passage durch das Gebäude wieder herzustellen und sie durch eine Grünbrücke über den Handelskai sowie das Bahngleis zu verbessern. Trotz des politischen Wohlwollens erregte das Projekt Widerstand, und zwar vonseiten der Wiener Wirtschaftskammer. In ihrer Stellungnahme von 1995, also noch vor Beschluss der neuen Flächenwidmung, bezeichnete sie Stumpfs mehrgeschoßige Shopping Mall mit geplanten 30.000 Quadratmetern Verkaufsfläche als ein „von der Wiener Stadtplanung nicht vorgesehenes Hauptzentrum", dessen Überkapazität eine Bedrohung des ohnehin maroden Einzelhandels der Brigittenau darstelle.[30] Daraufhin erklärte sich der Bauunternehmer schriftlich dazu bereit, maximal 10.000 Quadratmeter Verkaufsfläche auf nur einer Ebene sowie höchstens zwei Garagengeschoße zu realisieren.[31, 32]

Die Stadt Wien widmete daraufhin – aufgesplittet auf 14 Teilbereiche – insgesamt 10.000 Quadratmeter Einkaufszentrenfläche, allerdings „so unglücklich", wie Georg Kotyza feststellt, „dass man dahinter eine Soll-Bruchstelle vermuten könnte. Bei kreativer Auslegung der Flächenwidmung wären nämlich auch 14 mal 10.000 Quadratmeter Verkaufsfläche möglich gewesen." Tatsächlich konfrontierte der Bauträger die Stadtplanung wenig später mit einem Rechtsgutachten, demzufolge die geplante Beschränkung des Einkaufszentrums nicht zulässig sei. Bemerkenswert daran war, dass das Gutachten vom ehemaligen Leiter der Magistratsabteilung 64 (Rechtliche Bauangelegenheiten), Heinrich Geuder, stammte. Gemäß Zeitungsberichten wurden schließlich knapp 30.000 Quadratmeter Shopping Mall auf drei Ebenen anstatt der verbindlich zugesagten 10.000 Quadratmeter errichtet – sowie vier Garagengeschoße mit 2.300 Stellplätzen anstatt der vereinbarten 1.150

Parkplätze.[33] Damit hat der Projektbetreiber genau das umgesetzt, was er von Anfang an wollte.

In seinem Prüfbericht über Wiener Einkaufszentren übte das Kontrollamt Wien im Jahr 2001 harsche Kritik an den zuständigen Planungs- und Baubehörden, insbesondere auch im Fall des Millennium Tower. So sei die Flächenwidmung dermaßen ungenau formuliert gewesen, dass das Shopping Center theoretisch auch 140 Meter hoch werden hätte können.[34] „Im Übrigen bedeutete der Bericht eine völlige Abqualifizierung des Rechtsgutachtens von Heinrich Geuder", ergänzt Georg Kotyza. Die Widmungswidrigkeiten beschränkten sich jedoch nicht allein auf die Mall. Ohne rechtliche Grundlage sollen auch die Bundesstraße B 10, der Handelskai, durch eine Tiefgarage unterbaut, und die Wehlistraße durch einen Verbindungsgang abgeriegelt worden sein. Am drastischsten war allerdings die Überschreitung der zulässigen Bauhöhe von 140 auf 171 Meter, mit Antennenaufbauten gar auf 202 Meter, womit der Wolkenkratzer nach Plänen von Gustav Peichl, Rudolf Weber und Boris Podrecca den Sprung unter die Top Ten der höchsten Gebäude Europas schaffte. Abgesegnet wurden viele Bauführungen durch Ausnahmebewilligungen der Magistratsabteilung 37 (Baupolizei). Die Höhenüberschreitung hingegen legitimierte der Bezirksbauausschuss unter Anwendung von §69 der Wiener Bauordnung – „Unwesentliche Abweichungen von genehmigten Plänen".[35]

Die einzige Auflage, die nicht „übererfüllt" wurde, ist die vom Investor zugesagte Grünbrücke zur Donau hin. Bis heute spannt sich ein roher Betonsteg über Handelskai und Bahngelände. „Die Abmachungen zwischen der Stadt und einzelnen Investoren – hochtrabend Public Private Partnership genannt – sind so geheim, dass nicht einmal der Gemeinderat in alles Einsicht hat", beanstandet die Grüne Gemeinderätin Sabine Gretner. „Dadurch sind Leistungen seitens Privater auch nicht einklagbar, solange die politisch Verantwortlichen das nicht wollen."

Getroffene Vereinbarungen oder zumindest eine widmungskonforme Bauführung auf dem Rechtsweg durchzusetzen beziehungsweise zu sanktionieren, kam für das Rathaus nicht in Frage, obwohl gemäß Pressemeldungen selbst Stadtrat Rudolf Schicker die Planinterpretationen der MA 37 im Fall des Millennium Tower als „ausgesprochen weitherzig" bis „skurril" bezeichnete.[36] Im Gegenteil: Im Jahr 2003 erfolgte, laut Zeitungen auf Vorschlag von Magistratsdirektor Ernst Theimer, eine Anpassung des Flächenwidmungs- und Bebauungsplans an den gebauten Bestand – ausgeführt von der Wiener Stadtplanung, beschlossen von der Mehrheit des Gemeinderats.[37] „Damit wurden alle Bausünden nachträglich legalisiert", so die Oppositionspolitikerin, „und der Bauträger, der den Millennium Tower inzwischen mit hohem Gewinn an eine deutsche Investorengruppe verkauft hatte, rein gewaschen." Der Stadtentwicklungsplan 2005 wies die Millennium City schließlich als Stadtteilzentrum aus, womit das, was die Wiener Wirtschaftskammer unter Berufung auf den STEP '94 abwenden wollte, auch planliches Faktum geworden ist.

Störung von außen
Wien Mitte

Es muss schon ein außergewöhnliches Bauvorhaben sein, wenn sich Wiens Bürgermeister persönlich für dessen Zustandekommen engagiert. Höchst selten geschieht es auch, dass eine Wiener Qualitätszeitung konsequent gegen ein Großprojekt Stellung bezieht. Und noch nie zuvor musste Wiens Stadtplanung eine Flächenwidmung ausländischen Experten gegenüber rechtfertigen. Schon allein deshalb handelt es sich beim Langzeitprojekt Wien Mitte um ein ganz besonderes.

Angesichts seiner Lage unmittelbar an der Grenze zur Inneren Stadt war und ist das Areal des Bahnhofs Wien Mitte im 3. Bezirk viel zu extensiv genutzt. Ein weitläufiger, mittlerweile abgesiedelter Bus-Terminal, das verkommene Bahnhofsgebäude sowie ein unansehnliches Parkhaus machen die großflächige Überbauung der darunter verlaufenden Gleisanlagen seit Jahrzehnten zu einem der abweisendsten Orte Wiens – verstärkt durch das monostrukturelle Umfeld aus großmaßstäblichen Hotel-, Büro- und Verwaltungsbauten der 1970er und 1980er Jahre.

Dabei ist der Standort durch acht Schnellbahnlinien, den Flughafen-Express CAT, die U-Bahn-Linien 3 und 4 sowie durch Straßenbahn- und Buslinien hochwertig erschlossen. Als Mitte der 1980er Jahre die Arbeiten an der U3 begannen, war klar, dass spätestens mit deren Fertigstellung auch eine städtebauliche Aufwertung dieses Verkehrsknotenpunkts anstünde. So beauftragte die MA 18 trotz rathausinternen Widerstands Architekt und Stadtplaner Roland Rainer sowie Verkehrswissenschafter Hermann Knoflacher – beide Doyens ihres Metiers und für ihre politische Unbeeinflussbarkeit bekannt – mit dem Entwurf einer Neuüberbauung des Bahngeländes. Entsprechend den Vorgaben des Stadtentwicklungsplans von 1984, der für das Gebiet eine städtebauliche Geschlossenheit sowie eine maßvolle Verdichtung vorsah, konzipierten die beiden Experten eine durchaus intensive, aber dem Umfeld angepasste achtgeschoßige Verbauung mit einer Shopping Mall, Büros und Terrassenwohnungen.[38, 39]

„Von diesen Plänen wurde jedoch kaum etwas verwirklicht, da sie zu wenig Gewinn versprachen", weiß der damalige Magistratsbedientete Georg Kotyza. „Die Österreichischen Bundesbahnen als Grundeigentümer, ihre Projektentwickler sowie die potentiellen Bauträger spekulierten auf noch größere Dichten und Gebäudehöhen, und die Stadt beugte sich wie so oft deren Drängen." So kam es 1990 zu einem Gutachterverfahren für einen neuen Entwurf mit vier geladenen Teilnehmern, das die Architekten Laurids und Manfred Ortner für sich entscheiden konnten. Als Developer fungierte schon damals ein Konsortium um die spätere Bauträger Austria Immobilien GmbH (B.A.I.), getragen von Österreichs größtem Kreditinstitut, der Bank Austria, die in den 1980er Jahren aus der Länderbank und der stadteigenen Zentralsparkasse hervorgegangen war.

Das siegreiche Projekt für Wien Mitte sah zunächst neun Hochhäuser vor, die sich im Zuge mehrerer Überarbeitungen auf fünf reduzierten, mit Höhen von 57 bis 75 Metern. Kamen Rainer und Knoflacher in den 1980er Jahren auf 94.000 Quadratmeter Bruttogeschoßfläche, so erzielten Ortner & Ortner nun 110.000 Quadratmeter. Bis 1993 erfolgten noch weitere Abänderungen sowie schließlich die Umsetzung in einen Flächenwidmungs- und Bebauungsplan, wobei die Höhe der Türme auf 65 Meter und damit auf die Dimension des benachbarten Hotels Hilton beschränkt wurde. Zum Baubeginn kam es dennoch nicht. Denn zum einen änderten die ÖBB ihre Planungen für den unterirdischen Bahnhof und somit die technischen Voraussetzungen für dessen Überbauung; zum anderen sanken Mitte der 1990er Jahre infolge der EXPO-Absage die Büromieten in Wien. Beides veranlasste die B.A.I. dazu, ihr Projekt noch einmal neu zu planen, wozu Ortner & Ortner die Architekten Neumann & Steiner sowie Lintl & Lintl beigestellt bekamen.

Anfang 1998 überraschte der Investor die Wiener Stadtplanung mit einem 120-Meter-Hochhaus, im Jahr darauf wurden eine massive Sockelbebauung sowie vier niedrigere Türme präsentiert – und wenig später schließlich sechs Türme. Vom ursprünglichen Entwurf aus dem Gutachterverfahren war inzwischen nichts mehr zu erkennen, die erzielte Gesamtnutzfläche von 136.000 Quadratmetern schien jetzt aber den ökonomischen Anforderungen der B.A.I. zu entsprechen. Dazu wurden auch die 1993 fixierten Wohnflächen im Umfang von 25.000 Quadratmetern gestrichen und im Gegenzug die kommerziellen Flächen ausgeweitet. Der auf Basis dessen entworfene Flächenwidmungs- und Bebauungsplan führte bei seiner öffentlichen Auflage im Oktober 1999 umgehend zu massiven Protesten und in der Folge zur Gründung einer Bürgerinitiative gegen das Projekt.[40]

Mit der Gemeinderatsmehrheit der SPÖ und des damaligen Koalitionspartners ÖVP erfolgte im Mai 2000 dennoch der Beschluss der neuen Flächenwidmung für das – inzwischen abermals veränderte – 340-Millionen-Euro-Projekt. Die Überbauung des 17.000 Quadratmeter großen Areals sollte nun aus einem 42 Meter hohen „Sockel" (allein dieser wäre laut Wiener Bauordnung ein Hochhaus) und vier – teilweise darauf aufgesetzten – Türmen bestehen: drei mit je 87 Metern und einer mit 97 Metern. Neben einer neuen Bahnhofshalle und sonstigen Flächen für den Bahnbetrieb waren an Nutzungen ein Einkaufszentrum mit 28.000 Quadratmetern, Gastronomie, Freizeiteinrichtungen, ein Hotel mit 340 Zimmern, Parkgaragen und vor allem 45.000 Quadratmeter Bürofläche vorgesehen.

Die Einwände der Bürgerinitiative gegen das voluminöse Bauvorhaben fanden keinerlei Berücksichtigung, obwohl sie bald von einer Vielzahl prominenter Unterstützer – darunter Wiens Alt-Bürgermeister Helmut Zilk – mitgetragen wurden: Würde das ohnehin schon hoch und dicht bebaute Viertel neben der RZB-Zentrale, dem Hilton, der Statistik Austria, der Finanzlandesdirektion und dem Bundesamtsgebäude diese zusätzlichen Baumassen noch vertragen? Hieße eine durchgehende Baublockhöhe von mindestens 42 Metern nicht eine massive Entwertung vieler benachbarter Häuser? Und könnte die nahe gelegene Landstraßer Hauptstraße – eine der letzten funktionierenden Einkaufsstraßen Wiens – gegen die Konkurrenz des geplanten Shopping Center bestehen?

Nicht zuletzt befürchteten Bewohner des Viertels eine deutliche Zunahme der Verkehrsbelastung, zumal Zeitungsberichte 7.000 zusätzliche Autofahrten pro Tag infolge des Projekts kolportierten.[41] Aus dem Büro von Stadtrat Schicker hieß es dazu mit Verweis auf den U- und S-Bahn-Anschluss allerdings nur: „Wir brauchen dort kein Verkehrskonzept, der Standort ist geradezu idealst." Und der Projektträger B.A.I. ergänzte lapidar: „Es werden ohnedies alle mit öffentlichen Verkehrsmitteln kommen."[42] Dennoch wurden für den gesamten Komplex rund 750 Stellplätze auf mehreren Etagen vorgesehen.

Unverhoffte Unterstützung erhielten die aussichtslos scheinenden Proteste im Dezember 2001, als die UNESCO auf Antrag der Stadt Wien die historische Innenstadt zum Weltkulturerbe erklärte und auch eine

Pufferzone um den 1. Bezirk auswies, in der bauliche Veränderungen mit einer gewissen Sensibilität erfolgen sollten. Die Stadtregierung war offenbar davon ausgegangen, dass das Projekt Wien Mitte, das in besagter Pufferzone lag, von dieser Auflage nicht mehr betroffen sei, da es bereits ein Jahr zuvor genehmigt worden war.

Dennoch empfahl das Welterbekomitee ein Überdenken der Höhe und des Volumens der geplanten Bauten, zumal sie – nur 800 Meter vom Stephansdom entfernt – maßgeblichen Einfluss auf das historische Stadtbild hätten. Bürgermeister Michael Häupl und Planungsstadtrat Rudolf Schicker sagten zu, Gespräche mit dem Investor aufzunehmen, der allerdings – wenig überraschend – nicht von seinem genehmigten Projekt abrücken wollte. Als es daraufhin hieß, das historische Zentrum könne seinen Status als Weltkulturerbe auch wieder verlieren, war Wien Mitte endgültig zum stadtweiten Thema geworden, auch für die Medien, insbesondere für die bürgerliche Tageszeitung Die Presse.

Von der nun immer hitzigeren öffentlichen Debatte, die selbst im Ausland wahrgenommen wurde, gaben sich der Projektträger und die verantwortlichen Politiker zunächst unberührt. Der Forderung von Denkmalschützern und Wiens FPÖ, zumindest den höchsten Turm zu verkleinern, hielt die B.A.I. die rechtskräftige Flächenwidmung entgegen und betonte, dass sie die Türme wie geplant bis zu 97 Meter hoch bauen werde und eine Reduktion aus Gründen der Wirtschaftlichkeit nicht in Frage komme.[43] Das Büro von Planungsstadtrat Schicker wiederum verlautbarte: „Es wäre unseriös, das Projekt rückgängig zu machen. Es muss eine Entwicklung in einer Stadt geben." Und sogar Bürgermeister Häupl warf seine Person in die Waagschale und argumentierte mit dem fortschreitenden Niedergang des Bahnhofs Wien Mitte: „Ich will dieses Projekt. Der jetzige Sauhaufen muss weg."[44]

Auffallend ist Häupls wiederholte Verknüpfung des privaten Großprojekts mit der überfälligen Aufwertung des Bahnhofsgebäudes (O-Ton: „ein Ratzenstadl"), als hänge es von der Gunst eines Investors ab, ob der meist frequentierte Bahnhof und einer der wichtigsten U-Bahn-Knoten Wiens den über 100.000 Fahrgästen pro Tag ein angemessenes Service bieten könne oder nicht.[45] Dabei liegt es in der Verantwortung der ÖBB und des Rathauses, dass dieser Standort dermaßen verkommen ist, und beide wären im Grunde auch für seine Modernisierung zuständig. Obgleich Wien Mitte von der Stadtregierung nie als Modellfall einer

Public Private Partnership dargestellt wurde, zeigt sich daran dennoch, worin die Gefahr liegt, wenn die öffentliche Hand und ein privater Projektträger gemeinsame Interessen verfolgen: Die Stadt steht automatisch auf der Seite ihres Partners und vernachlässigt ihre eigentliche Pflicht, insbesondere auch die Rechte der Schwächeren zu wahren – im konkreten Fall die Ansprüche der benachbarten Hauseigentümer, Bewohner und Händler.

Unbeeindruckt von den Einwänden des Welterbekomitees erteilte das Rathaus im Sommer 2002 die Baugenehmigung für das Großprojekt – inklusive der 87 bis 97 Meter hohen Türme – und gab zum Entsetzen der Opposition auch dem Ersuchen des Bauträgers um Erlassung der Umweltverträglichkeitsprüfung statt.[46] Dies ließ den Widerstand gegen Wien Mitte nicht geringer werden – im Gegenteil: Zur bisherigen Allianz vorwiegend konservativer Kräfte schlugen sich nun auch namhafte Wiener Architekten, die es ansonsten vermeiden, öffentlich gegen Entwürfe von Kollegen aufzutreten. Und selbst die Professorenschaft der Fakultät Architektur und Raumplanung der TU Wien rief in einer gemeinsamen Stellungnahme zur Überarbeitung des Bauvorhabens auf.[47]

Zur Besänftigung kündigte Planungsstadtrat Rudolf Schicker wenig später an, dass der 97 Meter hohe Turm auf 87 Meter schrumpfen werde. Vonseiten der B.A.I. hieß es dazu allerdings, eine Reduzierung der Höhe des Turms komme nur dann in Frage, wenn es dafür einen Flächenausgleich in der Breite gebe. Mit der Zeit nagte der öffentliche Protest aber auch an der Standfestigkeit des Bauwerbers, wohl auch, weil sich ein permanent negatives Medienecho nachteilig auf das Projekt und dessen Vermarktung auszuwirken drohte. Jedenfalls gab es bald weiter gehende Kompromissvorschläge der B.A.I.; die für das Unternehmen allerdings kostenneutral bleiben sollten: Würden die ÖBB als Grundeigentümer auf den geforderten Baurechtszins von 700.000 Euro pro Jahr verzichten, berichtete Die Presse, könnte Wien ein Stückchen seiner edlen Silhouette retten.

Kurz darauf war sogar zu vernehmen, dass der Investor gegen eine finanzielle Entschädigung in Höhe eines zweistelligen Millionen-Betrags bereit sei, das Projekt an den Maßstab des benachbarten Hilton anzupassen, womit man wieder bei den 1993 beschlossenen 65 Metern angelangt wäre. „Der, der eine Reduktion der Türme will, muss auch dafür zahlen", stellte Maximilian Weikhart, Direktor der B.A.I., klar. „Ohne einen wirtschaftlichen Ausgleich werden wir sicher nicht niedriger."[48] Über so viel Chuzpe empörte sich unter anderem ÖVP-Gemeinderat und Immobilien-Experte Alexander Neuhuber, der aufrechnete, dass die Stadt dem Developer allein schon durch die Flächenwidmung eine enorme Wertsteigerung beschert habe: „Dabei dürfte es sich um einen Plangewinn von 300 Millionen Euro handeln, ohne dass der Bauträger etwas für die Öffentlichkeit tun muss."[49]

Als das Konsortium um die B.A.I. schließlich drohte, das gesamte Projekt aufzugeben, schaltete sich das Stadtoberhaupt erneut wortgewaltig ins Geschehen ein und bezeichnete die Gegner von Wien Mitte laut Zeitungen gar als „potentielle Mörder" des Projekts.[50] Im März 2003 gab B.A.I.-Direktor Weikhart dann tatsächlich bekannt, dass das Großprojekt Wien Mitte unter den vom Welterbekomitee geforderten Rahmenbedingungen finanziell nicht darstellbar sei. Die öffentliche Diskussion rund um das Bauvorhaben habe außerdem zu einer ernsten Verunsicherung der Investoren und aller am Projekt Beteiligten geführt. Dies sei Veranlassung, vom Projekt aus wirtschaftlichen Gründen zurückzutreten.[51]

„Das Weltkulturerbe diente der B.A.I. lediglich als Ausrede", unterstellt der Jurist Helmut Hofmann, Sprecher der überparteilichen Stadtbildschutzinitiative Wien Mitte. „Die wahren Gründe für das Scheitern liegen wohl darin, dass einerseits die veranschlagten Kosten von 340 Millionen Euro aufgrund der schwierigen Projektpartner ÖBB und Wiener Linien nicht zu halten waren und sich andererseits keine Großmieter für die geplanten Büros fanden." Tatsächlich wurde außer einem möglichen Betreiber des Einkaufszentrums – einer Tochtergesellschaft der portugiesischen Immobiliengruppe SONAE – nie ein Mieter oder Käufer bedeutenderer Flächen des Bauvorhabens bekannt. „Natürlich ist es angenehmer zu sagen, die UNESCO ist schuld, als zu bekennen, dass man sich verkalkuliert hat", so Hofmann.

Die B.A.I. hatte zwar eine gültige Baugenehmigung, ungelöst blieben aber bis zuletzt zahlreiche eisenbahn- und gewerberechtliche Fragen. Zudem erwies sich die Freimachung der bestehenden Bahnhofsgebäude von Altmietern als unwägbarer Zeit- und Kostenfaktor. „Mit dem Verkauf der Bank Austria–Creditanstalt an die bayerische HypoVereinsbank im Jahr 2000 dürfte auch die Bereitschaft des Bankvorstands sukzessive gesunken sein, dem Projekt die nötige Rückendeckung zu geben", vermutet der Immobilienjournalist Franz Artner.

Denn 2003 war bereits absehbar, dass der jüngste Büroboom seinen Höhepunkt bald überschreiten würde. Angesichts einer halben Million Quadratmeter leer stehender – und günstigerer – Büroflächen in der Stadt wären 45.000 zusätzliche Quadratmeter am teuren Standort Wien Mitte zu diesem Zeitpunkt ein unkalkulierbares Risiko gewesen. „Ganz offensichtlich wurde das Projekt wenige Tage, nachdem man von der Immobilienmesse MIPIM mit leeren Händen zurückgekommen war, abgeblasen", erinnert sich Franz Artner. „Hätten sich in Cannes doch noch potente Interessenten gefunden, wären wahrscheinlich nicht die Türme, sondern das Weltkulturerbe gestorben."

Unkalkulierbar schienen auch die noch zu erwartenden Klagen von Anrainern, worauf die juristischen Streitigkeiten um den 2003 realisierten City Tower Vienna – ursprünglich eines der vier geplanten Hochhäuser von Wien Mitte – einen Vorgeschmack boten. Dieser Turm, den nicht die B.A.I., sondern ihr langjähriger Projektpartner PORR entwickelte, wurde aus dem Gesamtprojekt herausgelöst und bereits im Frühjahr 2002 mit einer Baugenehmigung bedacht. „Das ging nur deshalb so schnell, weil vor der Bauverhandlung eine Grundstücksteilung veranlasst worden war, deren Ergebnis ein anrainerfreier Bauplatz sein sollte", weiß Helmut Hofmann. „Die Baupolizei bezog sich bei der Verhandlung dann auch auf dieses Grundstück, obwohl das Grundbuchamt die Teilung abgelehnt hatte. Ungeachtet dessen verwehrte die MA 37 uns rechtmäßigen Anrainern die Parteienstellung, die uns zu Einwendungen legitimiert hätte, und erteilte die Baubewilligung für eine Liegenschaft, die de iure gar nicht existierte."

Hilfreich für das Zustandekommen dieses Hochhauses war vermutlich, dass es dafür bereits einen Mieter gab – und noch dazu einen öffentlichen: Der damalige Justizminister Dieter Böhmdorfer (FPÖ) hatte die Umsiedlung des Bezirksgerichts für Handelssachen Wien, des Handelsgerichts sowie des Bezirksgerichts Innere Stadt Wien vom Amtsgebäude in der Riemergasse in den City Tower veranlasst. Zwar geriet er dadurch selbst unter medialen Beschuss, zumal sein Ministerium mit dem Investor einen Mietvertrag auf 40 Jahre zu wahrlich keinen günstigen Konditionen abgeschlossen hatte – vor allem aber, weil dem FPÖ-nahen Immobilientreuhänder Ernst-Karl Plech 600.000 Euro Provision für die Vermittlung des Objekts bezahlt worden waren.[52] Doch ermöglichte die frühzeitige und langfristige Verwertung dem Developer, den

Bauplatz von den ÖBB zu erwerben und das 87 Meter hohe Justizzentrum noch vor Baubeginn um 63 Millionen Euro an die Immofinanz AG weiter zu verkaufen.[53]

„Im Nachhinein gab der Verwaltungsgerichtshof unserer Säumnisbeschwerde gegen die Wiener Baubehörde Recht", resümiert Anrainer Helmut Hofmann, „doch half uns das auch nichts mehr, da der Turm inzwischen so, wie ursprünglich vorgesehen, realisiert worden war." Jener Liegenschaftsteilungsplan, der der Baugenehmigung zugrunde lag, konnte erst Jahre später, als der Justizturm bereits bezogen war, auch tatsächlich durchgeführt werden. „Denn dazu bedurfte es einer Gesetzesänderung, die vom Nationalrat im Rahmen eines Budgetbegleitgesetzes beschlossen wurde."

Gravierende Verfahrensmängel orteten Bewohner des Viertels auch bei der Flächenwidmung für das Gesamtprojekt. Denn die Stadt Wien hatte zwischen der öffentlichen Auflage des Flächenwidmungs- und Bebauungsplans im Herbst 1999 und dessen politischem Beschluss im darauffolgenden Frühjahr noch massive Veränderungen am Plandokument vorgenommen. Aus sechs Türmen waren vier geworden, dafür maßen zwei davon statt 69 nun plötzlich 87 Meter. „Gemäß der Wiener Bauordnung hätte der Planentwurf danach nochmals öffentlich aufliegen müssen", behauptet Jurist Helmut Hofmann, „was jedoch nicht geschehen ist, weil es sich dem Rathaus zufolge um unwesentliche Änderungen gehandelt habe."

Stadtrat Rudolf Schicker hielt damals dagegen, dass es zwar zu nachträglichen Veränderungen des Planes gekommen sei, diese aber eine Verbesserung für die Anrainer gebracht hätten: „Die Fläche der Geschoße wurde reduziert, daher war eine neuerliche öffentliche Auflage nicht mehr nötig", hieß es dazu aus seinem Büro.[54] Der Sprecher der Bürgerinitiative bezeichnet diese Argumentation als absurd: „Wenn der Stadtrat kraft seines Amtes wüsste, ob und für wen eine Maßnahme Verbesserungen oder Verschlechterungen mit sich bringt, bräuchten wir überhaupt keine Bürgerbeteiligung mehr." Eine von Anrainern beabsichtigte Individualbeschwerde beim Verfassungsgerichtshof wurde durch das Scheitern des Projekts im Frühjahr 2003 obsolet.

Noch im selben Jahr ist es der Stadtregierung gelungen, die B.A.I. als Projektträgerin zurückzuholen, für einen letzten Versuch, die Verbauung von Wien Mitte zu realisieren. Dieses Mal lud die MA 21A sechs in- und ausländische Büros zu einem anonymen städtebaulichen Wettbewerb ein, um ein neues Projekt im Einklang mit den Kriterien der UNESCO zu entwickeln. Als Sieger gingen im Oktober 2003 die Architekten Dieter Henke und Marta Schreieck hervor, die mit maßvollen Höhen, insbesondere aber mit großzügigen Passagen und öffentlichen Bereichen – etwa einem gedeckten Innenhof – zu überzeugen wussten. Mit Ausnahme eines 60 Meter hohen Hotelturms vis-à-vis des bestehenden City Tower Vienna wiesen sie für die Bebauung eine Obergrenze von 30 Metern aus.

„Der neue B.A.I.-Geschäftsführer Thomas Jakoubek vermerkte bereits bei der Jurysitzung, dass das preisgekrönte Projekt wohl schwierig zu realisieren sei", erzählt Sabine Gretner, Planungssprecherin der Wiener Grünen. „Konkret bemängelte er die hohe Durchlässigkeit des Komplexes, die bei einem Bahnhofsgebäude eigentlich selbstverständlich sein sollte, sowie die relativ geringe verwertbare Bruttogeschoßfläche", so die Oppositionelle. „Das alte Argument, es rechne sich so nicht, wurde also von Anfang an wieder zur Aufblähung des Projekts hervorgeholt." Schließlich einigten sich Jury und Bauträger darauf, den Entwurf hinsichtlich Dichte und Höhe noch etwas „nachzubessern".

Das siegreiche Projekt sei nun nochmals unter tatkräftiger Zusammenarbeit von Investoren, Grundeigentümer, Verkehrsträgern und Wiener Stadtplanung durchgeknetet worden, erklärte der Juryvorsitzende Kunibert Wachten auf einer Pressekonferenz im Jänner 2004, sodass noch zusätzliche Nutzflächen ohne Einbußen der städtebaulichen Qualität untergebracht worden seien.[55] Die Randbebauung wurde im Zuge dessen um eineinhalb Geschoße auf 35 Meter erhöht und rückte entlang der Landstraßer Hauptstraße um vier Meter in den Straßenraum vor; das geplante Hochhaus wiederum geriet etwas breiter und wuchs auf 70 Meter an. Der adaptierte Entwurf diente der MA 21A als Grundlage zur Erarbeitung des neuen Flächenwidmungs- und Bebauungsplans, den der Gemeinderat Ende 2004 beschloss.

„Uns lagen bis zur Abstimmung keine genaueren Informationen über die Baumassen, die erzielbare Bruttogeschoßfläche, deren Nutzungsmöglichkeiten oder die daraus resultierenden Stellplatzzahlen vor", stellt Architektin und Gemeinderätin Sabine Gretner die Seriosität des politischen Beschlusses in Abrede und fordert: „Bei so einem komplexen Bauvorhaben sollte es für Laien, wie sie auch im Gemeinderat sitzen, anschauliche Projektdarstellungen wie etwa ein Modell geben, um eine Meinungsbildung zu ermöglichen. Dann wäre vielleicht auch klar geworden, was sich die MA 21A unter zweigeschoßigen ambulanten Verkaufsständen vorstellt, deren Errichtung sie im – offenbar zu großzügigen – Atrium genehmigte."

Für Wiens Grüne liegt der Verdacht nahe, dass es im Zuge des Flächenwidmungsverfahrens zu einer sukzessiven Nachverdichtung des Großprojekts gekommen sei. Tatsächlich wurden die vorgesehenen Passagen in ihrer Dimension von acht mal fünf Meter auf vier mal vier Meter reduziert und in ihrer Anzahl verringert. Zudem sind sie im Flächenwidmungs- und Bebauungsplan nicht mehr als öffentliche Durchgänge ausgewiesen. Verabsäumt habe die Stadt auch, so Gretner, halböffentliche oder öffentliche Nutzungen für einige Dachgeschoß- und Flachdachzonen des Gebäudekomplexes festzusetzen. „Damit bleibt der attraktive Ausblick auf das Weltkulturerbe exklusiv den künftigen Mietern vorbehalten."

Auch nach dem Beschluss der Flächenwidmung setzte sich das Drehen und Wenden der Pläne für Wien Mitte fort. So hat die B.A.I. beim Bezirksbauausschuss verschiedene Abweichungen von den Bebauungsvorschriften nach §69 der Wiener Bauordnung beantragt, um das Projekt in ihrem Sinn noch weiter zu optimieren. Und im Sommer 2006 beschloss der Stadtsenat, dass für die Bahnhofsüberbauung keine Umweltverträglichkeitsprüfung erforderlich sei. „Möglich wurde diese Entscheidung auch dadurch", beklagt Sabine Gretner, „dass man das Großbauvorhaben so definierte und aufgliederte, dass kein Teilprojekt die UVP-relevanten Grenzwerte erreicht." Der zuletzt für Ende 2006 geplante Baubeginn wurde dennoch erneut verschoben, zunächst einmal auf 2007.

„Es gehört inzwischen zum Standard-Repertoire von Investoren, zu behaupten, dass sich ein Projekt im Rahmen der bestehenden Flächenwidmung nicht rentiere", ortet Georg Kotyza eine generelle Schwäche der Wiener Stadtplanung. „Mir ist kein Fall bekannt, in dem das Rathaus den Behauptungen der Developer nachgegangen wäre und genaue Kalkulationen verlangt und überprüft hätte." Wien Mitte ist für den früheren Stadtplaner nur einer von vielen Fällen, wenn auch ein besonders grotesker: „Allein die Idee des damaligen B.A.I.-Chefs Weikhart, den Steuerzahler dafür zu belangen, dass das Geschenk der Stadt in Form eines ungewöhnlich großzügigen Baurechts nicht ganz so lukrativ ausgefallen ist, wie von ihm erhofft, zeigt, wie anfällig die Planungspolitik in den letzten zwei Jahrzehnten geworden ist. Dass es schlussendlich zu keiner Abschlagszahlung gekommen ist, bedeutet nicht, dass die Abgeltung des entgangenen Widmungsgewinns nicht noch in anderer Form erfolgen wird. Denn die Drohung des Investors, den städtebaulichen Schandfleck Wien Mitte so zu belassen, wie er ist, wiegt schwer und wird die Phantasien auf beiden Seiten beflügeln."

Planung im Nachhinein
Das Hochhauskonzept

Als der Gemeinderat 2002 das Wiener Hochhauskonzept beschloss, waren seit Anfang der 1990er Jahre bereits über 20 Türme realisiert und noch weitere 30 Hochhäuser genehmigt worden, verteilt über die ganze Stadt und oftmals an ungeeigneten Standorten. Laut Oppositionspolitiker Günter Kenesei habe sich die Stadtregierung dieses Zeitfenster in der heißen Phase der Wiener Stadtentwicklung ganz bewusst gegönnt, „um nach eigenem Gutdünken über Hochhausprojekte entscheiden zu können, ohne planerische Vorgaben und gesetzliche Einschränkungen."

Zwar gab es für das gesamte bebaubare Stadtgebiet eine im Flächenwidmungs- und Bebauungsplan festgelegte Höhenstaffelung, doch ging dieses dreidimensionale Stadtmodell in seinem Kern noch auf den Wiener Bauzonenplan von 1893 zurück: Bauklasse V bis 26 Meter im 1. Bezirk, Bauklasse IV bis 21 Meter in den Bezirken 2 bis 9 und 20, in Teilen Favoritens sowie in Kaisermühlen, Bauklasse III bis 16 Meter außerhalb des Gürtels bis etwa zur Vororte-Linie – sowie Bauklasse I und II bis neun respektive zwölf Meter Traufhöhe als Übergang zur freien Landschaft. Alle Gebäude mit mehr als 26 Metern Traufhöhe fielen in die Bauklasse VI und galten als Ausnahmefälle, die individuell zu verhandeln waren, was große politische Spielräume eröffnete.

Dabei war der Wiener Stadtplanung schon seit Langem klar, dass es für die Errichtung von Hochhäusern gesamtstädtische Ziele und einen rechtlichen Rahmen bräuchte. Bereits 1972 beauftragte man Architekt Hugo Potyka mit der Erarbeitung eines Konzepts, das allerdings nie politisch beschlossen wurde. Potyka definierte darin nicht nur den Standort und die absolute Höhe als Kriterien für die Beurteilung eines Hochhauses, sondern auch Bebauungsdichte, Ausdehnung und Gestalt eines Projekts ebenso wie die umgebende Bebauungsstruktur, die Topographie und die stadtklimatischen Bedingungen. Selbst die Farbgebung sollte verbindlich in den Bewilligungsbescheid aufgenommen werden. Herausragende Bauten, so Potyka, dürften nicht zufällig entstehen, sondern müssten ganz bewusst als städtebauliche Dominanten errichtet werden.[56]

Knapp zwei Jahrzehnte später wurden Coop Himmelb(l)au gemeinsam mit dem Büro Synthesis beauftragt, Kriterien für Hochhäuser in Wien zu formulieren. Wie schon ihr Vorgänger – wenn auch bei Weitem nicht so restriktiv – waren sie bemüht, der Stadt, die in hohem Maß von großen Plänen geprägt wurde (Ringstraße, Donauregulierungen, Wiener Bauzonenplan etc.), auch in Zukunft geplante Gestalt zu geben. Verdichtungsgrad, Verkehrserschließung und Sichtbeziehungen lauteten ihre Zwangspunkte für künftige Hochhausstandorte, wobei sich einige Anforderungen aus ihrem 24-Punkte-Programm wohl einer objektiven Überprüfung entzogen hätten, etwa: „Das Gebäude steht in einem produktiven Spannungsverhältnis zu den städtebaulichen, topographischen und kulturellen Akzenten der Stadt."[57]

Wolf Prix und Helmut Swiczinsky entwarfen auch zwei Hochhaustypen und unterschieden dabei zwischen den Erfordernissen in neuen Stadtentwicklungsgebieten sowie den Anforderungen innerhalb einer bestehenden Blockrandbebauung. Beide Varianten waren für eine durchmischte Gebäudenutzung konzipiert, die Coop Himmelb(l)au als wesentliche Voraussetzung für das Entstehen von Urbanität in einem und um ein Hochhaus postulierten. Schließlich wiesen sie noch auf die Bedeutung von Wolkenkratzern für die Bildung von Subzentren hin und appellierten, Türme stets als Instrumente einer aktiven Stadtplanung einzusetzen. Auch ihrem Konzept blieb der politische Beschluss versagt, obwohl damals, 1991, schon feststand, dass nach den für Wien beschaulichen 1980er Jahren einige Hochhausprojekte auf die Stadt zukommen würden.

Wahrscheinlich war es die öffentliche und für das Rathaus imageschädigende Debatte um das Projekt Wien Mitte, die es planungspolitisch erforderlich machte, nach Jahren der unkontrollierten Entwicklung – sozusagen im dritten Anlauf – ein Hochhauskonzept zu verabschieden. Verantwortlich dafür zeichnete der damals neue Planungsstadtrat Rudolf Schicker, der mit Blick auf manch peripheren Turm aus der Zeit seiner Amtsvorgänger Hannes Swoboda (SPÖ) und Bernhard Görg (ÖVP) bekannte: „Die Hochhausbauten der vergangenen Jahre, etwa die entlang des Wienerbergs, sind sicher ein Problemfall."[58] Schicker hätte diesen Bauvorhaben zumindest als Gemeinderat seine Zustimmung verwehren können, was allerdings nicht der Fall war.

Die Selbstbeschränkung durch ein Hochhauskonzept fiel der Stadtregierung 2002 umso leichter, als bereits zu erkennen war, dass sich der Bauboom der letzten Jahre ohnehin zu Ende neigte und es kaum noch potente Investoren gab, die man mit Planungsvorgaben für Wolkenkratzer abschrecken hätte können. Zudem wurden die Richtlinien dieses Mal nicht von renommierten Architekten, sondern rathausintern erstellt, was eine höhere Konformität planerischer und politischer Ziele versprach. „Bezeichnenderweise wurde mit der Ausarbeitung die für Flächennutzung und Stadtteilplanung zuständige MA 21 und nicht etwa die für längerfristige, gesamtstädtische Planungen verantwortliche MA 18 betraut", sieht der pensionierte Rathausbeamte Georg Kotyza bereits in der Auftragserteilung ein Indiz für die planungspolitische Intention hinter dem Hochhauskonzept. „Denn die für die Erarbeitung der Stadtentwicklungspläne zuständige MA 18 hatte sowohl im STEP '84 als auch im STEP '94 zu einem äußerst vorsichtigen Umgang mit Hochhäusern aufgerufen."

Die öffentliche Auseinandersetzung um Wien Mitte mag auch ein Beweggrund dafür gewesen sein, dass die Stadt den Erstentwurf des Konzepts ins Internet stellte und dort in einem Forum diskutieren ließ. Darüber hinaus wurde er einem Expertengremium vorgelegt, das in drei Sitzungen Stellungnahmen dazu abgeben konnte. Obwohl im Internetforum, vor allem aber von der Expertenrunde grundsätzliche Aspekte dieses Entwurfs in Frage gestellt und zahlreiche Änderungs- und Verbesserungsvorschläge eingebracht wurden, unterschied sich das wenig später dem Gemeinderat vorgelegte Konzept kaum von der ersten Fassung.[59] So lässt sich vermuten, dass die Einbindung externer Fachleute ebenso wie der Versuch einer – wenig repräsentativen – Bürgerbeteiligung via Internet lediglich als pluralistisches Feigenblatt diente.

Die seit 2002 geltenden „Richtlinien für die Planung und Beurteilung von Hochhausprojekten" besitzen keinerlei rechtliche Verbindlichkeit und verstehen sich vor allem als „Spielregeln, die es der Stadtplanung erlauben sollen, Projekte gemeinsam mit Investoren zu entwickeln." Developer von Wolkenkratzern sind nun angehalten, einen gutachterlichen Befund über die Erfüllung eines zehn Punkte umfassenden Kriterienkatalogs zu erbringen. Ob ein geplantes Objekt urbanistischen Anforderungen wie der „positiven Beziehung zum Umfeld" oder der „stadtstrukturellen Verträglichkeit" entspricht, bleibt angesichts unzureichender Maßzahlen und Grenzwerte aber überwiegend der Kreativität des – vom Bauwerber zu bezahlenden – Gutachters überlassen.[60]

„Es hat im Rathaus durchaus Methode, fachliche Urteile privaten Planern zu überantworten", bemängelt Georg Kotyza. „Dabei stehen private Architekten und Zivilingenieure in einem viel größeren Abhängigkeitsverhältnis zu Investoren und Politikern als das auf Beamte zutrifft." Zudem stelle die Behörde externe Befunde immer seltener in Frage, auch wenn deren Aussagekraft für die Stadtplanung oft völlig unzureichend sei. „Ich persönlich halte nichts von ‚Spannungsachsen, die sich zwischen Gebäuden aufbauen', von einem ‚Dialog, in den ein Hochhaus mit seiner Umgebung eintritt' und ähnlichem Unsinn, der heute zur Begründung von Hochhäusern auf falschen Standorten bemüht wird oder helfen soll, möglichst viel Kubatur aus einem Grundstück herauszuholen."

Vage bleiben auch die standörtlichen Festlegungen des Hochhauskonzepts, zumal es nur jene Bereiche definiert, die für Türme nicht in Frage kommen, etwa Landschaftsschutzgebiete, architektonische und denkmalpflegerische Schutzzonen sowie einige wichtige Sichtachsen. Alle übrigen Bereiche der Stadt gelten als potentielle Eignungszonen. Darin benötigen Hochhausprojekte einen fußläufig erreichbaren Anschluss an das hochrangige öffentliche Verkehrsnetz, konkret eine „bestehende oder mittelfristig realisierbare Station der S-Bahn, U-Bahn oder zweier Straßenbahnlinien". Wien zählt derzeit allein 80 U-Bahn-Stationen, Tendenz steigend – ganz zu schweigen von den Schnellbahn- und Tramway-Haltestellen. Und durch den geradezu grotesken Zusatz, dass bereits die mittelfristige Realisierbarkeit einer öffentlichen Verkehrsanbindung ausreiche, um eine Hochhauswidmung zu rechtfertigen, hält sich die Planungspolitik weiterhin alle Türen offen. Sogar die allseits kritisierte Wienerberg City entspräche so den Richtlinien, zumal im Rathaus schon während ihrer Fertigstellung laut über eine verkehrliche Nachrüstung nachgedacht wurde.[61]

Eine Selektion von Standorten, eine Fokussierung auf bestimmte Entwicklungsgebiete wird auf diese Weise nicht erfolgen. Zwar benennt das Hochhauskonzept ohne Erläuterung von Motiven fünf größere Zonen (wovon sich eine gleich über drei Bezirke erstreckt), für die städtebauliche Leitbilder mit möglichen Turmprojekten entwickelt werden. Das allein scheint diese Gebiete aber noch nicht gegenüber anderen potentiellen Eignungszonen zu bevorzugen. So versagt das Konzept den Planern einen gezielteren Umgang mit dem Hochhaus, um es nicht nur

„verträglich", sondern für die Stadtentwicklung förderlich einzusetzen. Monofunktionale Solitäre, die aufgrund zufälliger Bauplatzverfügbarkeit oder individuellen Geltungsdrangs über das Stadtgebiet verteilt entstehen, sind jedenfalls von geringem Nutzen; in vielen Fällen bedeuten sie gar einen Schaden.

Vom Expertengremium bemängelt wurde unter anderem das Fehlen einer städtebaulichen Perspektive, einer gestalterischen Vision für den gesamten Stadtkörper: Auch wenn sich ein gewünschtes Stadtbild nicht verordnen lasse, brauche ein Hochhauskonzept neben technischen Reglementierungen doch auch kreative Komponenten. Ansonsten – so die Kritik – lege Wien seine ästhetische Entwicklung in die Hände von Investmentfonds und Immobilienspekulanten. An den Entwurf eines dreidimensionalen Leitbildes, an die Formulierung einer längerfristigen stadträumlichen Wunschvorstellung wagte sich das Rathaus seit der Zeit Roland Rainers als Stadtplaner von Wien (1958 bis 1963) allerdings nicht mehr heran.

Konkrete planerische Vorgaben, heißt es dazu von Politikern wie Beamten, würden in schnelllebigen Zeiten wie diesen versagen. Die Dynamik der Wirtschaft, der permanente technologische Wandel und die fundamentale Veränderung der Gesellschaft erlaubten es nicht mehr, Strukturen und Formen festzulegen. Was bliebe, wäre die Definition flexibler Rahmenbedingungen. Blickt man allerdings zurück auf die Zeit der großen Pläne für Wien, ins ausgehende 19. Jahrhundert, stellt man fest, dass die Dynamik der Wirtschaft, der technologische Wandel und der gesellschaftliche Umbruch infolge der Industriellen Revolution ungleich größer gewesen sein mussten. Dagegen macht Wien heute eine nahezu beschauliche Entwicklung durch.

„Die Entmutigung der städtischen Planer ist darauf zurückzuführen, dass sie von den Politikern in den letzten Jahren zunehmend im Stich gelassen wurden", analysiert Georg Kotyza. „Die Stadtregierung hat sich aus ihrer Verantwortung, Geplantes und Beschlossenes auch umzusetzen, mehr und mehr zurückgezogen. Und die Planungsverwaltung scheint als Reaktion darauf die Genauigkeit und Verbindlichkeit ihrer Konzepte immer weiter herabzusetzen, in der Hoffnung, dass allgemeinere Vorgaben höhere Realisierungschancen haben." Demnach dürften die beiden ersten Hochhauskonzepte zu präzise gewesen sein, um politische Akzeptanz zu finden. „Auf der anderen Seite", so Kotyza,

„werden Pläne dann sehr konkret, wenn es notwendig ist, bestimmten Projektideen eine fachliche Legitimation zu verschaffen."

Im Vergleich aller drei Konzepte wird auch die sich wandelnde stadtplanerische Einschätzung des Hochhauses deutlich. Hugo Potyka stellte Türme noch grundsätzlich in Frage, hieß es doch damals in Fachkreisen, dass „das Wohnen im Hochhaus für alle Altersstufen mit gesundheitlichen Nachteilen verbunden ist". Coop Himmelb(l)au und Synthesis fanden knapp 20 Jahre später einen unvoreingenommenen Zugang zum Thema Hochhaus, obwohl auch sie – im Falle Wiens – Türme nicht als Notwendigkeit, sondern als „Wunsch nach repräsentativer Darstellung" und „symbolische Überhöhung wirtschaftlicher Erfordernisse" erkannten. Die Stadt Wien begründet Hochhäuser heute mit der Sicherung des Wirtschaftsstandorts und der nötigen Modernisierung der Stadt.

Diesen differierenden Auffassungen entspricht auch, dass sowohl Hugo Potyka als auch Coop Himmelb(l)au empfahlen, die Rechte der Anrainer von Hochhausprojekten auszuweiten, um die Nachbarn vor den negativen Folgen der Türme zu schützen (Potyka) – oder um die öffentliche Kontrolle von Hochhausprojekten zu stärken (Coop Himmelb(l)au). Derartiges wird im Konzept von 2002 im besten Fall angedeutet, ganz zu schweigen von umfassenderen Restriktionen, wie sie die beiden vorhergehenden Studien forderten: Hugo Potyka sah durch die Bewilligung von Hochhäusern den Gleichheitsgrundsatz verletzt und schlug daher finanzielle Abgeltungen seitens der Hochhauseigner an die Öffentlichkeit vor, als Ausgleich für all jene, die auf die Bauklassen I bis V beschränkt bleiben. Coop Himmelb(l)au wiederum rieten der Stadt zu rechtlichen Interventionsmöglichkeiten für den Fall, dass Hochhäuser den Auflagen der Baugenehmigung widersprechen, zum Beispiel in Form einer öffentlichen Beteiligung an der Bauherrenschaft.

Generell fällt auf, dass das traditionell sozialdemokratische Wien das Thema Hochhaus viel liberaler handhabt als zahlreiche westeuropäische und selbst angloamerikanische Städte. In den USA gibt es genaue Festlegungen, welche Gegenleistung ein Investor für die Anrainer wie auch für die Allgemeinheit erbringen muss, wenn er höher als ortsüblich bauen will. Diese reichen von der Errichtung öffentlicher Plätze und Parks über die Mitfinanzierung des öffentlichen Verkehrs bis hin zu direkten Zahlungen an die Betroffenen seiner Bauführung. London und Paris konzentrieren ihre Hochhäuser an einigen ausgewählten Standorten, und die Investoren akzeptieren es, in diese Sonderzonen gelenkt zu werden. Ohnehin bevorzugten die meisten Firmen – laut einem internationalen Vergleich der Wiener Architektin Silja Tillner – Hochhausgruppen gegenüber Einzeltürmen. Der Stadtplanung wiederum ermögliche ein so genannter Cluster die Bündelung von Planungsleistungen und Infrastrukturen sowie die Ausgestaltung einer Übergangszone von der hohen Bebauung zur umliegenden, niedrigeren Struktur.[62]

Neben standörtlichen und baulichen Reglementierungen gibt es in manchen Städten auch funktionale Auflagen für Hochhäuser. So setzt Rotterdam nach negativen Erfahrungen mit monostrukturellen Großbauten nun konsequent auf Türme mit Mischnutzung, um Urbanität zu generieren, was Coop Himmelb(l)au bereits 1991 auch für Wien gefordert hatten. Und München praktiziert seit 1994 die Abschöpfung des Widmungsgewinns von Großprojekten: Bis zu zwei Drittel der durch Planung erzielten Bodenwertsteigerung müssen die Bauwerber an die öffentliche Hand abführen oder vor Ort zum Nutzen der umliegenden Bevölkerung investieren – siehe Hugo Potyka 1972.

Mit der Novelle zur Wiener Bauordnung von Februar 2006 fand das Thema Hochhaus erstmals auch in städtebaulicher Hinsicht gesetzliche Beachtung, allerdings mit dem Ziel einer weiteren Liberalisierung: Gebäude mit einer Gesamthöhe von bis zu 35 Metern können fortan in Gebieten mit Bauklasse VI ohne besondere Genehmigungen errichtet werden und fallen auch nicht mehr unter die (unverbindlichen) Auflagen des Hochhauskonzepts aus dem Jahr 2002.

Abschied vom Roten Wien
Der soziale Wohnbau

„In den 1920er und 1930er Jahren baute die Stadt Wien Wohnungen für einen neuen Menschen, den selbstbewussten, gesunden und sich bildenden Arbeiter", beschreibt Architekt Harry Glück den Wandel der politischen Zielsetzungen im sozialen Wohnbau Wiens: „Heute schafft man Wohnraum für den konsumierenden Arbeiter, der am Wochenende mit dem Auto ins Einkaufszentrum oder zu seinem Zweitwohnsitz im Grünen fährt." Glück, der vor allem in den 1970er und frühen 1980er Jahren Tausende Wohnungen realisierte, vermisst speziell seit Anfang der 1990er Jahre jene gesellschaftspolitischen Visionen, die in der Zwischenkriegszeit das weltweit wohl erstaunlichste Wohnbauprogramm begründet hatten. Auf diese Tradition beruft sich die städtische Wohnbaupolitik nach wie vor. Doch stellen die prominentesten Projekte der letzten ein, zwei Dekaden gleichsam eine Antithese zu den Zielen des Roten Wien dar.

Die 64.000 kommunalen Wohnungen, die zwischen 1923 und 1934 in der bis dahin von ungesunden Massenquartieren und spekulativem Mietwucher gekennzeichneten Donaumetropole entstanden, bedeuteten eine Abkehr von den engen Zinskasernen der Gründerzeit hin zu großzügigen Wohnhöfen, die die Versorgung mit Licht, Luft und Grünflächen sicherstellten. Wurden in gründerzeitlichen Blöcken meist bis zu 85 Prozent einer Parzelle bebaut, so ging dieser Wert bei den sozialdemokratischen Superblocks zum Teil auf unter 30 Prozent zurück. Beinahe jede Wohnung hatte einen Balkon, eine Loggia oder zumindest einen Erker. An Gemeinschaftseinrichtungen fanden sich in den Anlagen Badehäuser, Waschküchen, Kindergärten, Gesundheits- und Sozialeinrichtungen, Büchereien und Geschäfte. Dennoch waren die Mieten für alle erschwinglich: Für eine durchschnittliche Gemeindewohnung betrug der Mietzins 1926 nicht mehr als vier bis acht Prozent eines Arbeitermonatslohns, zumal die Stadt nicht die Grund- und Baukosten, sondern lediglich die Betriebs- und Erhaltungskosten in Rechnung stellte.[63]

Der Wohnbauforscher Hans-Jörg Hansely attestiert dem aktuellen sozialen Wohnbau dagegen „zunehmend fehlende Leistbarkeit, vor allem für Familien". Denn das Gemeindebauprogramm habe man Mitte der 1990er Jahre quasi eingestellt, und die Mieten im geförderten Wohnungsneubau, so der pensionierte Beamte der MA 18, orientierten sich inzwischen an der Wiener Mittelschicht. Einkommensschwache Menschen sind vielfach auf abgewohnte Gemeinde- oder Genossenschaftswohnungen in schlechten Lagen angewiesen und Zuwanderer ohne österreichische Staatsbürgerschaft oft auch auf gründerzeitliche Substandardwohnungen am freien Wohnungsmarkt (in Wien gibt es nach wie vor rund 70.000 Wohnungen ohne Bad und WC).

Ein Symptom für die Neuorientierung der städtischen Wohnbaupolitik ab Ende der 1980er Jahre ist das Engagement internationaler Stararchitekten im sozialen Wohnbau. Dank hoher Subventionen konnten prestigeträchtige Projekte verwirklicht werden, deren Mehrwert laut Kritikern weniger in der Wohnqualität denn im Renommee der verantwortlichen Politiker und Bauträger zu Buche geschlagen habe. Der Pariser Architekt Jean Nouvel und der Wiener Wohnbauträger SEG etwa realisierten Anfang der 1990er Jahre in der Leopoldauerstraße im 21. Bezirk geförderte Eigentumswohnungen, deren Gesamtpreis – am Beispiel einer 105-Quadratmeter-Maisonette – von damals rund 3,2 Millionen Schilling durch einen „nicht-rückzahlbaren Baukostenzuschuss" der Stadt Wien in Höhe von rund 1,1 Millionen Schilling um mehr als ein Drittel reduziert wurde.[64] Nicht nur, dass Wohnungen in dieser Preisklasse kaum so großzügige Förderungen aus dem sozialen Wohnbaubudget rechtfertigen, die Verwertung des Vorzeigeprojekts (der für Immobilien stets aussagekräftigste Qualitätsindikator) soll zudem sehr schleppend vonstattengegangen sein.

Der australische Architekt Harry Seidler wurde Ende der 1990er Jahre in seine Geburtsstadt zurückgeholt, um im 22. Bezirk – direkt an der Reichsbrücke – mit Wohnbaufördergeldern das Hochhaus Neue Donau zu bauen. Die Vermietung des 213 Quadratmeter großen Apartments im 31. Stock des 100-Meter-Turms dürfte dem SPÖ-nahen Bauträger ARWAG jedoch schwer gefallen sein, bis das Wohnbauressort Ende 2004 das Penthouse für monatlich 7.000 Euro übernahm: als repräsentatives Büro für Wiens ehemaligen Wirtschaftskammerpräsidenten Walter Nettig.[65] Was der frühere Spitzenfunktionär in seiner heutigen Rolle als Außenbeauftragter der Stadt mit Wiens sozialer Wohnbaupolitik zu tun hat, bleibt allerdings unklar.

Das jüngste Prestigeobjekt der Wiener Wohnbaupolitik ist die Ende 2005 fertiggestellte Überbauung der aufgelassenen Stadtbahnbögen im 9. Bezirk nach Plänen von Zaha Hadid. Trotz eines für Wohnzwecke denkbar ungeeigneten Standorts unmittelbar an der stark befahrenen Spittelauer Lände, trotz der bekannten Exzentrik des irakisch-britischen Weltstars wurde Hadid partout mit einem geförderten Wohnbau im Schatten der Hundertwasser'schen Müllverbrennungsanlage beauftragt. Mehr als 700 Interessenten meldeten sich schon vor und während der Errichtung für die rund 30 Wohneinheiten an – nicht zuletzt aufgrund des Medienrummels, den die Stadt Wien um das Projekt inszeniert hatte.

Als die Wohnungen schließlich besichtigt werden konnten und auch die Baukosten bekannt wurden, gab es keine Mieter und schon gar keine Käufer mehr – was nicht weiter verwundert: Um angeblich über 3.000 Euro pro Quadratmeter entstanden extrem verwinkelte, teils beengende Grundrisse, manch dunkle Wohnung mit zu tief sitzenden Fenstern und einige Apartments, die ausschließlich auf die vorbeiführende dreispurige Durchzugsstraße blicken. Mangels klassischer Bewohner soll das Gebäude nun als Wohnheim dienen, weshalb der Bauträger SEG die Wohnbauförderung zurückzahlen musste, dafür aber nachträglich eine nicht minder dotierte Wohnheimsubvention zugestanden bekam. Ob der Bau angesichts kolportierter Mieten von 11 bis 15 Euro pro Quadratmeter durch so genannte temporäre Bewohner – Studenten, Wohngemeinschaften und „Stadtnomaden" – Auslastung findet, muss sich noch zeigen.[66]

Konsequenterweise spricht man im Wohnbauressort mittlerweile auch nicht mehr von sozialem Wohnbau, sondern von leistbaren Wohnungen für Durchschnittsverdiener, wenn es – etwa in der Wiener Rathauskorrespondenz – um die Erfolge der kommunalen Wohnbaupolitik geht: „‚Wir beweisen in Wien, dass Spitzenarchitektur und leistbares Wohnen kein Widerspruch sein müssen', erklärte Wohnbaustadtrat Werner Faymann. In den letzten Jahren hat sich die Architektur im Wiener Wohnbau einen international hervorragenden Namen erarbeitet. Der Grund ist klar: Die aufregendsten Wohnhäuser Wiens werden von den weltbesten Architekten entworfen. Sei es Harry Seidler mit seinem Hochhaus an der Wagramer Straße, sei das Jean Nouvel oder das Team Coop Himmelb(l)au, die an der Gasometer City mitgewirkt haben. Möglich wird dieses Engagement der Elite durch die Wohnbauförderung in Wien. Denn überall anders in der Welt planen die Topstars der Architektur Firmenzentralen, öffentliche Bauten oder Museen. Nur in Wien planen sie Wohnungen, in denen danach durchschnittlich verdienende Familien wohnen. [...] Die Wohnprojekte der letzten Jahre zeichnen sich grundsätzlich durch großen Ideenreichtum und Kreativität aus. Das kommt vor allem den Mietern zugute, deren Lebensqualität dadurch deutlich höher ist, ohne dass die Kosten dafür steigen."[67]

Als im November 2006 bekannt wurde, dass die SEG – die mehr als alle anderen Wohnbauträger dem politischen Willen entsprechend auf prominente Architekten gesetzt hatte – Konkurs anmelden musste, bekam das ansonsten heile Bild des sozialen Wohnbaus für kurze Zeit Risse. Obwohl es sich mit Verbindlichkeiten von 107 Millionen Euro laut Wirtschaftsmagazin format um Österreichs „größte Pleite des Jahres" gehandelt habe, sah sich Stadtrat Faymann zu keinerlei Stellungnahme oder gar Reaktion genötigt.[68, 69]

Wiens Wohnbaupolitik ignoriert jedoch nicht nur den hohen Preis ihrer Prestigeprojekte, sondern auch die teils stagnierende Qualität des sozialen Wohnbaus – insbesondere, was das Wohnumfeld betrifft. So ist die Ausstattung mit Gemeinschaftseinrichtungen vieler heutiger Wohnanlagen erschreckend schlecht im Vergleich zu den Bauten der 1920er und 1930er Jahre oder selbst der 1970er und frühen 1980er Jahre. Die innovativen Wohnbauprojekte der letzten eineinhalb Dekaden gingen auch nicht von internationalen Stars aus, sondern von engagierten heimischen Architekten, und wurden mitunter trotz und nicht wegen der Wohnbauförderrichtlinien realisiert: etwa die Sargfabrik und die Miss Sargfabrik der Teams BKK-2 und BKK-3 im 14. Bezirk.

„Die Wiener Wohnbaupolitik und die von ihr abhängigen Wohnbauträger orientieren sich nun seit Jahrzehnten schon am Mittelmaß", konstatiert der Wiener Architekt und Wohnbauforscher Kurt Leitner. „Wenn man aber anstatt nach oben ständig nach der Mitte strebt, sinkt der Durchschnitt immer weiter ab. Ein Fortschritt ist so nicht möglich."

Bezüglich der Dichte und Enge manch gegenwärtiger Wohnbauten ist ohne Übertreibung ein Rückfall in die überwunden geglaubte Gründerzeit festzustellen. Die als unmenschlich kritisierten Zinskasernen des ausgehenden 19. und beginnenden 20. Jahrhunderts wiesen (und weisen zum Teil noch) eine Geschoßflächendichte von bis zu 4,5 auf.

Aktuelle Wohnanlagen wie jene des Bauträgers Mischek–Wiener Heim in der Wiedner Hauptstraße im 5. Bezirk (Architekten Rüdiger Lainer, Schindler & Szedenik sowie ARTEC) bringen es auf 4,7, jene in der Vorgartenstraße im 2. Bezirk (SEG mit Coop Himmelb(l)au, ÖSW mit Neumann & Steiner sowie GPA mit Boris Podrecca) auf eine Geschoß-flächendichte von bis zu 5,4. Selbst in den Stadterweiterungsbezirken, wo die Grundpreise niedriger sind, finden sich Siedlungen mit inner-städtischen Dichten, etwa die Wohnbauten entlang der Tokiostraße im 22. Bezirk. Dabei handelt es sich hier noch um mehr oder weniger kon-ventionelle Blockrandbebauungen und nicht um Hochhausviertel wie in den Wohnparks Alte Donau oder Wienerberg City, deren Dichte jene des mittelalterlich strukturierten 1. Bezirks übertrifft.

Urbanität wird in Wien gemeinhin mit gründerzeitlichen und vor-gründerzeitlichen Stadtteilen assoziiert, resultiert jedoch nicht bloß aus deren baulicher Kompaktheit, sondern vor allem aus ihrer funktionalen und gesellschaftlichen Vielfalt. So ist es heute nicht mehr als ein Vor-wand, von einer neuen Urbanität zu sprechen, wenn Bauplätze ohne Rücksicht auf die Belichtung und Besonnung der Wohnungen bis aufs Äußerste ausgereizt werden und die Restflächen kaum noch brauchbare Freiräume ergeben.

Seriöse Wohnzufriedenheitsstudien stellen dem aktuellen Wiener Wohnbau folglich auch ein beschämendes Zeugnis aus. In einer 2003 abgeschlossenen sozialwissenschaftlichen Analyse im Auftrag der MA 18 lagen die Siedlungen des inzwischen 83-jährigen Wohnbauveteranen Harry Glück deutlich vor manch modernerem Wohnbau der 1990er Jahre.[70] Eine Forschungsarbeit des Österreichischen Ökologie Instituts von 2001 im Auftrag des BMVIT bestätigte dieses Ergebnis.[71] Dass in der Untersuchung der Wiener Stadtplanung Glücks Wohnpark Alt Erlaa aus dem Jahr 1976 bei sieben von acht Kriterien – seien es Lebensqua-lität und Sicherheit, seien es Architektur, Freiflächengestaltung oder Ge-meinschaftseinrichtungen – die Bestwerte erzielte, bescheinigt den etab-lierten Wohnbauträgern einen eklatanten Mangel an Innovationskraft.

Ungeachtet dessen betonte Stadtrat Werner Faymann stets, dass der soziale Wohnbau immer besser werde, und versorgte die Medien mit alternativen Studien. „Alle lieben die Gasometer City"[72] und „Bewoh-ner der Gasometer sind zufrieden"[73] betitelten Kronen Zeitung und Ku-rier im Jänner 2003 ihre ganzseitigen Artikel über die Untersuchung der

Wohnzufriedenheit in einem der Vorzeigeprojekte des Stadtrats. Dass die Studie von dessen Büro selbst in Auftrag gegeben und von einer Management-Consulting-Firma anstatt von Wohnbauforschern und Soziologen erstellt worden war, fand man dabei nicht einmal wert zu verschleiern.[74] Die Studie der MA 18 hingegen, die noch ÖVP-Planungsstadtrat Bernhard Görg im Jahr 1998 in Auftrag gegeben hatte, wurde 2004 ohne große PR veröffentlicht.

Dabei gebe es seit 1995 ein Gremium zur Qualitätssicherung des sozialen Wohnbaus, den so genannten Grundstücksbeirat, der in monatlichen Sitzungen über die Förderungswürdigkeit eingereichter Wohnbauprojekte nach planerischen, ökonomischen und ökologischen Kriterien entscheidet. Die Mitglieder des Beirats werden für drei Jahre auf Vorschlag des Wohnfonds Wien bestellt, dem der Wohnbaustadtrat als Präsident vorsteht. Mit wenigen Ausnahmen handelt es sich bei den Experten um Beamte der Stadt Wien, um Vertreter von Bauträgern sowie um Wiener Architekten wie Wolf Prix von Coop Himmelb(l)au, der den Vorsitz des Grundstücksbeirats innehat.[75] Angesichts beruflicher und wirtschaftlicher Abhängigkeiten sieht die Rathaus-Opposition die Unabhängigkeit dieser Kommission aber nicht immer gegeben. Denn die Mitarbeiter des Magistrats sind gegenüber der Stadtregierung weisungsgebunden und die vertretenen Bauträger sowie die meisten Architekten im Gremium im geförderten Wohnbau tätig.

„Die Entscheidungen des Grundstücksbeirats sind für Externe kaum nachvollziehbar", moniert Gemeinderätin Sabine Gretner. „Es beginnt dabei, dass die Beurteilungskriterien für eingereichte Wohnbauten einen breiten Interpretationsspielraum lassen, und endet damit, dass die Sitzungsprotokolle des Beirats streng vertraulich und daher für niemanden einsehbar sind." Generell entzieht sich die Wiener Wohnbaupolitik mehr als andere Ressorts der parlamentarischen Kontrolle, zumal wichtige Geschäftsbereiche aus dem Magistrat ausgelagert wurden.

Der stadteigene Wohnfonds Wien etwa – 1984 als Wiener Bodenbereitstellungs- und Stadterneuerungsfonds (WBSF) ins Leben gerufen – ist zum einen für die Ausschüttung der Wiener Wohnbauförderung (im Jahr 2006 rund 535 Millionen Euro) zuständig.[76] Zum anderen soll er durch den umsichtigen Ankauf von Grundstücken und deren Verkauf an Wohnbauträger die Bodenpreise für sozialen Wohnbau niedrig halten. Allerdings ist für die Ankaufspolitik keinerlei Strategie bekannt, was auch der Österreichische Rechnungshof bei seiner Überprüfung des WBSF im Jahr 2003 bemängelte: „Die in der Satzung des Fonds festgelegten Ziele waren nur sehr allgemein formuliert. [...]; lang- und mittelfristige Ziele fehlten."[77] Warum der Fonds bestimmte Grundstücke erwirbt, ist daher mitunter fachlich nicht nachvollziehbar. So befinden sich seine mit Abstand größten Liegenschaften in Süßenbrunn im äußersten Norden des Stadtgebiets (600.000 Quadratmeter) sowie am ehemaligen Flugfeld Aspern an der nordöstlichen Peripherie (250.000 Quadratmeter).

Mittelfristig besteht an keinem der beiden entlegenen Standorte die Notwendigkeit, in größerer Dimension Wohnbauten zu errichten. „Die Erfahrung zeigt jedoch, dass der Wohnfonds durch seine Ankäufe vollendete Tatsachen schafft", weiß Gemeinderat Günter Kenesei. „Überall wo Boden erworben wird, tut sich in den darauf folgenden Jahren etwas – zumindest in der Flächenwidmung, oft aber auch im infrastrukturellen Bereich." In Aspern etwa wurde das ehemalige Flugfeld vom neuen STEP als Brennpunkt der Wiener Stadtentwicklung ausgewiesen und soll bis 2013 durch die U Bahn Linie 2 erschlossen werden. „In der Regel erklären sich dann auch die Bauträger – ob aufgrund ihrer politischen Verbundenheit, ob aufgrund ihrer Abhängigkeit von der Wohnbauförderung – dazu bereit, diese Flächen anzukaufen und zu bebauen", sieht der Abgeordnete die Standortentscheidungen der Wiener Wohnbaugesellschaften nicht immer betriebswirtschaftlich motiviert.

Das bedeutet nicht weniger, als dass der Wohnfonds durch seine Grundstücksankäufe die Stadtentwicklung Wiens faktisch vorwegnimmt. „Bei den heikelsten Ankäufen des WBSF ist stets die Abstimmung mit den Zielen der Stadtplanung unterblieben", bestätigt der langjährige Planer Georg Kotyza. So entstanden im letzten Jahrzehnt mehrere größere Wohnanlagen abseits der im Stadtentwicklungsplan 1994 bevorzugten Hauptachsen des öffentlichen Verkehrs. Und auch künftig dürfte das Rathaus durch entsprechende Widmung, Erschließung und Förderung die Bebauung abgelegener Liegenschaften des Wohnfonds forcieren – und damit die Zersiedlung Wiens selbst vorantreiben.

Dabei determiniert der öffentliche Grunderwerb nicht nur, wo sich die Stadt weiter entwickelt – auch Dichte und Höhe der Verbauung neuer Stadterweiterungsgebiete werden oft schon beim Ankauf eines Grundstücks festgelegt. Da die Wohnbauförderung an einen angemessenen

Grundkostenanteil von maximal 220 Euro pro Quadratmeter Wohn-nutzfläche gekoppelt ist, stellt der Wohnfonds durch den Kaufpreis des Bodens bereits die Weichen für die bauliche Intensität: Bei einem Quadratmeterpreis von 500 Euro reicht eine Geschoßflächendichte von etwa 2,5 – bei 1.000 Euro muss die Bebauung doppelt so dicht sein, um noch förderwürdig zu sein. So ist die Flächenwidmungsplanung vielfach zum Nachvollziehen wohnbaupolitischer Entscheidungen angehalten.

Dabei schoss der Wohnfonds mit seiner Grundstücksvorsorge weit übers Ziel hinaus: Die rund 1,9 Millionen Quadratmeter Boden, über die der Fonds aktuell verfügt, reichen Schätzungen des Rechnungshofs zufolge für den Wohnbaubedarf der nächsten 40 Jahre. Weil das dafür investierte öffentliche Geld schlecht verzinst sei, solange die Flächen brach liegen, rieten die Prüfer zum Verkauf aller mittelfristig nicht verwertbaren Liegenschaften. Zugleich wiesen sie auf das enorm hohe Eigenkapital des Fonds von rund 220 Millionen Euro hin, wovon allein 60 Millionen Euro in Wertpapieren veranlagt seien, was nicht dem eigentlichen Zweck der Einrichtung entspreche. Dieses Vermögen sollte, so die Empfehlung, besser zur Schuldentilgung der Stadt herangezogen werden.

Eine andere ausgelagerte Institution im Wirkungsbereich des Wohnbaustadtrats ist das im Jahr 2000 gegründete Wohnservice Wien (WSW). Die 55-prozentige Tochtergesellschaft des Wohnfonds Wien (die restlichen 45 Prozent hält die Stadt) ist in erster Linie für die Vermittlung geförderter Wohnungen zuständig; genauere Ziele für das Unternehmen fehlten laut Rechnungshof aber auch in diesem Fall. Anstoß nahmen die Prüfer daran, dass sich das WSW unter anderem die Bewerbung von Wohnungen gemeinnütziger Bauvereinigungen zur Aufgabe gemacht habe, und hielten dagegen, „dass sich die mediale Vermarktung von geförderten Wohnungen erübrigen sollte, weil diese nur bei Vorliegen eines entsprechenden Bedarfs zu errichten wären."

Als Büro bezog das Wohnservice Wien 569 Quadratmeter im Erdgeschoß des Media Tower, dem Sitz der Verlagsgruppe NEWS, im 2. Bezirk, angeblich ohne Alternativen zu diesem Standort erwogen zu haben. Die ortsüblichen Büromieten liegen hier bei etwa 15 Euro pro Quadratmeter und Monat, erstklassige Büroflächen in der City kosten rund 21 Euro. Das WSW dagegen zahlt für sein Lokal an der verkehrsbelasteten Oberen Donaustraße dem Rechnungshof zufolge eine Quadratmetermiete von 31,60 Euro pro Monat – und damit jährlich um mindestens 72.000 Euro zuviel. Dazu komme, so der Prüfbericht, dass ein 15-jähriger Kündigungsverzicht fixiert und die Miete für zwölfeinhalb Jahre (insgesamt 2,7 Millionen Euro) im Voraus ohne jegliche Abzinsung überwiesen worden sei.

„Kein normaler Mensch würde einen solchen Vertrag unterschreiben", zitierte die liberale Tageszeitung Der Standard einen Immobilienexperten, der, wie viele andere, vermutete, „dass das WSW mehr bezahlt, weil NEWS weniger bezahlt."[78] Die Tageszeitung Die Presse veröffentlichte dazu ein Statement der Marketing-Chefin des Wohnservice Wien, wonach es für die hohen Mieten „natürlich Gegenleistungen des NEWS-Verlages" gebe.[79] Dies wurde aus dem Büro von Werner Faymann, der sich laut Kritikern einer auffallend wohlwollenden Berichterstattung im Wochenmagazin NEWS erfreut, umgehend dementiert.[80]

Darüber hinaus bemängelte der Rechnungshof, dass das Wohnservice Wien im Jahr 2002 noch weitere 485 Quadratmeter übernommen habe, ohne dass es dafür Bedarf gegeben hätte. Das WSW rechtfertigte sich den Prüfern zufolge damit, dass diese Fläche sonst leer gestanden wäre und mit dem Vermieter ein günstiger Preis (15,20 Euro pro Quadratmeter) ausgehandelt worden sei. Zusätzlich sei vom WSW ein exklusiver Veranstaltungsraum im Dachgeschoß angemietet worden, der im Untersuchungszeitraum eine bloß 18-prozentige Auslastung erfahren haben soll. Gemäß Prüfbericht belaufen sich die Kosten für diese weitgehend ungenutzten Flächen auf rund 160.000 Euro pro Jahr.

„Je mehr man über die Gebarungen der Geschäftsgruppe Wohnen recherchiert, desto hohler klingen die Floskeln von den sozialen Zielen des Wiener Wohnbaus", zeigt sich David Ellensohn von den Wiener Grünen desillusioniert. Seine Partei hat die schleichende Privatisierung kommunaler Wohnungen – jahrzehntelang ein Tabuthema für die Wiener Sozialdemokratie – seit dem Jahr 1998 untersucht. „Dutzende so genannter atypischer Gemeindebauten wurden an SPÖ-nahe Investoren oder auch an amtsbekannte Spekulanten verkauft, manches Mal sogar, ohne andere Offerte einzuholen", so der Oppositionelle über die Praxis bei Wiener Wohnen, der ausgegliederten, aber ebenso dem Wohnbaustadtrat unterstehenden Verwaltungsstelle aller 220.000 Gemeindewohnungen.[81]

Auf ihrer Homepage berichten Die Grünen beispielsweise von einer Immobilienfirma im 4. Bezirk, die im Jahr 2001 gleich mehrere städtische Wohnhäuser aufgrund ihres Anrainerstatus ohne öffentliche Ausschreibung um knapp zwei Millionen Euro erwerben durfte, auch wenn das Kontrollamt der Stadt Wien bei seiner nachträglichen Überprüfung keine Nachbarschaft verifizieren konnte: Immerhin betrug die Entfernung zwischen dem Unternehmen und den erworbenen Objekten angeblich 250 Meter. Im Jahr darauf wechselten die inzwischen geringfügig sanierten Häuser erneut den Eigentümer, dieses Mal für kolportierte 4,5 Millionen Euro.[82]

„Die von Wiener Wohnen nicht nur in diesem Fall viel zu gering angesetzten Verkaufspreise ermöglichten massive private Wertsteigerungen auf Kosten der öffentlichen Hand", kritisiert David Ellensohn. Zulasten der Bewohner sei die Privatisierung in jenen Fällen gegangen, in denen die neuen Eigentümer durch überdurchschnittlich teure Sanierungen oder gar durch Räumungsklagen die Mieter zur Aufgabe ihrer Wohnungen gedrängt hätten. „All das zeigt, wie sehr das Wohnbauressort samt aller ausgelagerten Gesellschaften ernsthafter Kontrolle bedürfte", resümiert der Kommunalpolitiker, „auch im Sinne einer besseren Stadtentwicklung, deren Motor der soziale Wohnbau in Wien nach wie vor ist."

Das Prestigeprojekt
Gasometer City, Erdberger Mais

Bis in die frühen 1990er Jahre war der südöstliche Stadtrand von
Wien für Planer und Investoren völlig uninteressant, zumal ihn stark
emittierende Industrie und transportintensives Gewerbe prägten. Die
Ostautobahn (A 4) schneidet das „East End" vom Naherholungsgebiet Prater ab, und die Wiener Südosttangente (A 23) mit zwei raum-
greifenden Autobahnkleeblättern führt in Hochlage quer hindurch. Im
Schatten des wuchtigen Verkehrsbandes liegen alte, backsteinerne neben neuen gesichtslosen Gewerbebauten entlang überbreiter Straßen,
dazwischen noch letzte verbliebene Gärtnereien, die einst den gesamten
Bereich Erdberger Mais–Simmeringer Haide einnahmen, die U-Bahn-
Remise Erdberg und schließlich das Wiener Gaswerk mit den vier denkmalgeschützten Gasometern.

Als diese vorstädtische Melange – näher am Stadtzentrum gelegen
als so manches dicht verbaute Gründerzeitviertel – im Zuge der Verlängerung der U-Bahn-Linie 3 bis Simmering attraktiv erschlossen werden sollte, entschied sich die Stadt Wien, das Grenzgebiet zwischen 3.
und 11. Bezirk neu zu strukturieren und aufzuwerten. Als Initialzün-
dung für die erhoffte Urbanisierung wurden die 1986 außer Betrieb ge-
stellten Gasometer von 1998 bis 2001 grundlegend umgebaut und ihre
architekturhistorische Bedeutung als Trademark für den neuen Stadtteil
in Beschlag genommen. Immerhin zählen die vier imposanten Gasbehälter zu den raren Hinterlassenschaften der Ingenieursbaukunst der Jahrhundertwende in Wien: 1896 bis 1899 als Hauptbestandteile des ersten Großgaswerks Kontinentaleuropas errichtet, von jeweils 65 Meter
Durchmesser und 72 Meter Höhe, aus Sichtziegelmauerwerk mit rei-
cher Fassadenornamentik und einer kuppelförmigen Dachkonstruktion.

Statt für diese besonderen Bauwerke mit ihren beeindruckenden In-
nenräumen auch besondere Funktionen vorzusehen und beispielsweise an die kulturellen Zwischennutzungen während des gut zehnjährigen
Leerstands anzuknüpfen, suchte die Stadt Wien (Eigentümer der Gasometer war der Wiener Wirtschaftsförderungsfonds) eine ökonomisch
tragfähige Nachnutzung. Dabei benötigte das Technische Museum

gerade zu dieser Zeit neue Ausstellungsflächen; aber auch noch andere Verwendungen hätten sich für die vier Zylinder gefunden: von einzigartigen Kunstveranstaltungen bis hin zu spektakulären Sport-, Frei-
zeit- und Unterhaltungsangeboten. Doch ließ die Kommunalpolitik die
Chance verstreichen, in den Gasometern stadt- oder gar europaweite
Attraktionen zu etablieren. Der 1996 ausgeschriebene Bauträgerwettbe-
werb bezweckte in erster Linie, Wohnungen, Büros sowie ein Einkaufszentrum in den Gasometern zu realisieren.

Auf einen Architekturwettbewerb hatte die Stadt trotz der bau-
künstlerisch und denkmalpflegerisch anspruchsvollen Aufgabe verzichtet. Dafür wurden mit Jean Nouvel und Coop Himmelb(l)au internationale Stars direkt mit Gestaltungsentwürfen beauftragt und ihre
klingenden Namen von Anfang an für die Vermarktung des Projekts eingesetzt. Manfred Wehdorn, der zuvor mit seiner denkmalpflegerischen
Studie die Weichen für den Umbau aller vier Gasbehälter gestellt hatte,
und Wilhelm Holzbauer wurde schließlich die Umplanung der beiden
anderen Gasometer zugesprochen.

Von der Authentizität der vier Bauten ist nach ihrer Adaptierung
wenig erhalten geblieben. In den Untergeschoßen wurden 1.200 Stellplätze sowie die „Bank Austria Halle" für Veranstaltungen mit bis zu
4.200 Personen geschaffen. Auf der Grundebene sind die vier Gasometer durch eine 450 Meter lange, mehrgeschoßige Shopping Mall mit 70
Läden und 14 Restaurants auf 22.000 Quadratmetern Verkaufsfläche
verbunden. Und darüber wurden in die vier zylindrischen Ziegelhüllen
jeweils bis zu zwölf Etagen für Büros, ein Studentenheim mit 230 Zimmern sowie für 615 Wohnungen eingezogen.

Die originalen Fensteröffnungen der Gasometer gewährten für all
das keine ausreichende Belichtung, sodass die ursprünglich mit Blech gedeckten und während der Bauarbeiten demontierten Kuppelkonstrukti-
onen offen gehalten wurden. Da das Licht von oben – bedingt durch die
hohe Dichte der neuen Einbauten – die unteren Stockwerke aber kaum
erreicht hätte, brach man zusätzliche Fenster in die denkmalgeschützten
Fassaden. Ein seriöser Umgang mit dem Bestand, ein kreatives Aufgrei-
fen vorgegebener Strukturen erfolgte bei keinem der vier Projekte. Weder korrespondieren die Einbauten mit der Gliederung der Außenhaut,
noch geben sie die ursprüngliche Großzügigkeit im Inneren der Gasometer wieder. Ziel war offenbar die Maximierung von Nutzflächen.

Wilhelm Holzbauer ist der Einzige der vier beteiligten Architekten, der das Gesamtprojekt auch öffentlich durchaus ambivalent einschätzt. So hätte er die backsteinernen Zylinder ursprünglich nicht als ideale Ausgangssituation für Wohnbau gesehen und sich darin sehr viel bessere Nutzungen vorstellen können. Auch nach der Fertigstellung, räumt Holzbauer ein, könne man dieses Experiment nicht in jeder Hinsicht als voll geglückt bezeichnen – etwa wenn man an jene Apartments denke, die den ganzen Tag über keine Sonne bekämen. Dagegen seien Wohnungen in herkömmlichen Satellitenstädten wie der Großfeldsiedlung „teilweise gar nicht so schlecht", ja „oft weniger problematisch, als die in den Gasometern".[83]

Weil ein ringförmiger Einbau der Wohnungen – wie in den Gasometern A bis C – einen geschlossenen Innenhof und damit, so der Architekt, auch Lärmprobleme mit sich gebracht hätte, setzte Wilhelm Holzbauer einen ypsilonförmigen Wohnbau in den Gasometer D. Dadurch entstanden drei kleine Freiflächen zwischen Neubau und historischem Gemäuer – um den Preis, dass zahlreiche Wohnräume keinen direkten Ausblick auf die Umgebung, sondern bloß zufällige Durchblicke durch die Öffnungen der backsteinernen Hülle bieten. Die zentral gelegenen Höfe in den drei anderen Gasometern wirken kaum weniger eng. Ihr Potential als Kommunikationsort und Gemeinschaftsfläche für die Bewohner opferten die Architekten und Bauträger allerdings für die Belichtung der darunter liegenden Shopping Mall: Der Bodenbereich der drei Lichthöfe wird jeweils durch eine Glaskuppel eingenommen.

Wolf Prix und Helmut Swiczinsky von Coop Himmelb(l)au sorgten im Gasometer B für den mit Abstand nüchternsten und kompaktesten Wohnkomplex. Im Unterschied zu den Projekten von Manfred Wehdorn und Jean Nouvel weist ihre kreisrunde Verbauung keinerlei Unterbrechungen auf, die vom Hof aus Durchblicke zur Ziegelhaut oder ins Freie erlauben würden. Die Fassade im Inneren – grau in grau, mit schematischen Fensteröffnungen – erinnert beinahe an einen Gefängnishof. Coop Himmelb(l)au waren auch die Einzigen, die zudem einen Anbau an ihren Gasometer vornahmen: Der so genannte Schild bietet vorwiegend nach Norden orientierte Wohnungen und schirmt mit 19 Geschoßen nicht nur den historischen Ziegelbau in Richtung Prater ab, sondern auch die dahinter liegenden Studentenwohnungen von der nötigen Belichtung.

Zur Gasometer City, wie der Standort in den Marketing-Broschüren heißt, zählt auch der via Glassteg mit der Shopping Mall verbundene Pleasure Dome von Architekt Rüdiger Lainer – ein Urban Entertainment Center mit zwölf Kinosälen für 3.800 Personen, 840 Parkplätzen, zahlreichen Restaurants und anderen Freizeit- und Konsumangeboten. Daran schließen zwei stattliche Bürokomplexe an, sodass die Gasometer nicht nur als Architekturdenkmäler, sondern auch als städtebauliche Dominanten an Wert eingebüßt haben. Dabei war noch während der Umbauarbeiten betont worden, dass die Fernwirkung der Wahrzeichen Simmerings erhalten bleiben werde.

Nach der gesamten Nordseite soll nun auch noch die Westansicht verbaut werden – durch einen weiteren Bürokomplex samt 22-geschoßigem Hochhaus, mit 33.000 Quadratmetern Nutzfläche und 400 Stellplätzen. „Kurz vor der dafür nötigen Umwidmung hielt ein hoher Planungsbeamter noch fest, dass dies der letzte Standort sei, an dem er sich ein Hochhaus vorstellen könne", erinnert sich Klaus Steiner, ehemaliger Mitarbeiter der Magistratsabteilungen 18 und 21. „Doch steht hinter dem Projekt die B.A.I., und entworfen wurde es unter anderem von Hans Hollein, sodass die Auffassung der zuständigen Fachabteilung eigentlich nicht mehr von Bedeutung war."

„Die städtebaulichen Leitbilder für das Gebiet Erdberger Mais wurden von der Politik nie eingehalten", ergänzt sein früherer Kollege Georg Kotyza. „In kaum einem anderen Teil Wiens ist eine derart fragmentarische Entwicklung festzustellen." Offenbar soll eine besonders liberale Handhabung der Stadtteilplanung dazu animieren, trotz des nicht eben attraktiven Umfelds am East End von Wien zu investieren. Dass der Standort insbesondere für Wohnbauten keine Gunstlage ist, war den Bauträgern frühzeitig bewusst. „Man sagt, weder die SEG noch die Wohnbauvereinigung für Privatangestellte seien zu Beginn vom Gasometer-Umbau begeistert gewesen", berichtet Sabine Gretner von den Wiener Grünen. „Angeblich nahmen die beiden Gesellschaften erst auf Drängen von Wohnbaustadtrat Faymann das Wagnis auf sich, sein Prestigeprojekt zu unterstützen."

Die GESIBA, die dritte involvierte Baugesellschaft, musste vermutlich nicht lange überzeugt werden: sie befindet sich als Teil der Wien Holding im Eigentum der Stadt Wien. Das Risiko, die in den Gasbehältern geschaffenen Flächen auch zu verwerten, wurde im Fall der GESIBA dadurch verringert, dass das Wiener Stadt- und Landesarchiv mehrere Etagen in Gasometer D übernahm. Die SEG wiederum soll sich dadurch beholfen haben, dass sie ihren Firmensitz im 9. Bezirk veräußerte und die Büroflächen selbst in Gasometer A bezog.

Die Verwertung der Wohnungen wurde durch eine bis dahin beispiellose mehrjährige PR-Kampagne der Stadt Wien angekurbelt, die sich nicht so sehr in Inseraten niederschlug als in ausführlich bebilderten redaktionellen Beiträgen. Von den ORF-Hauptnachrichten über sämtliche Wiener Tageszeitungen bis hin zu den Publikationen des Rathauses und ihm nahe stehenden Institutionen – alle relevanten Medien berichteten über die Sensation, dass in alten Gasbehältern moderne Apartments entstehen. Die Kronen Zeitung, deren Herausgeber Hans Dichand ein besonders gutes Verhältnis zu Werner Faymann nachgesagt wird, widmete den Gasometer-Wohnungen gleich zwei Sonderausgaben der umfangreichen Wochenendbeilage Krone Bunt.[84, 85, 86] Dafür wurden Dichand bei der Eröffnung der umgebauten Gasometer mit Festrednern wie Bürgermeister Michael Häupl und SPÖ-Bundesparteiobmann Alfred Gusenbauer dann auch Rosen gestreut, als habe er selbst für das Projekt Pate gestanden.

Eine seriöse Auseinandersetzung mit der zu erwartenden Wohn- und Wohnumfeldqualität fand in den Medien so gut wie nicht statt: Gezeigt wurden eindrucksvolle Ansichten der denkmalgeschützten Gemäuer, ein stolzer Wohnbaustadtrat oder der Fernblick aus 70 Metern Höhe. Dass viele der 38 bis 128 Quadratmeter großen Wohnungen dem Lärm der nahen Autobahnen ausgesetzt sind, dass für 1.500 Bewohner lediglich ein Spielplatz und bei drei der vier Gasometer keinerlei Freiflächen zur Verfügung stehen, wurde hingegen verschwiegen beziehungsweise schön geredet, durch Verweise auf die hervorragende Verkehrsanbindung – Krone Bunt: „Die Stadtautobahn führt bis vor die Tür" – ebenso wie durch Betonung der unmittelbaren Nähe zum Prater. Am Weg in das Erholungsgebiet haben Gasometer-Citoyens allerdings das Gewerbegebiet Erdberger Mais zu durchqueren sowie die U-Bahn-Remise Erdberg, die Erdberger Lände, den Donaukanal und die Ostautobahn zu überwinden.

Den Käufern und Mietern müssen diese Mängel zunächst nicht unbedingt aufgefallen sein, zumal 85 Prozent der Wohnungen bereits vor Fertigstellung vergeben wurden. Die Marketing-Broschüren und

Internet-Seiten der Bauträger stellten dabei oft die einzigen Beurteilungsgrundlagen dar: „Center – Style – Mall – Szene – Treff – Fun – Natur – Care – Kids – Home" lauteten etwa die Argumente der GESIBA für das „Wohnen im City Klassiker".[87] Und „128 Plätze an der Sonne" verhieß die SEG selbst den Bewohnern der Nordseite von Gasometer A.[88] Zudem suggerierte die Stadt Wien der Öffentlichkeit, dass sich das Umland der Gasometer binnen weniger Jahre in einen lebendigen Stadtteil verwandeln werde.

Neben dem erfolgreich geschaffenen Image des „europaweit einzigartigen Gesamtkunstwerks" und der „Top-Adresse" waren mit Sicherheit auch die äußerst günstigen Preise für die Nachfrage nach den Apartments verantwortlich.[89] In Gasometer A, dem wohl attraktivsten – weil der U3-Station nächstgelegenen – Umbau, kostete eine der teuersten Eigentumswohnungen laut Architekturpublizistin Liesbeth Waechter-Böhm keine 150.000 Euro, was trotz eines städtischen Zuschusses von 30.000 Euro nur schwer nachvollziehbar sei.

So bezweifelt die Kritikerin die offiziellen Baukosten: Wenn schon bei Neubauten auf der grünen Wiese an allen Ecken und Enden gespart werden müsse, um den Kostenrahmen des geförderten Wohnbaus einzuhalten, wie sei dann ein höchst aufwendiger Einbau von Wohnungen in eine denkmalgeschützte Hülle möglich? Die Erklärung, dass die niedrigen Wohnungspreise durch Kostenverlagerung zulasten der Büro- und Geschäftsmieten in den Gasometern möglich wurden, hält sie für „eine seltsame Art von Arithmetik – undurchschaubar, verwirrend und nicht glaubwürdig". Vielmehr vermutet Waechter-Böhm, dass die Stadt Wien bei dem 175 Millionen Euro teuren Prestigeprojekt wirtschaftliche Kriterien schlicht und einfach ausgeblendet habe – auf Kosten der Steuerzahler.[90]

Auch nach ihrer Besiedlung riss die Bewerbung der umgebauten Gasbehälter nicht ab: „Einkaufszentrum, Kino, Konzerte machen Gasometer zu Wohntraum", überschrieb beispielsweise die Tageszeitung Kurier eine ganzseitige Eloge im Mai 2004. Nachdem im Jahr zuvor eine medienwirksame Untersuchung die hohe Wohnqualität der Gasometer City bestätigt hatte, galt die Kampagne nun der Promotion der schwächelnden Ladenzeile, an der die stadteigene GESIBA maßgeblich beteiligt ist: „Mehrheit der Bewohner ist mit Angebot zufrieden", resümierte der Artikel unter Verweis auf eine – nicht näher genannte – „aktuelle

Studie".[91] Dass PR allein fehlende Lagegunst nicht aufzuwiegen vermag, hatte sich jedoch bereits abgezeichnet, als erste Geschäfte nur wenige Monate nach Eröffnung des Einkaufszentrums wieder geschlossen wurden. Bis zum Sommer 2006 verließ ein gutes Dutzend Händler – mehrheitlich aus der oberen Preiskategorie – die Mall. Und schließlich gab auch der größte Mieter, ein Sportartikelmarkt, seinen Standort im gründerzeitlichen Industriedenkmal auf.[92] Nun sollen ausgerechnet große Lebensmittel-, Textil- und Schuh-Diskonter die einst „trendige Location" vor dem Brachfallen bewahren.[93] Im angedockten Pleasure Dome sieht die Situation nicht viel anders aus: Kino und Gastronomiebetriebe sind mittlerweile weit entfernt vom Besucherandrang der ersten Monate.

Die mangelnde Nachfrage nach Shopping und Entertainment mag nicht zuletzt der stockenden Entwicklung des Umfelds geschuldet sein. Einige der planungspolitischen Versprechen für das weitläufige Gebiet haben sich inzwischen auch als nicht einlösbar erwiesen. So sollte südlich der Gasometer eine durchmischte Bebauung mit einem großen Park das urbane Vakuum zwischen der Gasometer City und dem Zentrum des 11. Bezirks schließen, wie das Planungsressort im Jänner 2003 verkündete: „Mit qualitativ hochwertiger Architektur, ausreichender sozialer Infrastruktur, einem zentralen Park mit einem großzügig angelegten Teich als Kernstück der Freizeit- und Erholungslandschaft, Fuß- und Radwegen, einer den Bedürfnissen entsprechenden Verkehrsorganisation und -erschließung sowie kulturellen und freizeitbezogenen Einrichtungen soll ein neuer Bezirksteil entstehen, der sowohl für die bereits ansässigen BewohnerInnen als auch für neu zuziehende Menschen ein attraktives Lebens- und Arbeitsumfeld sowie ein neues Naherholungsgebiet schafft."[94]

Finanziert werden sollte das Projekt mit dem Titel „Mehrwert Simmering" im Zuge einer Public Private Partnership (PPP), in der das Rathaus potentielle Bauträger dazu anhalten wollte, einen Teil ihres durch Umwidmung entstehenden Planungsgewinns – konkret 145 Euro pro Quadratmeter Grundfläche – als Schenkung an die Stadt Wien abzuführen. Diese würde mit den Einnahmen die technische und soziale Infrastruktur errichten, wodurch – so die Überlegung von Planungsstadtrat Rudolf Schicker – die Umfeldqualität und damit auch der Wert der Neubauten im Gebiet steige. Die geringe Überzeugungskraft dieser Win-win-Strategie scheint nicht zuletzt darin begründet, dass die Immobilienwirtschaft nicht darauf angewiesen ist, ausgerechnet hier und jetzt zu bauen. Ein Dutzend alternativer Standorte steht zur Verfügung, ohne die Auflage, Mehrleistungen für die Öffentlichkeit zu erbringen. Und für den Mehrwert – Kindergärten, Schulen und Parks – sorgt die Stadt Wien andernorts auch ohne Beteiligung der Bauträger.

„Die Stadtplanung hat jene Flächen, die sie ursprünglich für ein Parkgelände vorgesehen hatte, inzwischen zur Verbauung freigegeben", empört sich der Oppositionelle Günter Kenesei. „Die Bauträger errichten hier nun Wohnungen in enormen Dichten und weigern sich, selbst innerhalb der Wohnblöcke kleinere Parks zu realisieren." Von einem „städtebaulichen Rückgrat" zwischen den Gasometern und dem Bezirkszentrum Simmering, von einer „boulevardartigen Geschäftsstraße" ist angesichts der ersten, eben entstehenden Wohnbauten tatsächlich nichts zu erkennen. Und das verheißene „urbane Lebensgefühl mit hoher Lebensqualität" wird hier dereinst kaum anders sein als in herkömmlichen Stadterweiterungsgebieten.

An der großen Standort-Konkurrenz drohte auch ein anderes PPP-Projekt im Entwicklungsgebiet Erdberger Mais trotz hoher Erschließungsqualität zu scheitern. Bei der U3-Station Erdberg hatten die Wiener Linien respektive die Wiener Stadtwerke gemeinsam mit den Bauunternehmern Erwin und Hanno Soravia die hier oberirdisch verlaufenden U-Bahn-Gleise sowie einen Teil der Remise aufwendig überplattet, um darüber ein weiteres neues Stadtviertel – TownTown – entstehen zu lassen. Wie auch bei anderen derartigen Projekten würde die Bezeichnung „Büroviertel" den Charakter des Geplanten besser treffen als seine Definition als Stadtteil, zumal es sich um einen reinen Office Campus handeln sollte. Die Marketing-Gesetze der Immobilienbranche verlangen aber offenbar für jedes noch so monofunktionale Projekt urbane Attribute wie City, Center, Plaza oder eben Town.

Bei einem Expertenverfahren im Jahr 2000 entschieden sich die Projektbetreiber für ein Konzept von Wilhelm Holzbauer und seinen Partner von der Architektengruppe U-Bahn, das der MA 21A als Grundlage für die gewünschte Flächenwidmung dienen sollte und bereits eine ansehnliche Dichte aufwies. Mit Gustav Peichl und Coop Himmelb(l)au stießen in der Folge noch zwei weitere prominente Büros zum Projektteam hinzu, und auch der geplante Überbauungsgrad des knapp vier Hektar großen Areals wuchs sukzessive an. Schließlich sollten rund 20

Bürobauten, darunter auch Hochhäuser mit bis zu 120 Metern, eine Bruttogeschoßfläche von knapp 130.000 Quadratmetern ermöglichen und erhofften 5.000 Beschäftigten Platz geben.

„Die Idee zu TownTown wurde – symptomatisch für das Entwicklungsgebiet Erdberger Mais – ohne jegliche Vorplanung seitens der Stadt geboren", konstatiert der pensionierte Planungsbeamte Klaus Steiner. „Ebenso symptomatisch ist dabei das Engagement von Architekten, deren Namen den nötigen Flächenwidmungsbeschluss im Gemeinderat quasi garantieren und die dafür bekannt sind, bei nahezu jeder städtebaulichen Aufgabenstellung eine dichte Bebauung oder ein Hochhaus vorzuschlagen. Dadurch kann der Grundstückswert eines Remisendachs von Null auf Tausende Euro pro Quadratmeter steigen, was für den Eigentümer bilanztechnisch sehr erfreulich ist. Mit Städtebau hat das allerdings nichts zu tun, wie man am Beispiel der Lassallestraße sehen kann. Solche Viertel sind schlicht und einfach tot."

Ab 2002 hätten die hochbaulichen Arbeiten an TownTown beginnen können, aufgrund des zunehmenden Leerstands neu errichteter Büros sowie der Inflation an vergleichbaren Entwicklungsgebieten fanden sich allerdings keine Interessenten. Für die Soravia AG war es „lediglich" ein wirtschaftliches Problem, dass die 47 Millionen Euro teure U-Bahn-Überplattung über mehrere Jahre unverzinst brachlag. Im Fall der Wiener Stadtwerke, die in den Jahren 2002 und 2003 laut Medienberichten zweistellige Millionen-Defizite verbuchten, wurde die Investition mit der Zeit auch zu einem politischen Problem – und zwar für die Stadt Wien als 100-prozentige Eigentümerin des Konzerns.[95, 96] Denn zu dessen Aufgaben zählen Energieversorgung, öffentlicher Verkehr oder auch Bestattung, nicht aber die spekulative Entwicklung von Immobilien.

Im Bemühen, das Projekt trotz Stillstands zumindest medial am Leben zu halten, ging das Rathaus zunächst absonderliche Wege: So rief Stadtrat Rudolf Schicker gemeinsam mit den Developern einen Ideen-Contest für Schüler aus dem 3. Bezirk zur Gestaltung der geplanten, rund 15.000 Quadratmeter großen „Piazza" in TownTown aus und pries den Zeichen- und Malwettbewerb im Sommer 2004 als „gelungene Einbindung der Bevölkerung in ein Großbauvorhaben".[97] Im Frühjahr 2005 erwog ein resignierend wirkender Felix Joklik, Generaldirektor der Wiener Stadtwerke, in einem Interview sogar den Bau von Wohnungen auf der Betonplatte, ungeachtet ihrer Lage direkt an der A23.[98]

Schließlich gelang aber doch noch die Wende. Obwohl der für die Stadtwerke zuständige Wirtschafts- und Finanzstadtrat Sepp Rieder mehrmals betont habe, so Günter Kenesei, „dass die Stadt Wien keinen Quadratmeter in TownTown anmieten würde", wurde im Herbst 2005 bekannt, dass mit dem Wiener Krankenanstaltenverbund, der Landessanitätsdirektion und der Magistratsabteilung 15 (Gesundheitswesen) gleich drei städtische Institutionen an den bislang verwaisten Bürostandort übersiedeln sollen.[99] So konnte die Errichtung der ersten 26.000 Quadratmeter Mietfläche endlich in Angriff genommen und umgehend an einen deutschen Immobilienfonds weiterverkauft werden.[100] „Dass jetzt ein Bauboom in TownTown ausbricht, wie die Developer suggerieren, ist dennoch zu bezweifeln", misstraut Günter Kenesei den Ankündigungen, wonach das gesamte Projekt bis spätestens 2009 fertig gestellt werde.[101]

Eine Belebung des spröden städtischen Umfelds dürfte von dem Büroviertel aber ohnehin kaum ausgehen, zumal sich die künstliche Null-Ebene von TownTown meterhoch vom angrenzenden Straßenraum abhebt – wodurch eine massive Barriere gegenüber der umliegenden Bebauung geschaffen wurde. So rückt die Entwicklung von Erdberger Mais und Simmeringer Haide mit jedem neuen Großprojekt weiter vom ursprünglichen Ziel eines urbanen, durchmischten Stadtteils ab. Und die Stadt Wien trägt selbst entscheidend dazu bei: Östlich der Gasometer wurde 2006 Österreichs größtes Biomassekraftwerk errichtet, bis 2007 wird dort auch eine Biogas-Anlage entstehen. Und 2008 soll eine weitere Müllverbrennungsanlage jährlich 250.000 Tonnen Restmüll verfeuern.[102]

Privatisierter Städtebau
Wienerberg City

An den wichtigsten Straßenkreuzungen im Süden Wiens finden sich neben Schildern, die den Weg nach Linz (180.000 Einwohner), Graz (220.000 Einwohner), Brünn (370.000 Einwohner), Prag (1,2 Millionen Einwohner) oder Budapest (1,8 Millionen Einwohner) anzeigen, seit einigen Jahren auch Hinweise auf die Wienerberg City. Allein die Größe und Bedeutung dieses Stadtteils mit etwa 3.000 Bewohnern und 5.500 Beschäftigten dürften nicht der Grund gewesen sein, dass die Magistratsabteilung 46 (Verkehrsorganisation und technische Verkehrsangelegenheiten) den Weg dorthin extra ausschilderte. Vielmehr muss vermutet werden, dass das Rathaus dieses private Großbauprojekt, das nur dank politischer Unterstützung entstehen konnte, auch weiterhin fördern will – und sei es durch kostenlose Werbung im öffentlichen Raum.

In den offiziellen Aussendungen der Stadt sowie in allen ihr wohl gesonnenen Medien galt die Wienerberg City im 10. Bezirk von Anfang an als „Topprojekt", als „Wohnparadies" oder auch als „qualitative Weiterentwicklung" des sozialen Wohnbaus.[103, 104, 105] Die meisten Fachleute – selbst im Rathaus – sahen die Bebauung des Wienerbergs durch Wohn- und Bürotürme hingegen als stadtplanerischen Sündenfall, da sie wie kaum ein anderes Projekt davor sämtlichen Zielen der Planungspolitik zuwiderlief. So vermerkte die MA 21B im Erläuterungsbericht zum Antrag auf Abänderung des Flächenwidmungs- und Bebauungsplans: „Im längerfristigen Leitbild des STEP '94 ist das Antragsgebiet zur Gänze als Betriebsgebiet vorgesehen und schließt zwischen den Siedlungsachsen Siebenhirten beziehungsweise Wienerberg Ost an das dicht bebaute Stadtgebiet an. Eine Änderung der bislang verfolgten Absichten resultierte aus einem 1995 mehrstufig durchgeführten Expertenverfahren [...] mit der Zielsetzung, einen signifikanten Stadtteil im Süden Wiens mit einer größtmöglichen Nutzungsvielfalt auszustatten. Da auch eine Wohnnutzung in großem Umfang und die Errichtung einer Schule vorgesehen ist, entspricht die beabsichtigte städtebauliche Zielsetzung in diesem Bereich nicht den Festlegungen des STEP."[106]

Wie war es möglich, dass ein privater Investor im Jahr der Verabschiedung des Stadtentwicklungsplans durch den Wiener Gemeinderat einen „signifikanten Stadtteil" abseits der im STEP '94 definierten Entwicklungsachsen planen konnte?[107] Warum erklärte sich das Rathaus nur ein Jahr später bereit, das Ergebnis des vom Grundeigentümer beauftragten Expertenverfahrens eins zu eins als Flächenwidmungs- und Bebauungsplan umzusetzen, obwohl das Projekt, fernab jeder U-, S- oder Straßenbahn, auch dem 1994 beschlossenen Verkehrskonzept widersprach?[108] Über die politischen Motive dahinter gibt es nur Vermutungen, die vor allem in der wirtschaftlichen Bedeutung des Projektbetreibers für den Standort Wien – die Wienerberger AG ist der Welt größter Ziegelhersteller – einen Grund für die willfährige Umwidmung sehen.

„Bei der Jurysitzung zum Gutachterverfahren 1995 sorgte der damalige Planungsstadtrat Hannes Swoboda im Sinne des Grundeigentümers dafür, dass der einzige Entwurf, der keine Hochhäuser vorsah, frühzeitig ausschied", erinnert sich Stadtplaner Georg Kotyza. Es sei sogar zu einem Streit zwischen dem Beamten und seinem Vorgesetzten gekommen, in dem Swoboda Kotyzas Argumente gegen die geplante Verbauung des Wienerbergs – insbesondere die mangelnde Anbindung durch den öffentlichen Verkehr – mit den Worten „Das machen wir schon irgendwie!" in den Wind geschlagen haben soll. Zum Sieger wurde letztlich der Römer Architekt Massimiliano Fuksas gekürt, dessen Masterplan eine überaus dichte Verbauung ermöglichte, auch zu seinem eigenen Vorteil: Fuksas erhielt in der Folge den Auftrag zur Errichtung der 138 und 127 Meter hohen Vienna Twin Towers.

Aufgrund der stadträtlichen Patronanz überrascht es kaum, dass auch der Fachbeirat für Stadtplanung und Stadtgestaltung keine maßgeblichen Einwände gegen das Projekt vorbrachte; „lediglich der für Standortfragen zuständige Raumplaner Kurt Puchinger übte leise Kritik", so Kotyza. Die MA 21B argumentierte den Antrag auf Abänderung der Flächenwidmung trotz konkreter Vorbehalte schließlich mit den allgemeinen Zielen der Stadtentwicklung gemäß §1 der Wiener Bauordnung. Diese sind allerdings so pauschal gehalten, dass kaum ein Projekt vorstellbar ist, das nicht zumindest eine der Vorgaben erfüllt.

Exemplarisch sei das Ziel „Herbeiführung eines den zeitgemäßen Vorstellungen entsprechenden örtlichen Stadtbildes" genannt, das insofern besonders vage bleibt, als sich die Stadtregierung seit Jahrzehnten schon vor einer Diskussion oder gar Definition des gewünschten Stadtbildes scheut. Daher konkretisierte die MA 21B dieses Ziel auch, indem sie forderte: „Im Zentralbereich des Plangebietes soll das Ergebnis des durchgeführten Expertenverfahrens umgesetzt werden, wobei besonders auf größtmögliche Nutzungsvielfalt [...] und auf eine befriedigende Stadtsilhouette durch ergänzende Hochhausbauten [...] Wert gelegt wurde."[109] Wessen „Befriedigung" Gradmesser für die Erfüllung dieser Vorgabe sein soll, wurde nicht angeführt; ein Blick auf die Entstehungsgeschichte der Wienerberg City grenzt den Personenkreis allerdings relativ klar ein.

Auch Wohnbaustadtrat Werner Faymann engagierte sich für das Hochhausviertel und betonte schon während der Bauarbeiten dessen außerordentliche Qualität. „Großer Wert wird auf offene, leicht zugängliche Gemeinschaftsräume und Plätze, auf Freizeiteinrichtungen und auf naturnahe Gestaltung gelegt", hieß es dazu aus seinem Büro.[110] Und obwohl die geweckten Erwartungen – wie sich nach Fertigstellung der Wienerberg City zeigte – enttäuscht wurden, resümierte Stadtrat Faymann laut Presseberichten: „Dieses Projekt hat es geschafft, alle Wohnwünsche zu erfüllen."[111]

Was bis 2004 tatsächlich auf dem ehemaligen Ziegeleigelände entstanden ist, übertrifft in mehrfacher Hinsicht alles bisher in Wien Bekannte und zeugt von einem hohen Maß an Gleichgültigkeit, ja Verantwortungslosigkeit aller daran Beteiligten. So entbehrt der öffentliche Bereich zwischen den neungeschoßigen Wohnblöcken in der südlichen Hälfte, geprägt von Parkplätzen und Garageneinfahrten, jeglicher Nutzbarkeit und offenbart das Fehlen eines Freiraumkonzepts.

Die Flächen rings um die vier dicht gestaffelten Wohntürme im nördlichen Teil beschränken sich im Wesentlichen auf die jeweiligen Hauseingangszonen. Und auch sie sind nur eingeschränkt nutzbar, zumal die von den Gebäuden erzeugten Windströmungen längere Aufenthalte mitunter verunmöglichen. Der Begriff Häuserschlucht gewinnt in der Nordhälfte der Wienerberg City eine neue Dimension: Inmitten der Wolkenkratzer fällt es fürwahr schwer, den Himmel zu erblicken. Dementsprechend prekär stellt sich auch die Belichtungs- und Besonnungssituation in den unteren Etagen dar. Aufgrund der Vertraulichkeit der Juryprotokolle wird die Öffentlichkeit wohl nie erfahren, wie der Grundstücksbeirat nach Prüfung aller Qualitätskriterien diesen Objekten die Wohnbauförderung gewähren konnte.

Die soziale Staffelung innerhalb der vier Wohntürme folgt jenem Prinzip, das schon beim Hochhauspark an der Alten Donau erprobt wurde. So bietet das 100 Meter hohe Gebäude der Architekten Delugan_Meissl (mit Bauträger Mischek) in den untersten acht Geschoßen geförderte Mietwohnungen mit Blick auf die Häuser vis-à-vis. Darüber folgen auf acht Stockwerken Eigentumswohnungen mit Vollförderung sowie weitere Eigentumswohnungen mit geringerer Wohnbauförderung. In den obersten sechs Etagen, die nicht mehr im Schatten der bis zu 80 Meter hohen Türme von Coop Himmel(b)lau (Mischek, SEG) und Albert Wimmer (Wien Süd) liegen, finden sich schließlich frei finanzierte Wohnungen mit unverstellter Fernsicht bis zu den Alpen.

Hatte die Umwidmung des Areals ohnehin schon alle Wünsche des Grundeigentümers erfüllt, so kam es bei der baulichen Umsetzung trotzdem noch zu gravierenden Abweichungen von den Widmungsbestimmungen. Laut einer Überprüfung der Wiener Grünen seien etwa die Twin Towers um über zehn Meter nach Westen verrückt worden, wodurch ein Teil des Büro- und Handelskomplexes auf einer als öffentliche Straße gewidmeten Fläche zu liegen gekommen und das verbleibende Bauland für die daran anschließenden Wohntürme noch schmäler geworden sei. Die Wohnbauträger hätten darauf nicht nur mit einer widmungswidrigen Lageveränderung ihrer Objekte reagiert, sondern auch allesamt einige Meter höher als planlich festgesetzt gebaut, in einem Fall sogar um eineinhalb Meter breiter. Für zwei Brücken, mit denen Mischek und SEG ihre benachbarten Türme verbanden, sei zunächst nicht einmal um die nötige Widmung („Überbauung von Luftraum") angesucht worden.[112]

§90 der Wiener Bauordnung schreibt für neu errichtete Wohnbauten mit mehr als 15 Wohnungen die Anlage zumindest eines Spielplatzes für Kinder im Alter von bis zu sechs Jahren vor – und ab 50 Wohnungen die zusätzliche Errichtung eines Spielplatzes für sechs- bis zwölfjährige Kinder in einem der Wohnungsanzahl entsprechenden Ausmaß. Beide sind im Freien vorzusehen und insbesondere die Kleinkinderspielplätze unmittelbar auf dem Bauplatz, in Sicht- und Rufweite möglichst aller Wohnungen. Spielplätze für ältere Kinder müssen darüber hinaus eine Mindestgröße von 500 Quadratmetern aufweisen. In der Wienerberg

City entstanden rund 1.100 Wohnungen, abgesehen von einem nicht öffentlich zugänglichen Kindergartenspielplatz gibt es im gesamten Viertel aber keine einzige Spielgelegenheit. Dafür entstand im Zentrum des dicht bebauten Quartiers ein großzügiges, eingeschoßiges Garagen- und Lagergebäude der Magistratsabteilung 48 (Abfallwirtschaft und Straßenreinigung). Eine unterirdische Lösung war offenbar ebenso wenig möglich wie die Integration in einen der umliegenden Bauten oder gar eine Ansiedlung am Rande der Wienerberg City.

Das Wohnbauressort hielt aufkeimender Kritik zunächst das „tolle Freizeit- und Erholungsangebot" entgegen und verwies auf das „Family Entertainment Center" (sprich Einkaufs- und Kinozentrum) im Sockelbereich der Twin Towers sowie auf den nahen Golfplatz. Überdies benötige die Straßenbahnlinie 65 nur 15 Minuten in die Innenstadt – die nächstgelegene Haltestelle liegt jedoch rund 800 Meter von den Wohnhäusern der Wienerberg City entfernt.[113, 114] Gemäß Wiens Grünen rechtfertigte Stadtrat Werner Faymann das Fehlen der vorgeschriebenen Spielflächen auf ihre Anfrage hin wie folgt: „Es werden statt der Kinderspielplätze, wie in der Bauordnung vorgesehen, genügend große Kinderspielräume geschaffen. Die entsprechenden Anträge wurden mit der Größe und Konfiguration der einzelnen Bauplätze und der sich daraus ergebenden Dichte begründet. Auf den einzelnen Bauplätzen steht keine geschlossene Fläche im Ausmaß von 500 m² […] zur Verfügung."[115] Nach §69 der Wiener Bauordnung kann ein Spielplatz gegen einen Spielraum ersetzt werden, wenn der Zuschnitt des Grundstücks die Errichtung eines ausreichend großen Kinderspielplatzes im Freien nicht ermöglicht. Am Wienerberg erklärte man diese Ausnahmeregelung indes zum Prinzip für einen kompletten Stadtteil, zumal dessen Parzellierung nicht etwa natürlichen Zwangspunkten folgte, sondern den Verwertungsinteressen der Developer – mit Duldung der Stadt Wien.

Offenbar wurden die Forderungen der Bewohner nach Outdoor-Angeboten für Kinder aber zunehmend lauter. Denn im Herbst 2004 errichtete die Bezirksverwaltung Favoriten gemeinsam mit den Bauträgern einen 3.000 Quadratmeter großen Spielplatz inmitten des nahe gelegenen Erholungsgebiets am westlichen Wienerberg, um das Freiflächendefizit des Hochhausviertels zu kompensieren. Das Bemerkenswerte an dieser Allianz ist die Aufgabenverteilung: Das Forstamt der Stadt Wien stellte das Grundstück zur Verfügung, die Bauträger finanzierten die

Spielgeräte und übernahmen die Wartung, allerdings nur für die ersten fünf Jahre. Danach geht der Spielplatz komplett in die Verantwortung der Stadt Wien über.[116] Sollte dieses Modell Schule machen, bietet es den Wohnbaugesellschaften ungeahnte wirtschaftliche Perspektiven: Sie können ihr teuer erworbenes Bauland künftig bis auf den letzten Quadratmeter ausreizen, und die Stadt sorgt auf „wertlosem", weil unbebaubarem öffentlichen Grund für die ortsungebundene Wohnumfeldgestaltung.

Unzufrieden mit der Qualität der Wienerberg City zeigten sich nicht nur Bewohner, auch Mieter der Bürobauten wurden enttäuscht. Vor allem die gläsernen Twin Towers – vom Rathaus als „neue Wahrzeichen von Wien" gefeiert – stellten sich als bauphysikalischer Problemfall heraus.[117, 118] „Die Unternehmensgruppe RHI drohte öffentlich mit ihrem Auszug, da die Klimatisierung der Büros nicht funktionierte. Und von anderen Firmen weiß man, dass sie 30 Prozent der Miete einbehalten hatten, bis 2006 die millionenteure technische Nachrüstung erfolgte", weiß der Fachjournalist Franz Artner. „Offenbar leisteten sich Wienerberger und die daran beteiligte Immofinanz AG zwar einen prominenten Architekten, sparten dafür aber bei Material und Ausstattung."

Im Unterschied zu den hochbaulichen Mängeln bleiben die städtebaulichen Fehler, die am Wienerberg begangen wurden, für die nächsten Jahrzehnte irreversibel. Beseitigt werden konnte im Sommer 2004 indes die Widmungswidrigkeit zahlreicher Gebäude, indem das Rathaus mit einer neuen Bebauungsplanung (wie kurz zuvor schon im Fall des Millennium Tower) den tatsächlichen Baubestand rechtlich nachvollzog. „Früher galt in Wien: Sie wünschen – wir widmen", bilanziert Gemeinderätin Sabine Gretner. „Heute heißt es: Sie bauen – wir widmen."

Von der Stadtregierung wird es als großer Erfolg gehandelt, dass man dem Grundeigentümer – als Gegenleistung für die Flächenwidmung – die Bereitschaft abringen konnte, das erforderliche Kindertagesheim zu errichten sowie den Baugrund für eine Schule in der Wienerberg City zur Verfügung zu stellen. Diese Kompensationen entsprechen einem Wert von etwa fünf Millionen Euro, stehen aber in keinem Verhältnis zu den Gewinnen und Subventionen, die von der Wienerberger AG und ihren Partnern im Zuge des 500-Millionen-Euro-Bauprojekts lukriert wurden:[119] Allein die Wertsteigerung durch die Aufzonung des Bauplatzes soll sich dem Vernehmen nach in dreistelliger Millionen-

Höhe bewegt haben. Dazu kamen noch rund 35 Millionen Euro an Wohnbauförderung, die das Projekt, wie Stadtrat Werner Faymann bekräftigte, überhaupt erst ermöglichten.[120] Langfristig ist sogar eine nochmalige Aufwertung der Wienerberg City auf Kosten der Allgemeinheit wahrscheinlich, nämlich dann, wenn der Standort – wie seit Jahren gefordert – mit einem hochrangigen öffentlichen Verkehrsanschluss nachgerüstet wird.

Drive-in-City
Monte Laa

Drei Kilometer östlich der Wienerberg City, ebenfalls an der südlichen Stadtkante Wiens, wird derzeit der Laaer Berg nach einem Masterplan von Architekt Albert Wimmer großmaßstäblich bebaut. Vorgesehen sind 100.000 Quadratmeter Büro- und Geschäftsfläche sowie weitere 100.000 Quadratmeter Wohnfläche für erhoffte 4.000 Beschäftigte und rund 3.000 Bewohner inmitten eines von Gewerbebauten, Einfamilienhäusern und Sportanlagen geprägten Gebiets im 10. Bezirk, abseits der im Stadtentwicklungsplan von 1994 vorgegebenen Siedlungsachsen.[121] Als öffentlichkeitswirksames Flaggschiff des Projekts entwarf Hans Hollein zwei 110 Meter hohe Zwillingstürme, die das bereits 1999 hier realisierte PORR-Headquarter noch um 30 Meter überragen sollen.

Wie am Wienerberg sprachen auch hier die Standortfaktoren eindeutig gegen eine intensive bauliche Nutzung: periphere Lage, kein leistungsfähiger öffentlicher Verkehr, keine soziale und kulturelle Infrastruktur – ja sogar der Projektbetreiber räumte ein, „im städtischen Niemandsland" zu agieren.[122] Wie am Wienerberg dürften letztlich aber auch am „Monte Laa" die Interessen des Grundeigentümers gegenüber allen stadtplanerischen Argumenten überwogen haben. „Die Firma PORR versuchte über ein Jahrzehnt hartnäckig, ihr Werksgelände zu versilbern. So sollte dort bereits Ende der 1980er Jahre ein Einkaufszentrum entstehen, mit direktem Anschluss an die A 23", blickt der langjährige Kommunalpolitiker Günter Kenesei zurück. „Nach massiver Überzeugungsarbeit bei seinem Parteifreund Michael Häupl sowie bei Magistratsdirektor Ernst Theimer ist es dem Vorstandsvorsitzenden des Unternehmens 2001 aber offenbar gelungen, die gewünschte Umwidmung zu erwirken."

Zwischen Österreichs drittgrößtem Baukonzern und dem Rathaus bestehen allerdings noch andere Verbindungen:[123] So befindet sich das größte Aktienpaket der PORR AG im Eigentum der Bank Austria–Creditanstalt, an der die Stadt über die AVZ-Stiftung (Anteilsverwaltung Zentralsparkasse) nach wie vor Anteile hält.[124] Die Stadt Wien ist aber auch selbst Aktionär des Unternehmens und laut dem früheren Vizebürgermeister Sepp Rieder „Grosskunde von PORR".[125] Darüber hinaus gibt es Joint Ventures zwischen der Stadt und dem Hoch- und Tiefbaukonzern, etwa das auf Abwassertechnologie spezialisierte Gemeinschaftsunternehmen Aquaplus.[126] Und schließlich konnte Wiens Wirtschafts- und Finanzstadtrat Hans Mayr nach seinem Ausscheiden aus der Politik 1994 als Aufsichtsratsvorsitzender der PORR AG gewonnen werden, was der planungspolitischen Einschätzung des Projekts Monte Laa bestimmt nicht abträglich war.[127]

„Vizebürgermeister Mayr zeigte sich schon immer sehr offen für die Ideen der Baukonzerne", ruft sich Georg Kotyza, pensionierter Mitarbeiter der MA 18, das Wirken des einst mächtigen Rathauspolitikers ins Gedächtnis. „Er ist an die Stadtplanung mit teils abstrusen Projekten wie dem Weiterbau des Donau-Oder-Kanals oder der Verbauung des heutigen Erholungsgebiets Wienerberg herangetreten, nur um die Bauwirtschaft anzukurbeln. Insofern passt die Entwicklung des Laaer Bergs ganz gut zu seiner Philosophie."

„Abstrus" an Monte Laa ist sicherlich der Umstand, dass der Standort, der dem Investor bis vor Kurzem noch als Kranlagerplatz gedient hat, durch die sechsspurige Stadtautobahn A 23 in der Mitte durchschnitten wird. Gelöst wurde dieses Problem aus Sicht der PORR AG und des Rathauses durch eine Überplattung der meistbefahrenen Straße Österreichs, allerdings nur auf einer Länge von 220 Metern. „Der dadurch entstehende Autobahntunnel durfte nicht länger werden, damit für den durchfließenden Verkehr keine erhöhten – und kostentreibenden – Sicherheitsmaßnahmen ergriffen werden mussten", erläutert Franz Artner vom Bau & Immobilien Report. Den Wiener Grünen zufolge ergab ein Gutachten des Bauphysikers und Bauökologen Peter Rosenberger „eine äußerst hohe Lärmbelastung" im neuen Stadtteil über der Südosttangente. Während die ÖNORM B8115-2 für städtische Wohngebiete einen Maximalwert von 45 Dezibel als zumutbaren Lärmpegel ausweise, erreiche Monte Laa stellenweise mehr als 60 Dezibel.[128] Über die Luftschadstoffbelastung des in Bau befindlichen Wohnviertels wurde noch keine Studie veröffentlicht; sie dürfte angesichts von bis zu 210.000 Autos pro Tag aber ebenfalls nicht unwesentlich sein.[129]

Insofern mutet die massive Bewerbung des 500-Millionen-Euro-Projekts durch das Wohnbauressort realitätsfremd bis zynisch an, zumal

dabei vor allem die „besondere Kinder- und Jugendfreundlichkeit" sowie die „großzügigen Grün- und Freiflächen" des Viertels über der A 23
in den Vordergrund gestellt werden.[130] Wiener Wohnen bot sogar Bus-
Touren für Wohnungssuchende zum Laaer Berg an, vielleicht auch, um
zu kaschieren, wie mangelhaft die Versorgung des Standorts mit öffentlichen Verkehrsmitteln ist: Die vom Investor kolportierte Nähe zur U-
Bahn-Station Reumannplatz entspricht einer Distanz von 1,2 Kilometern.[131] Von städtischen Inseraten gestützt, zog und zieht Monte Laa
– wie schon andere Prestigeprojekte der Wiener Wohnbaupolitik zuvor –
ein enormes Medienecho nach sich. Die Tageszeitung Kurier etwa widmete dieser „städtebaulichen Vision" einen großformatigen Wohn-Kurier Extra.[132] Dem stand das Wochenmagazin NEWS um nichts nach
und bedachte das „pulsierende Zentrum über der Tangente" mit einer
32-seitigen Sonderbeilage.[133]

Auch im Fall von Monte Laa verwies das Büro von Stadtrat Faymann mehrfach darauf, dass die 36 Millionen Euro an gewährter Wohnbauförderung als Triebfeder für die Entwicklung des Standorts wirkten.
Dies wird durch die dürftige Nachfrage nach Büroflächen am Laaer Berg
bestätigt. Das weitgehend leer stehende Office Building namens Screen
etwa – direkt über dem nordöstlichen Portal des PORR-Tunnels errichtet – fungiert heute in erster Linie als Lärmschutzwand für die dahinter
liegende Bebauung. „Wenn sich für die hier geplanten Büros genügend
Mieter finden, würde das den Gesetzen des Wiener Immobilienmarkts
völlig widersprechen", bewertet Franz Artner die Lagegunst über der
A 23. „So dürfte die Errichtung der Bürotürme von Hans Hollein auch
nicht von ungefähr auf Eis liegen."

Die oppositionelle Planungspolitikerin Sabine Gretner bezeichnet Monte Laa als Paradebeispiel einer spekulativen Stadtentwicklung:
„Projekte entstehen dort, wo Verwertungsinteressen bestimmter Grundeigentümer bestehen, und nicht mehr, wo die Stadtplanung es vorsieht."
So ließ die MA 21B in ihrer fachlichen Stellungnahme zur politisch ge-
wollten Widmungsänderung auch leise Kritik anklingen, etwa an der
unzureichenden öffentlichen Verkehrsanbindung von künftig 7.000
Menschen durch die Buslinie 68A: „Die Erschließungsqualität ist für
die bestehende Nutzung ausreichend, aufgrund der vorgeschlagenen Bebauung ist jedoch abzusehen, dass zusätzliche Maßnahmen notwendig
sein werden."[134] Unangesprochen blieb seitens der Planungsbehörde

allerdings, von wem die erforderliche Verbesserung der öffentlichen Verkehrsinfrastruktur bezahlt werden soll.

Auch zur Finanzierung der sozialen Infrastruktur wurden keinerlei Vereinbarungen mit dem Projektwerber getroffen, obwohl die MA 21B im Flächenwidmungsverfahren angemerkt hatte: „Vorausgehende Projektstudien haben gezeigt, dass in den Umgebungsbereichen keine Kapazitätsreserven bei Bildungseinrichtungen gegeben sind. Es ist also davon auszugehen, dass alle notwendigen Folgeeinrichtungen im Plangebiet bereitgestellt werden müssen." Im Unterschied zur Wienerberg City forderte das Rathaus vom Investor hier nicht einmal eine Beteiligung an den Kindergarten- und Schulbauten ein.

„Die Planungsbeamten sind gegenüber dem Planungsstadtrat weisungsgebunden", erklärt Georg Kotyza den im Widmungsverfahren tolerierten Widerspruch des Bauvorhabens zu den übergeordneten Konzepten – ob zum Stadtentwicklungsplan 1994, ob zum Verkehrskonzept 1994 oder zum Klimaschutzprogramm von 1999.[135, 136] Enttäuschend sei allerdings, dass das Gesamtprojekt auch den Fachbeirat für Stadtplanung und Stadtgestaltung problemlos passieren konnte. „Der einzige Einwand kam von Verkehrsplaner Werner Rosinak, der sich allerdings nicht an der grundsätzlichen Problematik des Stadtteils über der Autobahn stieß, sondern befürchtete, dass der geplante Videoscreen auf Hans Holleins Zwillingstürmen die Autofahrer ablenken und so die Unfallgefahr erhöhen könnte", erzählt der langjährige Beamte.

Dem kommunalpolitischen Ziel der Reduzierung des motorisierten Individualverkehrs läuft das Großprojekt in zweifacher Hinsicht zuwider: Zum einen weist Monte Laa – fernab jedes schienengebundenen Verkehrsmittels – eine hohe Pkw-Abhängigkeit auf. Zum anderen konterkariert die Überbauung der als Transitroute konzipierten Autobahn den eigentlichen Sinn dieser Straße: Zum Durchzugsverkehr zwischen dem Nordosten und dem Südraum Wiens kommt nun noch der Quell- und Zielverkehr von Monte Laa hinzu, der zwangsläufig über die A 23 abgewickelt wird. Dabei ist die Südosttangente seit Jahren schon die am häufigsten verstaute Straße des Landes. Anstatt ihre Belastung nicht noch weiter zu erhöhen, ergriff Wiens Verkehrspolitik die Flucht nach vorn und forcierte den Bau einer weiteren Südostumfahrung in Form der Wiener Außenring Schnellstraße (S 1).

Auch die Qualitätsprinzipien des sozialen Wohnbaus wurden am Monte Laa zum wiederholten Mal von der Stadt selbst unterlaufen. So durften die Bauträger der besonders „kinder- und jugendgerechten" Wohnanlage verpflichtend vorgeschriebene Kinderspielplätze durch Kinderspielräume ersetzen, was ihnen erlaubte, Freiflächen einzusparen und schlecht vermietbare Erdgeschoßzonen einer Nutzung zuzuführen. Laut Unterlagen der Wiener Grünen argumentierte ein städtischer Beamter im Bezirksbauausschuss, wo der Abtausch 2003 genehmigt wurde, die politische Entscheidung wie folgt: „In unserem Klima sind Spielplätze im Freien sowieso ein Unsinn."[137] Diese ignorante Aussage mag angesichts der Umweltbedingungen im konkreten Fall nicht einmal so falsch sein; doch stellt sich dann die Frage, ob es nicht auch Unsinn ist, an einem solchen Ort Wohnbauten zu genehmigen, zu fördern und mit öffentlichen Mitteln zu bewerben.

Friends Economy
Planungspolitik und Wirtschaft

In Anspielung auf den Verein zur Förderung der New Economy, der durch die Homepage-Affaire um Bundesfinanzminister Karl-Heinz Grasser Bekanntheit erlangt hatte, gründete der Grüne Nationalratsabgeordnete Peter Pilz 2004 den Verein zur Förderung der Friends Economy. Damit prägte er einen zeitgemäßen Begriff für ein Übel, das auch auf kommunalpolitischer Ebene Tradition hat und verharmlosend als „Freunderlwirtschaft" abgetan wird. „Mit Ausnahme der Zeit zwischen 1934 und 1945 ist die SPÖ in Wien seit 1919 an der Macht, sodass es mittlerweile schwer fällt, die Belange der Partei von den Belangen des Rathauses zu unterscheiden", urteilt Günter Kenesei, seit 1993 Mitglied im Kontrollausschuss des Gemeinderats und von 1996 bis 2001 auch dessen Vorsitzender. In der Wiener SPÖ herrsche die Überzeugung „Die Stadt, das sind wir", kritisiert der Oppositionelle, „und so vergibt das Rathaus kommunale Mittel, Privilegien und Rechte an Firmen und Personen, von denen man den Eindruck hat, dass sie sich dafür wiederum bei der Partei oder ihren Vertretern erkenntlich zeigen."

Vor allem gelte das für jene Unternehmen, an denen die SPÖ beziehungsweise die Stadt Wien beteiligt seien, wobei auffalle, dass sich darunter besonders viele Wohnungs- und Baugesellschaften sowie Verlage und Werbefirmen fänden. Die SPÖ, so Kenesei weiter, sei allerdings nicht immer direkt involviert, sondern bediene sich auch unscheinbar anmutender Organisationen, bei denen zahlreiche Verbindungen zusammenliefen: „Die Verantwortlichen dieser Firmen und Vereine weisen ungewöhnlich oft persönliche Nahverhältnisse zur SPÖ, aber so gut wie nie zu anderen Rathausparteien auf." So konnten die Wiener Sozialdemokraten in 75 Jahren kommunaler Vormachtstellung ein weit verzweigtes und nur schwer durchschaubares Netzwerk aufbauen, das Günter Kenesei zufolge bei vielen politischen Entscheidungen mit ökonomischer aber auch stadtplanerischer Relevanz kaum noch eine demokratische Kontrolle ermögliche.

Die Nationalratsabgeordnete Magda Bleckmann (FPÖ) stellte im Jahr 2003 eine Anfrage an den Österreichischen Rechnungshof, in der sie um Überprüfung etwaiger Parteienfinanzierung „aus dem SPÖ-Firmengeflecht" ersuchte und dabei vor allem zahlreiche Wiener Bauträger als untersuchenswert einstufte: „Damit diese Verflechtung zwischen Politik und (gemeinnützigem und gewerblichem) Wohnbau nicht zum Schaden der Mieter, Eigentümer und [...] Steuerzahler [...] gereicht, sollte es zumindest eine behördliche Überwachung der gesamten Geschäftsführung gemeinnütziger Bauvereinigungen [...] geben. Allerdings liegt das Aufsichtsrecht beim Amt der Wiener Landesregierung, vertreten durch den zuständigen Wohnbaustadtrat Werner Faymann. Sie bedient sich des Revisionsverbandes, in dessen geschäftsführendem Vorstand Dr. Ludl [Direktor der Sozialbau AG, Anm.] eine leitende Stellung einnimmt. Auch der ehemalige Wohnbausprecher der SPÖ Kurt Eder ist sowohl im Aufsichtsrat des Revisionsverbandes als auch im Sozialbau-Konzern tätig."[138]

Eine Personalunion von kontrollierten und kontrollierenden Personen würde erklären, warum bestimmte Immobiliengesellschaften immer wieder Gewinne machen, die sonst nur an der Börse denkbar sind. So wies Magda Bleckmann darauf hin, „dass beim Kauf von Grundstücken durch o. a. Wohnbaufirmen sehr oft eine weitere Firma, deren Eigentümer sich ebenfalls im SPÖ-Netzwerk befinden, ‚zwischengeschaltet' wurde." Dabei sei zu beobachten, so die Abgeordnete, dass sich die Kaufpreise teils erheblich erhöht hätten. „Bei manchen Grundstückstransaktionen kam es zur Verdoppelung des ursprünglichen Preises. Zum Beispiel kaufte die Sozialbau in der zweiten Hälfte der 1990er Jahre eine Liegenschaft um circa 4,5 Millionen Schilling von der Brunnengasse 13 VerwaltungsGmbH, welche vorher nur zwei Millionen Schilling dafür bezahlt hatte. In einem anderen Fall kaufte die Volksbau in der ersten Hälfte der 1990er Jahre eine Liegenschaft um 67 Millionen Schilling von der Firma Delta Immobilien Leasing GesmbH, welche diese zuvor um 43,3 Millionen Schilling erworben hatte. [...] Die Firmen Sozialbau und Neuland bezahlen gemeinsam 80 Millionen Schilling an die Home-KLEA Immobilien DevelopmentgesmbH. Deren Kaufpreis für die Immobilie betrug einige Jahre zuvor nur circa 55 Millionen Schilling."

Die Akteure des „SPÖ-Netzwerks" finden sich – in wechselnder Besetzung – mehrfach als Aufsichtsräte, Vorstände oder Geschäftsführer in diversen Gesellschaften wieder. Dies bemängelte bereits 1990 die Wiener

Arbeiterkammer in ihrer Studie über die gemeinnützige Wohnungswirtschaft. Darin ist von „Verknüpfungen und Kapitalverflechtungen" die Rede, die dazu führen könnten, „dass eine Person als Zeichnungsberechtigter für zwei nur formal voneinander unabhängige juristische Personen in jeweils anderer Funktion Geschäfte mit sich selbst abschließt – etwa Grundstücksgeschäfte."[139]

Als ein für Wiens Stadtentwicklung relevanter Multifunktionär gilt Maximilian Weikhart. Neben seiner Tätigkeit als Obmann der gemeinnützigen Bau- und Wohnungsgenossenschaft Wien Süd und anderen Aufgaben war der Bank Austria-Manager ab 1982 auch Vorstandsdirektor des SPÖ-eigenen Vorwärts-Verlags.[140] „Trotz einer 95-Millionen-Schilling-Subvention von Bund und Stadt Wien, trotz großzügiger Kredite der stadteigenen Zentralsparkasse und regelmäßiger Aufträge aus dem Rathaus konnte der Verlag seine Verluste – gesprochen wurde auch von Geldrückflüssen an die SPÖ – auf Dauer aber nicht verkraften und ging Ende der 1980er Jahre mit einem Minus von 250 Millionen Schilling pleite", erinnert sich Günter Kenesei. „Dies tat Weikharts Reputation als zuverlässiger Manager jedoch keinen Abbruch, denn kurze Zeit später wurde er zum Geschäftsführer der Bauträger Austria Immobilien GmbH bestellt."

Maximilian Weikhart, der als Wien Süd-Vorstand auch im 2001 aufgedeckten „Wiener Flächenwidmungsskandal" eine Rolle spielte, wurde 2004 von Thomas Jakoubek als Chef der B.A.I. abgelöst.[141] Jakoubek war zu dieser Zeit bereits Vorstandsdirektor der für die Donau City verantwortlichen WED sowie Geschäftsführer der Wiener Stadtentwicklungsgesellschaft (WSE), einer Tochter der stadteigenen Wien Holding. „Die Verflechtung einer kommunalen und zweier privater Immobiliengesellschaften durch die Besetzung der Führungspositionen mit ein und derselben Person zeigt, wie ungeniert in Wien öffentliche und privatwirtschaftliche Interessen vermischt werden", moniert der langjährige Stadtplaner Klaus Steiner.

Seine Einschätzung deckt sich mit den Ergebnissen einer Überprüfung durch das Kontrollamt der Stadt Wien aus dem Jahr 2004. Demnach habe die kommunale WSE im Zuge der Entwicklung des ehemaligen Schlachthofgeländes St. Marx im 3. Bezirk ein „sehr umfangreiches pauschales Leistungspaket" per rückwirkender Beauftragung an eine Tochtergesellschaft der privaten WED vergeben, obwohl gegenständliche

Leistungen nach Ansicht der Prüfer von der Wiener Stadtentwicklungs-gesellschaft selbst zu erbringen gewesen wären. Zudem habe die Aus-lagerung „nicht der zu fordernden Kostenwahrheit und Kostentrans-parenz" entsprochen „und erschwerte allfällige Weiterverrechnungen an Tochter- und Enkelgesellschaften".[142] Ferner, so das Nachrichtenma-gazin profil, seien zwischen der WED und der WSE sowie zwei weiteren von Thomas Jakoubek geführten WSE-Tochtergesellschaften „unter un-klaren Umständen Gelder hin und her gebucht" worden.[143]

„Die Entwicklung des Standorts für die neue T-Mobile-Zentrale am alten Schlachthof war ein Joint Venture der WSE-Tochter ‚Immobilien-entwicklung St. Marx GmbH' und der ‚Bauträger Austria Immobilien GmbH'. Die Stadt Wien brachte dabei das Grundstück ein, die B.A.I. das dafür erforderliche Kapital", schildert Günter Kenesei die Entste-hung eines der größten Immobilienprojekte der letzten Jahre. „Der öf-fentliche Anteil an diesem Gemeinschaftsunternehmen hätte dem ver-mutlichen Liegenschaftswert zufolge bei etwa 50 Prozent liegen müssen, bewegte sich im Endeffekt aber zwischen 10 und 20 Prozent. Entspre-chend dieser niedrigen Einstufung des öffentlichen Beitrags sah dann auch die Einnahmenverteilung nach Verkauf des Standorts an die Er-richtungsgesellschaft des T-Mobile-Gebäudes aus: Der Großteil floss an die Bank Austria", weiß der ÖVP-Gemeinderat. „Das Pikante da-ran war, dass die BA-CA im Jahr 2000 eine Milliarden-Schilling-Pleite in den USA hinnehmen musste und Wiener Banker bereits ahnten, dass es bald darauf zu einem lukrativen Immobilien-Deal der Bank Austria kommen werde."

Wien Holding und Bank Austria verband zu dieser Zeit mehr als nur die eine oder andere Kooperation. Nachdem die 1974 gegründe-te Beteiligungs- und Verwaltungsgesellschaft der Stadt Wien 1989 zu 49 Prozent privatisiert worden war, zog sich die Kommune 1992 auf einen 21-prozentigen Anteil zurück. Der Großteil der Wien Holding war nun im Besitz der Bank Austria, bis die Stadt im Jahr 2001, als die BA-CA an die deutsche HypoVereinsbank verkauft wurde, den Konzern wie-der zur Gänze übernahm.[144] „Die politische Verantwortung für all die-se Konstruktionen liegt beim früheren Wirtschafts- und Finanzstadtrat Sepp Rieder, der bemüht war, sämtliche Beteiligungen der Stadt unter die 25-Prozent-Marke zu drücken", erklärt Günter Kenesei. „Dadurch ent-fallen die für die öffentliche Hand bindenden Wettbewerbs-, Ausschreibungs- und Vergaberichtlinien ebenso wie die Kontrollmöglichkeiten durch den Gemeinderat, den Rechnungshof und andere Instanzen." Im Fall der zu 100 Prozent kommunalen StadtentwicklungsGmbH kam es kurz nach der Überprüfung durch das Kontrollamt zum Ausscheiden von Geschäftsführer Thomas Jakoubek. Ihm folgte im Jahr 2005 Rudolf Mutz nach, seines Zeichens auch Geschäftsführer der Wiener Messe Besitz GmbH (MBG), ebenfalls einer Tochter der Wien Holding.

„Die Wiener Messe gehörte bis Ende der 1990er Jahre mehrheitlich der Bank Austria, bis die Stadt Wien sie um einen dreistelligen Millionen-Schilling-Betrag gekauft und darüber hinaus noch ihre Schulden übernommen hat", berichtet Peter Klopf, Projektkoordinator der Wiener Stadtplanung für das Entwicklungsgebiet Prater–Messe–Stadion–Krieau. „Wenig später gründete die Bank Austria eine Gesellschaft, die um zwei Milliarden Schilling die neuen Messebauten errichtete und diese nun über 20 Jahre an die Messe Besitz Gesellschaft der stadteigenen Wien Holding verleast." Dass ein Unternehmen von der öffentlichen Hand entschuldet wird, um danach wieder aus Geschäften mit der öffentlichen Hand zu profitieren, ist eine besondere Spielart der Public Private Partnership: Die oft zitierte Win-win-Situation bestand in diesem Fall darin, dass der private Investor vermutlich gleich zwei Mal Nutznießer war.

Generell zählt die Achse Prater–Messe–Stadion–Krieau zu den derzeit interessantesten Standorten für Wiens Immobilienbranche. Der bis vor Kurzem kaum beachtete Bereich des 2. Bezirks wird ab 2008 durch die U-Bahn-Linie 2 erschlossen sein und soll Bauten mit insgesamt 625.000 Quadratmetern Nutzfläche Platz geben. Die städtischen Liegenschaften in diesem Entwicklungsgebiet entlang der Donau wurden der Wien Holding übertragen, die diese 2004 zur weiteren Verwertung an die eigens konstituierte U2-Stadtentwicklung GmbH verkaufte. Die Wien Holding ist an dieser Gesellschaft mit 20 Prozent beteiligt, die InvestConsult GmbH und die IG Immobilien halten jeweils 40 Prozent.[145] „Nicht nachvollziehbar ist, wie sich die beiden Unternehmen als vermeintlich beste Partner für das öffentlich-private Joint Venture qualifizierten", zeigt sich die Grüne Planungssprecherin Sabine Gretner auch bei dieser Public Private Partnership argwöhnisch.

„2002 hatte die InvestConsult ohne Aufforderung des Rathauses eine Entwicklungsstudie für disponible stadteigene Flächen im Prater erstellt, auf deren Basis 2003 ein städtebauliches Leitbild im Gemeinderat beschlossen worden war. Im Jahr darauf konnten InvestConsult und IG Immobilien entsprechend ihren Mehrheitsanteilen an der U2-Stadtentwicklung GmbH die betreffenden Liegenschaften ohne jede Ausschreibung um kolportierte 32 Millionen Euro erwerben", so Gretner weiter. Der Immobilien-Consulter und ÖVP-Gemeinderat Alexander Neuhuber erachtet diese Summe als zu gering: „Angesichts von 107.000 Quadratmetern erzielbarer Nettonutzfläche entspricht der Preis eher Grundstücken für sozialen Wohnbau als solchen für hochwertige Gewerbenutzungen." Die U2-Stadtentwicklung GmbH errichtet auf ihren Standorten allerdings ein Einkaufszentrum mit 21.000 Quadratmetern Verkaufsfläche, ein Hotel mit 180 Betten sowie mehrere Bürobauten, darunter einen 70 Meter hohen Turm, für den es mit der OMV bereits einen Abnehmer gibt.

Der Österreichische Rechnungshof beanstandete bei seiner Überprüfung der Magistratsabteilung 69 (Liegenschaftsmanagement) ebenfalls die Preispolitik der Stadt Wien im Zuge bestimmter Grundstückstransaktionen.[146] Im Mai 2002 verpachtete die Magistratsabteilung 51 (Sportamt) das 86.000 Quadratmeter große Gelände Hohe Warte – bestehend aus einem Fußballstadion sowie einem weitläufigen Parkplatz – an einen Projektentwickler, der mit dem bisherigen Pächter, dem Fußballverein Vienna, wiederum einen Unterpachtvertrag abschloss. Nur wenige Monate später, im November desselben Jahres, unterzeichneten das Rathaus und der Projektentwickler einen Optionsvertrag für den Verkauf des 20.000 Quadratmeter großen Parkplatzes, der nach Einlösung der Option als Bauland gewidmet werden sollte. Die inzwischen mit der MA 69 verschmolzene MA 40 (Technische Grundstücksangelegenheiten) schätzte den künftigen Wert der Liegenschaft laut Rechnungshof auf rund sieben Millionen Euro. Davon hatte der Projektentwickler lediglich 2,5 Millionen an die Stadt zu überweisen und den Rest in Form von Sachleistungen – konkret durch die Sanierung der stark erneuerungsbedürftigen Sportstätte sowie die Bereitstellung von Garagenplätzen – abzugelten.

Auch in diesem Fall erfolgte die Preisbildung durch die Stadt Wien ohne vorhergehende öffentliche Ausschreibung. Nachträglich ermittelte das Institut für Stadt- und Regionalforschung der TU Wien als vom Rechnungshof zugezogener Sachverständiger einen um über 50 Prozent höheren Grundstückswert von knapp 11 Millionen Euro. Und wie schon beim Verkauf der Flächen im Prater stand hinter der vom Rathaus auserwählten Entwicklungsgesellschaft die IG Immobilien.[147] Die vorherige Verpachtung der Hohen Warte an den späteren Eigentümer des Parkplatzgeländes dürfte aus Sicht des Magistrats eine Ausschreibung überflüssig gemacht haben, zumal die Stadt bereits im Pachtvertrag die Möglichkeit einer Veräußerung eingeräumt hatte. Der Deal, den Kaufpreis zu zwei Drittel durch Gegenleistungen abgelten zu lassen, hatte den Effekt, dass sich Sportstadträtin Grete Laska die überfällige Sanierung und Aufwertung des Fußballstadions im Umfang von insgesamt rund fünf Millionen Euro ersparte. Von einer monetären Abgeltung hätte das Ressort von Vizebürgermeisterin Laska hingegen nicht in dem Maße profitiert, da die Einnahmen aus städtischen Liegenschaftsverkäufen an die MA 69 und in weiterer Folge an das Zentralbudget der Stadt Wien fließen.

Weiters kritisierte der Rechnungshof, „dass sich die Stadt Wien beim Optionsvertrag nicht an der Mitteilung der Europäischen Kommission betreffend […] Verkäufe von Bauten oder Grundstücken durch die öffentliche Hand orientierte", und wies darauf hin, dass daher „eine verbotene Beihilfe im Sinne des Art. 87 Abs. 1 EGV geltend gemacht werden könnte". Das Rathaus hielt dieser Kritik laut Rechnungshofbericht entgegen, dass eine Berücksichtigung der betreffenden EU-Richtlinie „die Flexibilität der MA 69 bei Liegenschaftsverkäufen […] einschränken" würde, nicht zuletzt, weil die Mitteilung der Kommission „auch das Gutachten eines unabhängigen Sachverständigen als Basis für Verkäufe vorsähe". Die Prüfer betonten daraufhin, ihnen sei durchaus bewusst, dass ihre Empfehlung die Flexibilität der Stadt Wien bei Liegenschaftsverkäufen begrenze. Deren Zweck liege ja gerade darin, „dass die öffentliche Hand Bauten oder Grundstücke nur bei Vorliegen eines objektiv nachvollziehbaren Bestpreises verkaufen kann." Im Jahr 2005 wurde das Areal schließlich an die IG Immobilien zu den 2002 vereinbarten Konditionen verkauft.

Die Verflechtung öffentlicher und privatwirtschaftlicher Interessen erscheint selbst dann problematisch, wenn sie frei von parteipolitischen oder persönlichen Einflüssen bleibt. So übt der Architekturpublizist Christian Holl grundsätzlich Kritik an Public Private Partnerships in der Stadtentwicklung, unabhängig von lokalen Usancen: „Es zeigt sich die Tendenz, dass Planungsämter im Auftrag der Projektentwickler PR betreiben, weil die Städte gezwungen sind, mit den Augen des privaten Investors zu sehen, sobald sie in eine PPP eingebunden sind. Dann sitzt die Stadt in der Klemme, denn sie agiert dabei zunehmend als Beschwichtigungs-, Verharmlosungs- und Schönfärbeinstanz und taugt nicht mehr als Vermittlerin zwischen unterschiedlichen Interessen."

Unternehmensbeteiligung oder Bürgerbeteiligung laute somit das Dilemma der Stadtentwicklungspolitik, meint der wissenschaftliche Mitarbeiter am Städtebau-Institut der Universität Stuttgart: „In einer PPP erwarten die privaten Partner von ihrem öffentlichen Gegenüber einen vertraulichen Umgang, und so ist das, was man als Unbeteiligter, als Außenstehender, aber trotzdem betroffener Anrainer, Steuerzahler oder Bürger über ein Projekt erfährt, selten alles, was es darüber zu wissen gibt. Das Misstrauen gegenüber der Öffentlichkeitsarbeit eines Investors ist ein grundsätzliches – nun begibt sich die Stadt zu ihm ins Boot und verliert dadurch ihre Glaubwürdigkeit."

Als „nicht bloß partnerschaftlich, mehr schon verwandtschaftlich" deutet Günter Kenesei das Verhältnis zwischen dem Rathaus und Wiens marktbeherrschendem Außenwerbungsunternehmen GEWISTA. Das habe sich nicht zuletzt bei der Standortvergabe für die so genannten Rolling Boards gezeigt, jene neun Quadratmeter großen Werbeanlagen mit hinterleuchteten, ständig wechselnden Sujets, die auf 2,60 oder 3,50 Meter hohen Säulen ab Frühjahr 2004 stadtweit im Straßenraum aufgestellt wurden: „Anstatt die Standorte zu versteigern, ließ man die GEWISTA quasi exklusiv zum Zug kommen, und verlangte für diese höchst lukrative Nutzung des öffentlichen Raums nur eine symbolische Gebühr." Im Juni 2002 hatte der Konzern die Magistratsabteilung 19 (Architektur und Stadtgestaltung) mit 2.650 Anträgen zur Errichtung solcher Rolling Boards überhäuft, wovon die Behörde in einem eineinhalbjährigen Begutachtungsprozess 460 Standorte positiv beurteilte. Für konkurrierende Firmen bedeutete dies gleichsam das Aus für eigene Anlagen, zumal die GEWISTA um jeden auch nur halbwegs interessanten Standplatz angesucht hatte: Entweder wurde er ihr zuerkannt, oder er wird, weil ungeeignet, auch anderen Antragstellern verwehrt bleiben.[148]

Angesichts zahlreicher Bürgerproteste gegen die massiven Einbauten im Straßenraum kündigte Karl Javurek, Generaldirektor der GEWISTA, öffentlich an, „einen wesentlichen Beitrag zur Verbesserung des Stadtbildes" leisten zu wollen. Für jedes der „hocheleganten Stadtmöbel" werde sein Unternehmen zehn herkömmliche Plakatwände abbauen.[149] Eine echte Gegenleistung stellte dieses Offert in der Stadt mit der weltweit höchsten Plakatdichte allerdings nicht dar. Denn zum einen verfügten laut Zeitungsberichten ohnehin nur 50 Prozent aller Plakatflächen über die erforderlichen Genehmigungen, und zum anderen hieß es, dass alte Werbetafeln bloß dort wegkämen, wo die Konkurrenz nicht „einspringen" könne.[150]

Im Jahr 2004 bemängelte das Kontrollamt der Stadt Wien genau dies bei seiner Untersuchung der Bewilligungsverfahren für die heute realisierten 410 Rolling Boards. „Ein örtlicher Zusammenhang zwischen den Standorten neuer Rolling Boards und abzubauender Plakatwände wurde in der überwiegenden Zahl der Fälle nicht vereinbart."[151] Weiters warfen die Prüfer der MA 19 vor, dass der zugesagte Plakatabbau und -austausch weder in einem schriftlichen Vertrag festgehalten, noch einer behördlichen Evaluierung unterzogen worden sei. Die Baupolizei (MA 37) wiederum habe laut Kontrollamt sämtliche Bauansuchen der GEWISTA bewilligt, obwohl diese „zum Zeitpunkt der Einreichung durchwegs unvollständig" gewesen seien, „das heißt, es fehlten in allen Fällen die Einreichpläne." Zudem wurden „Baubewilligungsverfahren seitens der MA 37 [...] ohne Abhandlung von Bauverhandlungen durchgeführt", wodurch die Anrainer der bis zu sechs Meter hohen Rolling Boards keine Einspruchsmöglichkeit gehabt hätten.

Für Gemeinderätin Sabine Gretner ist solches nur durch die traditionelle Verbundenheit des Werbeunternehmens mit der Stadt Wien zu erklären. Ursprünglich war die GEWISTA sogar eine Magistratsabteilung, zuständig für die Vermarktung von Verkehrsmittelwerbung. 1974 wurde sie aus der Verwaltung ausgegliedert und verblieb noch zu 51 Prozent bei der stadteigenen Wien Holding, bis die Bank Austria 1993 die Mehrheitsanteile übernahm. 2002 wurden 67 Prozent der GEWISTA an den französischen Konzern JCDecaux, Weltmarktführer bei Außenwerbungen, veräußert; den Rest kontrolliert aber nach wie vor die Progress Werbung, seit 1974 Miteigentümerin der GEWISTA.[152] Hinter Progress steht vor allem die Wiener Städtische Versicherung, die sich dem Wirtschaftsmagazin trend zufolge seit dem Verkauf der BA-CA im Jahr 2000 „als die für die SPÖ unverzichtbare, zentrale Wirtschaftsmacht herauskristallisiert".[153] Die weiteren Gesellschafter von Progress sind laut Gretner die A.W.H. als Teil des rathausnahen Verbands Wiener

Arbeiterheime sowie die Merkur GmbH, „hinter der laut Firmenbuch die Wiener SPÖ steht."

Nicht nur durch Plakate und Rolling Boards ist die GEWISTA in Wien omnipräsent: Sie zeichnet auch für das werbebehangene Gratisfahrrad „City Bike" verantwortlich, hob mit einer 30-prozentigen Beteiligung den Stadtsender puls tv mit aus der Taufe und betreibt die „Infoscreens" in Wiens U-Bahn-Stationen sowie an stauanfälligen Straßenkreuzungen.[154, 155] Nach wie vor obliegt der GEWISTA die Vermarktung der Werbeflächen in und an den städtischen Verkehrsmitteln, ja sie ist sogar für die Errichtung der Straßenbahn- und Buswartehäuschen zuständig. So findet sich an stark frequentierten und damit werbewirksamen Stationen das neueste Designer-Modell mit verglasten und beleuchteten Plakatflächen, an kaum genutzten Haltestellen kann es dagegen vorkommen, dass man Wind und Wetter ausgesetzt bleibt.

Verstärkt tritt die GEWISTA auch bei der Umgestaltung ganzer Straßenzüge in Erscheinung, etwa in der Fußgängerzone in der Favoritenstraße. Neben einigen Sitzbänken und anderem Stadtmobiliar (in der Fachsprache „Out of home-Mobiliar") installierte das Unternehmen dabei vor allem aber seine drehbaren Litfaßsäulen und mannshohen Werbevitrinen, die mehr als Hindernisse im Straßenraum wirken anstatt dessen Gestaltqualität zu heben. Was die Wiener Grünen als „schleichende Privatisierung des öffentlichen Raums" kritisieren, betrachtet Direktor Karl Javurek als gelungene Public Private Partnership: „Die GEWISTA entlastet das Stadtbudget und refinanziert ihre Investitionen durch die Vermietung der Werbeträger."[156, 157]

Schwerpunkte der
Stadtentwicklung 2000-

StaDt+Wien

stadtentwicklung

Wien - eine dynamis

94

Räumliches Leitbild der Stadten

Karte 38: Räumliches Leitbild der Stadtentwicklung Wiens

stepwien 05 StaDt+Wien

Aufbau von Wohn- und Mischgebieten

Aufbau von Betriebsgebieten

Dichtbebautes Stadtgebiet

Siedlungsachse

Stabiles Gebiet / Betriebsgebiet

MAGISTRAT DER STADT WIEN

27

22 2
25 2

21

12

6 28

5

19

20

Brigitten

9.

Ilsergrund

19.
Döbling

74

Wie es uns gefällt
Planungskultur, Transparenz und Controlling

Wien ist das einzige Bundesland Österreichs, das über keinerlei verbindliche strategische Raumplanung verfügt. Zwar gibt es eine Vielzahl übergeordneter Pläne und Konzepte, die vom Gemeinderat beschlossen wurden: die Stadtentwicklungspläne von 1984, 1994 und 2005, die Strategiepläne von 2000 und 2004, das Verkehrskonzept 1994 und den Masterplan Verkehr 2003, das Konzept Grüngürtel Wien von 1995, das Klimaschutzprogramm von 1999 oder das Hochhauskonzept aus dem Jahr 2002. Allein aufgrund des fehlenden Gesetzes- oder Verordnungsstatus können diese Richtlinien für die langfristige und gesamtstädtische Entwicklung Wiens von Stadtregierung und Gemeinderat ohne Konsequenzen ignoriert werden. Wiens rechtlich verbindliche Planung erfolgt damit auf Basis Tausender Flächenwidmungs- und Bebauungspläne, deren Inhalte in der Bauordnung für Wien festgelegt sind.

Mit Wirkung vom 1.9.1996 hob der Verfassungsgerichtshof § 1 der Wiener Bauordnung auf, weil selbst hierin die Ziele der Stadtplanung ebenso wie die Methoden zur Erarbeitung der Entscheidungsgrundlagen nicht bindend vorgeschrieben waren. Dadurch verloren nahezu alle Flächenwidmungs- und Bebauungspläne ab dem Jahr 1930 ihre Gültigkeit und mussten bis 2006 neu festgesetzt werden. In der Neufassung von § 1 aus dem Jahr 1996 nennt die Wiener Bauordnung nun 15 Ziele, auf die bei jeder Festsetzung und Abänderung einer Flächenwidmung Bedacht zu nehmen ist. Zum Teil sind diese jedoch so allgemein formuliert, dass die Stadtplanung kaum gegen sie verstoßen kann (etwa Punkt 8: „Vorsorge für zeitgemäße Verkehrsflächen zur Befriedigung des Verkehrsbedürfnisses der Bevölkerung und der Wirtschaft"), oder dass es schwerfallen würde, der Stadtplanung eine Zielverfehlung nachzuweisen (etwa Punkt 1: „Vorsorge für Flächen für den erforderlichen Wohnraum unter Beachtung der Bevölkerungsentwicklung und der Ansprüche der Bevölkerung an ein zeitgemäßes Wohnen").

Andere Punkte hingegen würden durchaus Ansätze bieten, so manche planungspolitische Entscheidung anzufechten (etwa Punkt 4: „Erhaltung beziehungsweise Herbeiführung von Umweltbedingungen, die gesunde Lebensgrundlagen, insbesondere für Wohnen, Arbeit und Freizeit, sichern, und Schaffung von Voraussetzungen für einen möglichst sparsamen und ökologisch verträglichen Umgang mit den natürlichen Lebensgrundlagen sowie dem Grund und Boden"), doch bräuchte es dafür ein politisches Klima, in dem fachliche Diskussionen möglich sind. „In Wien ist das Planungssystem allerdings völlig auf politische Entscheidungen aufgebaut", konstatiert der Abgeordnete Günter Kenesei. „Fachbeamte und von der Stadt beauftragte Planer sind oft nur Erfüllungsgehilfen der Planungspolitik."

So argumentiert die MA 21 ihre Flächenwidmungsanträge manches Mal nur floskelhaft mit einigen der 15 Ziele aus der Bauordnung, eben jenen, die durch das gegenständliche Projekt oft mehr schlecht als recht Entsprechung finden. Nicht erwähnt werden dagegen die Ziele, denen das Bauvorhaben zuwiderläuft. Von einer zwingenden Argumentation, von einer schlüssigen Herleitung planerischer Entscheidungen aus den übergeordneten Vorgaben kann in solchen Fällen nicht die Rede sein, obwohl die Wiener Bauordnung in §1 Abs. 4 fordert: „Abänderungen [der Flächenwidmungs- und Bebauungspläne, Anm.] dürfen nur aus wichtigen Rücksichten vorgenommen werden. Diese liegen insbesondere vor, wenn bedeutende Gründe, vor allem auf Grund der Bevölkerungsentwicklung oder von Änderungen der natürlichen, ökologischen, wirtschaftlichen, infrastrukturellen, sozialen und kulturellen Gegebenheiten, für eine Abänderung sprechen [...]." Derartige Gründe lagen bei all jenen Umwidmungen, die lediglich die Wünsche eines Grundeigentümers oder Bauwerbers erfüllten und ihm Nutzungsrechte einräumten, die anderen verwehrt bleiben, nicht vor. Dennoch schließt die MA 21 ihre Anträge auch bei solchen Anlasswidmungen mit den immer gleichen Worten: „Die dargestellten Entwicklungen und Planungen stellen die wichtigen Rücksichten gemäß §1 (4) der Bauordnung für Wien, die für eine Überarbeitung der Flächenwidmungspläne und der Bebauungspläne im gegenständlichen Gebiet sprechen, dar."

Als ob so nicht schon genügend planerischer Spielraum bestünde, räumt die Stadt Wien ihren 23 Bezirken die Möglichkeit ein, einem Bauwerber nach Abänderung des – ohnehin oft auf sein Projekt zugeschnittenen – Flächenwidmungs- und Bebauungsplans noch weitere Zugeständnisse zu machen. Gemäß §69 der Wiener Bauordnung können die – politisch, nicht fachlich besetzten – Bezirksbauausschüsse

„unwesentliche Abweichungen von Bebauungsvorschriften" genehmigen, wobei sich diese in der Praxis immer wieder als ganz und gar nicht
unwesentlich erweisen. Unter den insgesamt 20 möglichen Ausnah-
mefällen finden sich beispielsweise die Abweichung von festgesetzten
Fluchtlinien, die Unterbrechung der geschlossenen Bauweise, das Überschreiten der gesetzlich beschränkten baulichen Ausnützbarkeit oder
auch das Überschreiten der Gebäudehöhe, sofern „das Interesse an der
Gestaltung des örtlichen Stadtbildes nicht entgegensteht".

Bis in die 1980er Jahre sah es die Wiener Stadtplanung als ihre Aufgabe an, die von Projektbetreibern urgierten Kubaturen hinsichtlich
Höhe, Dichte und stadträumlicher Gestalt auch selbst mit in Form zu
bringen. In den 1990er Jahren begannen private Investoren, die städtebauliche Entwicklung selbst in die Hand zu nehmen: entweder mit
Entwürfen eines direkt beauftragten Architekten oder, um noch mehr
Planungsqualität vorzugeben, durch Auslobung eines städtebaulichen
Gutachterverfahrens. Im Unterschied zu einem Architekturwettbewerb, für dessen Ablauf klare Regelungen bestehen, kann der Investor
bei einem solchen Verfahren von den teilnehmenden Planern über die
baulichen Prämissen bis hin zur Zusammensetzung der Jury alles selbst
bestimmen. So entsprechen die Ergebnisse dieser Konkurrenzen in der
Regel voll und ganz den Intentionen des Auslobers.[158] Wenn der Projektbetreiber auch noch das Rathaus in das Verfahren miteinbindet, kann
die Stadtplanung offenbar kaum mehr umhin, den siegreichen Entwurf
als Flächenwidmungs- und Bebauungsplan umzusetzen. „Gutachterverfahren werden von Investoren oft dazu herangezogen, um das zulässige
Bauvolumen zu pushen", bestätigt Stadtplaner Peter Klopf die Motive
hinter so manchem Concours.

Ein bezeichnendes Beispiel für diese Strategie ist das Hochhaus-Pro-
jekt der HPD-Holding auf den so genannten Komet-Gründen im 12. Bezirk. Der Architekt des Bauvorhabens Peter Podsedensek bemühte
sich im Jahr 2000 bereits einmal – gemeinsam mit der B.A.I. – um einen 80 Meter hohen Hotelturm in Meidling, scheiterte damit aber
an heftigen Bürgerprotesten aufgrund der unmittelbaren Nähe zum
UNESCO-Weltkulturerbe Schönbrunn.[159] Der neue Standort liegt 50
Meter außerhalb der Pufferzone um die barocke Schlossanlage. Zur
Sicherheit kümmerte sich Podsedensek im Jahr 2003 aber dennoch um
politisches Lobbying für das Projekt der HPD-Holding, die der Architekt

gemäß Zeitungsberichten als Geschäftsführer leitete.[160] „Eines Tages stand der ehemalige SPÖ-Innenminister Karl Schlögl bei allen vier Gemeinderatsfraktionen vor der Tür und wollte wissen, was sie von einem Hochhaus auf den Komet-Gründen hielten", erinnert sich Gemeinderätin Sabine Gretner. Während dessen machte Podsedensek Vorstudien für einen städtebaulichen Ideenwettbewerb, den die HPD-Holding 2004 unter sechs geladenen Büros ausschrieb und der prompt von Architekt Peter Podsedensek gewonnen wurde. Zu diesem Zeitpunkt war er bereits als Geschäftsführer des Projektträgers zurückgetreten, für die HPD-Holding saß Karl Schlögl in der von Architekt Albert Wimmer geleiteten Jury. „Zur Farce wurde das Ganze nicht zuletzt dadurch, dass Podsedensek in der Wiener Architektenkammer ausgerechnet dem Ausschuss für Wettbewerbe und Vergabeverfahren vorsitzt", resümiert Sabine Gretner.

Der preisgekrönte Entwurf sah einen knapp 120 Meter hohen Turm mit einem Einkaufszentrum, einem Hotel sowie mit Büros vor und wurde im Bezirksamt Meidling von Planungsstadtrat Rudolf Schicker präsentiert.[161] „Als sich herausstellte, dass Mieter aus umliegenden Bauten, die von der HPD-Holding aufgekauft worden waren, noch nichts davon wussten, dass ihre Wohnungen demnächst einem Hochhaus weichen sollten, ließ der politische Rückenwind für das Projekt spürbar nach", weiß die Planungssprecherin der Grünen. Zudem bildete sich eine Bürgerinitiative, die den Turm als zusätzlichen Verkehrserreger und Bedrohung der ohnehin strukturschwachen Nahversorgung Meidlings ablehnte. Als im Frühjahr 2005 auch noch Vertreter der UNESCO das Projekt begutachteten und sich um das Weltkulturerbe Schönbrunn besorgt zeigten, gab Stadtrat Schicker bekannt, dass die Entwürfe überarbeitet werden müssten.[162]

Im Sommer 2006 verständigten sich Architekt Podsedensek, die Stadt Wien und Vertreter der UNESCO schließlich auf einen 60 Meter hohen Turm, für den es nun die Flächenwidmung zu erstellen, aber auch erst Mieter zu finden gilt.[163] „Das Projekt zeigt, wie unprofessionell die Wiener Planungspolitik arbeitet", kritisiert der ehemalige Magistratsbedienstete Georg Kotyza. „Es fehlten von Anfang an eigene Zielvorstellungen, die man zu Vorgaben für das Projekt machen hätte können. Dann ließ man sich auch noch auf einen strittigen Partner ein und verabsäumte es bis zuletzt, die betroffene Bevölkerung einzubinden."

Ein Gremium, das zur Qualifizierung der Planungspolitik beitragen könnte, wäre der Fachbeirat für Stadtplanung und Stadtgestaltung. Seine zwölf Mitglieder werden auf Vorschlag öffentlicher Institutionen wie Universitäten und Kammern vom Wiener Bürgermeister für drei Jahre bestimmt und haben zwei Aufgaben zu erfüllen: zum einen die Begutachtung aller von der MA 21 ausgearbeiteten Entwürfe zur Abänderung des Flächenwidmungs- und Bebauungsplans, zum anderen die Prüfung einzelner herausragender Bauvorhaben über Ersuchen der MA 19. „Ein Problem dabei ist, dass die Experten ehrenamtlich arbeiten – und mangels Entschädigung kaum Zeit dafür aufwenden können, sich in einzelne Projekte zu vertiefen", stellt Sabine Gretner fest. „So ist die Zustimmung des Fachbeirats oft nur eine Formsache." Ein anderes Manko sei, dass kein Außenstehender Einblick in die Kriterien der Projektbeurteilung durch den Fachbeirat habe: „Es fehlen nachvollziehbare Juryprotokolle und es erfolgt auch keine Veröffentlichung der Ergebnisse."

Für Georg Kotyza indes stellt die Unvereinbarkeit der Gutachterrolle mit der beruflichen Tätigkeit mancher Experten den gravierendsten Mangel dar: „Die Fachleute für Raumplanung oder Verkehrsplanung im Beirat zählen traditionell zu den meistbeschäftigten Auftragnehmern der Wiener Stadtplanung. Es wäre illusorisch, von ihnen substantielle raum- und verkehrsplanerische Kritik an einem vom Rathaus forcierten Projekt zu erwarten." Interessenskonflikte könnten auch bei vielen Architekten im Gremium bestehen und bestanden haben: Ob einst Wilhelm Holzbauer oder Manfred Wehdorn, ob bis 2005 Hans Hollein – sie alle saßen dem Fachbeirat sogar vor und realisierten parallel dazu bedeutende Projekte in Wien. Bei Hollein war es geradezu auffällig, wie sehr während der sechs Jahre seines Fachbeiratsvorsitzes sein Marktwert als Planer von Großbauvorhaben gestiegen ist. Die beiden Hochhäuser am Monte Laa, ebenso der Büroturm des Gate 2 nebst den Gasometern, der Saturn Tower in der Donau City oder auch die heikle Aufstockung des Hilton Hotels bei Wien Mitte wurden dem an Auszeichnungen wie Ämtern wohl reichsten Baukünstler Österreichs anvertraut, was den Architekturkritiker Wojciech Czaja zu einer unverblümten Kritik veranlasste – nicht nur am prominenten Multifunktionär, sondern auch an der Willfährigkeit der Wiener Planungsinstanzen: „Zunächst einmal muss alles dem Flächenwidmungsplan entsprechen, bei der Baupolizei eingereicht und vom Fachbeirat für Stadtgestaltung abgesegnet werden. Und dann könnten auch noch der Kunstsenat und die Zentralvereinigung der Architekten ihren Senf dazugeben. Viele Entwürfe von vielen Architekten schaffen diese Hürden gar nicht erst. Da gehört nämlich auch eine gehörige Portion Glück dazu. Zum Beispiel das Glück, Hans Hollein zu sein. Und als solcher nicht nur das Projekt zu planen, sondern auch Präsident von besagtem Kunstsenat zu sein. Und auch von der Zentralvereinigung der Architekten. Und natürlich auch vom Fachbeirat für Stadtgestaltung. Nun, da hat man es freilich schon ein wenig leichter, wenn man gleichsam Partei und Richter in einem ist. Wenigstens kann man Hollein keine Freunderlwirtschaft vorwerfen, dazu sind bekanntlich mindestens zwei notwendig."[164]

„Der ehemalige Akademie-Professor Ernst Heiss war der letzte Vorsitzende des Fachbeirats, der nicht auch im großen Stil für Wien plante und baute", erinnert sich Georg Kotyza, „und der einzige, der sich gegen die Vereinnahmung und den Druck seitens der Politik konsequent zur Wehr setzte. Dafür wurde er schließlich 1990 vom damaligen Planungsstadtrat Hannes Swoboda auch öffentlich abgekanzelt." In anderen Städten Österreichs herrscht seit Jahren ein deutlich transparenterer Umgang mit Architektur- und Planungsbeiräten. In Salzburg etwa werden zum einen auch ausländische Fachleute in dieses Gremium berufen, in jedem Fall aber Experten, die keinerlei wirtschaftlichen Bezug zur Stadt haben. Zum anderen sind die Sitzungen des Beirats frei zugänglich und dessen Entscheidungen somit für alle Bürger nachvollziehbar. Die Beiratsmitglieder stellen sich in Pressekonferenzen auch der öffentlichen Diskussion, wodurch Politiker wie Beamte dazu angehalten sind, auf fachliche Kritik zu reagieren.

Wie unzureichend die Kontrollmechanismen in der Wiener Stadtplanung sind, zeigte erst vor wenigen Jahren der „Flächenwidmungsskandal" rund um den ehemaligen Leiter der MA 21B, Walter Vokaun.[165] „Von Vokauns Nehmerqualitäten wussten im Rathaus alle, bis hinauf zu den jeweiligen Stadträten", schildert der frühere Vorsitzende des Kontrollausschusses im Gemeinderat Günter Kenesei. Es bedurfte allerdings zweier Planungsbeamter der MA 18, Klaus Steiner und Georg Kotyza, die dem Kontrollamt der Stadt Wien Informationen über Vokauns Geschäfte übergaben, um die Unregelmäßigkeiten in dessen Abteilung zu stoppen. Bezeichnenderweise setzte speziell Steiner mit seinem Widerstand gegen Vokauns Widmungspraxis auch seiner eigenen

Karriere ein Ende. Denn Walter Vokaun stand zwar im Mittelpunkt der Affäre, „involviert waren aber auch noch andere Abteilungsleiter, Stadtplanungsdirektor Arnold Klotz sowie die beiden Planungsstadträte Hannes Swoboda und Bernhard Görg", so Kenesei.

Ein symptomatisches Beispiel für die jahrelangen Vorgänge in der MA 21B ist die versuchte Umwidmung eines Areals beim Atzgersdorfer Friedhof. Die Wohnbaugenossenschaft Wien Süd, so die Wochenzeitung Falter, habe Mitte der 1990er Jahre „politische Signale empfangen", dass die Liegenschaft im 23. Bezirk als Bauland gewidmet werden könnte, obwohl die Grünfläche per Gemeinderatsbeschluss von 1995 als Teil des zu sichernden Wiener Wald- und Wiesengürtels ausgewiesen worden war.[166] Wien Süd-Chef Maximilian Weikhart beauftragte einen Architekten mit einem Bebauungsvorschlag für etwa 400 Wohnungen. Und der für den Süden Wiens verantwortliche Planungsbeamte Walter Vokaun – seit 1981 nebenberuflich als Konsulent von Weikharts Genossenschaft tätig – eröffnete im Sommer 1997 das Widmungsverfahren. Begründet wurde die beabsichtigte Planänderung für das acht Hektar große Gelände unter anderem mit dessen fußläufiger Nähe zum Zentrum von Atzgersdorf, das de facto allerdings einen Kilometer entfernt liegt.[167]

Etwa zur selben Zeit schlossen die Bauträger Wien Süd und Mischek–Wiener Heim Kaufverträge beziehungsweise Vorverträge zum Erwerb der betreffenden Grundstücke ab, zu einem für schützenswertes Grünland horrenden, für künftiges Bauland hingegen überaus günstigen Quadratmeterpreis von kolportierten 2.800 Schilling. Der Leiter der MA 21B soll sich in der Folge auffallend intensiv für die beantragte Umwidmung eingesetzt haben. Doch hatten drei Magistratsabteilungen sowie die Wiener Umweltanwaltschaft massive Einwände gegen sein Bestreben. Als selbst der Fachbeirat für Stadtplanung und Stadtgestaltung auf einen Kompromiss drängte und eine Reduktion der Baulandfläche auf 1,25 Hektar empfahl, verlief Vokauns Antrag im Sand – fürs Erste zumindest.

Wie der Umweltschutzaktivist Axel Grunt in seinem Buch „Verwendungszusage" über Wiens Flächenwidmungspraxis minutiös dokumentierte, unternahm die MA 21B bereits im Frühjahr 1998 den nächsten Versuch einer Umwidmung, dieses Mal ohne den Fachbeirat damit zu konfrontieren. Argumentiert wurde nun mit den „guten infrastrukturellen Bedingungen" des abgelegenen Standorts. Tatsächlich aber wäre eine Verbauung für die Stadt Wien mit enormen Ausgaben für die technische und soziale Infrastruktur verbunden gewesen. Der Widmungsgewinn für die beiden Bauträger hingegen hätte laut Grunt „knapp neun Millionen Euro betragen".

Da auch der zweite Widmungsantrag in klarem Widerspruch zum Stadtentwicklungsplan von 1994 stand, legte Georg Kotyza von der MA 18 erneut Protest ein und konfrontierte, wie zuvor schon Klaus Steiner, auch den damaligen Planungsstadtrat Bernhard Görg mit diesem seltsamen Fall. Görg wollte nun ein Gutachten einholen lassen. Und Vokaun soll dafür die Baurechtsabteilung (MA 64) empfohlen haben, wogegen Kotyza Bedenken anmeldete. Anfang 1999 lag die Auskunft vor, in der sich die MA 64 für die umstrittene Umwidmung aussprach. „Die Expertise bekommen allerdings auch die Rechtsexperten der Magistratsdirektion in die Finger und zerreißen sie in der Luft", schreibt der Falter. „Die Gegenstellungnahme spricht von Argumenten, die ‚frei erfunden‘ und ‚durch nichts zu rechtfertigen‘ sind. Der alarmierte Abteilungsleiter Josef Ponzer weist die MA 64 sogar an, ihm künftig sämtliche Gutachten [im Zusammenhang mit Flächenwidmungen, Anm.] zur Kontrolle vorzulegen – ein außergewöhnlicher Vorgang."

Daraufhin – so Walter Vokaun später vor der Untersuchungskommission des Wiener Gemeinderats – wurde von der MA 21B ein externer Gutachter mit einer neuerlichen Rechtsexpertise beauftragt. Die Wahl fiel dabei auf den früheren Leiter der MA 64, auf Heinrich Geuder. Dessen Gesetzesauslegung war zum nachträglichen Missfallen des Kontrollamts bereits bei der Errichtung des Millennium Tower Weichen stellend gewesen und stützte auch in dieser Causa die Position der Bauwerber.[168] Gemäß dem Protokoll des Gemeinderats hätten Planungsdirektor Arnold Klotz und Planungsstadtrat Bernhard Görg daraufhin dem Widmungsantrag zugestimmt. Die erforderliche Beglaubigung des Verfassungs- und Rechtsmittelbüros der Magistratsdirektion blieb dagegen aus – mit der Begründung, das Plandokument hielte aufgrund der schon zuvor aufgezeigten Verfahrensmängel einer Überprüfung durch den Verfassungsgerichtshof nicht stand. Buchautor Axel Grunt zitiert aus der ablehnenden Stellungnahme von Josef Ponzer, einem der ranghöchsten Juristen im Rathaus, schwere Vorwürfe an die MA 21B, etwa „Missbrauch des Planungsermessens" oder „willkürlich anzusehende Meinungsumkehr".

Angesichts dessen verweigerte im Herbst 1999 auch Stadtrat Görg dem Plandokument seine Unterschrift und empfahl Walter Vokauns späterer Zeugenaussage zufolge, „das Verfahren [...] neu zu beginnen." Dies geschah Anfang des Jahres 2000 mit einem Entwurf, der sich allerdings kaum von der kurz zuvor eingestellten Planung unterschied. Georg Kotyza protestierte daher, ebenso wie die Umweltanwaltschaft und das Verfassungs- und Rechtsmittelbüro, ein drittes Mal. Dennoch gelangte der Antrag in den Fachbeirat für Stadtplanung und Stadtgestaltung.[169]

Kotyza, der als Auskunftsperson der Planungsadministration stets dem Gremium beiwohnte, erlebte dabei gleich mehrere Überraschungen: „In den zehn Jahren, in denen ich an diesen Sitzungen teilgenommen habe, war der Planungsdirektor nicht ein einziges Mal bei der Beurteilung von Plandokumenten anwesend. An jenem Tag, als es um Atzgersdorf ging, war Arnold Klotz aber mit dabei und befürwortete vehement die umstrittene Widmung." Kotyza selbst erhielt unmittelbar vor der Beiratssitzung von der damaligen Abteilungsleiterin der MA 18 eine handschriftliche Weisung, im Expertengremium nicht mehr gegen den Antrag der MA 21B zu opponieren: „Auch wenn es uns nicht passt. Das Ding ist gelaufen. Mit Hollein wurde vorweg gesprochen. Weitere Diskussion erübrigt sich."[170, 171]

Nach mehreren vergeblichen Versuchen, ÖVP-Vizebürgermeister Bernhard Görg sowie hochrangige Vertreter der Wiener SPÖ von ihrer Zustimmung zur Umwidmung abzubringen, informierte Klaus Steiner schließlich die Grünen, die mit dem Fall an die Öffentlichkeit gingen. Die Reaktion des damaligen Planungsstadtrats auf die zunehmenden Anschuldigungen gegen seinen Abteilungsleiter lautete: „Eine Suspendierung des Beamten wäre völlig lächerlich." Die Wiener Stadtzeitung Falter zitierte Görg darüber hinaus mit den Worten: „In der Hälfte aller Fälle wird es irgendwelche Verfahrensmängel oder Korruptionsverdacht geben. Widmungsgewinner gibt es dabei immer."

Mangels Aufklärungsbereitschaft seitens der Stadtregierung schalteten die Grünen im Herbst 2000 das Kontrollamt zur Überprüfung der MA 21B ein. Und nach dem Ausscheiden der Wiener ÖVP aus der fünfjährigen Koalition mit der Rathaus-SPÖ im Frühjahr 2001 beschloss die Opposition gegen die Stimmen der Sozialdemokraten, erstmals in der Geschichte des Wiener Rathauses einen Untersuchungsausschuss ins

Leben zu rufen, um auch die politische Verantwortung für manch zweifelhafte Flächenwidmung im Süden der Stadt zu klären. Im Juni 2001 wurde bekannt, dass Walter Vokaun mit Ende des Jahres frühzeitig in den Ruhestand treten und seine Abteilung aufgelöst werden würde.[172] (Die 1993 in drei Abteilungen – A, B und C – aufgesplittete MA 21 besteht seither nur noch aus zwei Dienststellen.) Im Herbst 2001 schließlich stellte der Gemeinderat, nicht zuletzt aufgrund des öffentlichen Drucks, die geplante Umwidmung für das Gelände in Atzgersdorf zurück.

Die Opposition vermutete einen Zusammenhang zwischen Vokauns Pensionierung und den nun anlaufenden Ermittlungen. Der neue Planungsstadtrat Rudolf Schicker dementierte Zeitungsberichten zufolge aber jegliches Kalkül: „Er ist 60 Jahre alt geworden, und es steht jedem Beamten zu, in Pension zu gehen."[173] Schicker warf den Grünen im Gegenzug vor, dass ihre Aktion für die Stadtplanung insgesamt schädlich sei, was auf eine geringe Wertschätzung demokratischer Kontrolle hindeutet. Die Auffassung, nach der die mutmaßlichen „Täter" die Opfer seien und die Aufdecker die eigentlich Schuldigen, war allerdings nur so lange haltbar, bis das Kontrollamt 2002 die Ergebnisse ihrer Recherchen zu einer ganzen Reihe fragwürdiger Widmungen der MA 21B publizierte. Da gab Stadtrat Schicker bekannt, dass gegen den bereits pensionierten Abteilungsleiter ein Disziplinarverfahren eingeleitet worden sei. Gleichwohl beharrte er darauf, dass es sich nicht um einen Widmungsskandal, sondern um Unregelmäßigkeiten bei der Flächenwidmung einer Abteilung gehandelt habe, die es inzwischen nicht mehr gebe.[174]

„Das Kontrollamt wirft dem Beamten Walter Vokaun vor, Widmungspläne nach ihrer öffentlichen Auflage ungerechtfertigterweise so verändert zu haben, dass am Ende größere Bauflächen als ursprünglich geplant herausgekommen sind. Bei einer Wohnsiedlung in der Perfektastraße in Liesing etwa wuchs die bebaubare Grundfläche gleich um 9.000 Quadratmeter. Das ging zulasten des Grünraums der Bewohner und zugunsten des Wohnbauträgers, der wohl mit einer zusätzlichen Wert- und Umsatzsteigerung in Millionenhöhe rechnen kann. In einem zweiten Fall kritisiert das Kontrollamt eine unzulässige Bevorzugung eines einzelnen Grundeigentümers ohne plausible gesetzliche Rechtfertigung, in einem dritten verdächtigt es Vokauns Abteilung der wissentlichen Fehlinformation der Beschluss fassenden Organe", fasste der Falter den rund 200 Seiten starken Kontrollamtsbericht zusammen

und resümierte, dass „durch eine mitunter gesetzeswidrige Vorgangsweise, [...] durch unrichtige, unvollständige und irreführende Angaben"
versucht worden sei, Umwidmungen „zugunsten der Interessen Dritter
durchzuziehen."[175, 176, 177, 178, 179, 180]

Von April 2002 bis Februar 2003 fanden insgesamt 17 Sitzungen
der „Untersuchungskommission des Wiener Gemeinderats zur Praxis
der Wiener Flächenwidmungen" statt, die weitere bedenkliche Usancen
der Stadtplanung, insbesondere der Planungspolitik, zutage brachten.[181]
So erklärte Hannes Swoboda, Görgs Vorgänger als Planungsstadtrat,
gemäß Vernehmungsprotokoll, er habe Grundstückseigentümern einige Male so genannte Verwendungszusagen gegeben, und zwar in Fällen,
in denen er sich „persönlich beim Gemeinderat für eine bestimmte Widmung einsetzen wollte". So geschehen bei einem internationalen Konzern, dessen Wiener Niederlassung „in Schwierigkeiten war" und dem
das Rathaus durch Aufwertung seiner Liegenschaften helfen habe können: „In solchen Fällen sind der Finanzstadtrat oder der Wohnbaustadtrat an uns herangetreten und haben angefragt, ob eine Umwidmung als
Wohngebiet vertretbar wäre. [...] Ich habe aber diese Verwendungszusagen nur gemacht, wo ich mit hoher Wahrscheinlichkeit wusste, dass sie
der Gemeinderat auch erfüllen werde."[182]

Dass ein Politiker mit Zusagen dieser Art den stadt-, umwelt- und
verkehrsplanerischen Entscheidungen der Experten im Magistrat wie
auch im Fachbeirat de facto vorgegriffen und – wohl auf die Abstim-
mungsdisziplin der Regierungspartei vertrauend – Beschlüsse des Gemeinderats quasi vorweggenommen habe, grenzt für den Oppositionellen Günter Kenesei an „Amtsmissbrauch". Die Grünen übergaben im
Jahr 2003 alle Unterlagen zu fragwürdigen Widmungen sowie die Pro-
tokolle des Untersuchungsausschusses der Staatsanwaltschaft, „haben
aber bis heute keinerlei Rückmeldungen erhalten", so der Mandatar.

Auch die Stadtregierung reagierte recht verhalten auf die Ergebnisse
der Untersuchungskommission. Anstatt strukturelle Maßnahmen zu ergreifen, die eine Wiederholung solcher „Unregelmäßigkeiten" verhindern, wurde im Ressort von Stadtrat Rudolf Schicker angeblich die Idee
geboren, den so genannten Gründruck – den Erstentwurf eines Flächen-
widmungs- und Bebauungsplans – künftig geheim zu halten. Dies wäre
allerdings im Widerspruch zu einem gültigen Landtagsbeschluss gestanden, so dass als Lösung der so genannte Blaudruck erfunden wurde, der

nun dem Gründruck sowie dem nachfolgenden Rotdruck vorgeschaltet ist. Zu diesem Widmungsentwurf der MA 21 können die anderen Magistratsabteilungen des Planungsressorts Stellungnahmen abgeben, die in der nächsten Auflage des Plans als Gründruck gegebenenfalls eingearbeitet, jedoch keinesfalls mehr explizit ersichtlich sind. Dadurch bleiben etwaige amtsinterne Widersprüche dem Fachbeirat, den Bezirken sowie der Opposition vorenthalten. „Man hat damit noch ein Planungsverfahren eingeschoben, im Rahmen dessen der Investor und die planenden Dienststellen endlich ungestört mauscheln und über Quadratmeter, Kubikmeter sowie den Gewinn des Bauwerbers verhandeln können", unterstellt Günter Kenesei.

Im Jahr 2004 veröffentlichte der Österreichische Rechnungshof erste Ergebnisse seiner Untersuchung der Stadtentwicklung und Stadtplanung Wiens im Zeitraum 1999 bis 2003 und stellte gleich eingangs ein prinzipielles Manko fest: „Eine Überprüfung dieses Themas durch das Wiener Kontrollamt hat, abgesehen von der Überprüfung einzelner Verfahrensabläufe im Bereich der Flächenwidmungsplanung, bisher nicht stattgefunden." Der überaus kritische Bericht bemängelte unter anderem die unzulänglichen Maßnahmen zur Erreichung der verkehrs- und umweltpolitischen Ziele (laut Verkehrskonzept 1994, Masterplan Verkehr 2003 und Klimaschutzprogramm 1999), die fehlende Umsetzung der Grünraumkonzepte aus den 1990er Jahren, die massive Bautätigkeit abseits der im Stadtentwicklungsplan 1994 festgelegten Siedlungsachsen, die mangelnde Zusammenarbeit zwischen Wien und seinem Umland sowie die überzogenen Ausbaupläne für das U-Bahn-Netz.[183, 184]

Als markanteste Beispiele einer verfehlten Stadterweiterung nannte der Rechnungshof die Wienerberg City und die A 23-Überbauung Monte Laa: „Beide Projekte liegen abseits der wichtigen und attraktiven öffentlichen Verkehrslinien. Die Errichtung stand im Widerspruch zu den Zielen des STEP 1994 [...]." Bei der Inneren Stadtentwicklung dagegen – etwa auf dem Nordbahnhof-Gelände oder den Aspang-Gründen – „schritt die Mobilisierung von dafür vorgesehenen Flächen nicht im erwarteten Ausmaß voran." Defizite ortete der Rechnungshof auch bei der Implementierung des Plans „Grüngürtel Wien 1995", der die Sicherung von 1.000 Hektar Grünland durch öffentlichen Ankauf, Widmung oder gestalterische Maßnahmen vorsah, wobei acht Flächen höchste Priorität zukommen sollte. Doch wurden bis 2003 selbst von den Vorrangflächen nur 7,7 der geplanten 46,4 Hektar ausgestaltet (das sind 17 Prozent) und bloß 2,1 der geplanten 27,9 Hektar angekauft (das sind 8 Prozent).

An der Wiener Verkehrspolitik beanstandeten die Prüfer, dass die faktischen Entscheidungen des Rathauses beinahe systematisch von den selbst gesteckten Zielen abweichen, und sie orteten mögliche Ursachen für deren mangelhafte Implementierung: „Die Verkehrskonzepte der Stadt Wien stellen die Basis der Wiener Verkehrspolitik dar und beruhen auf Beschlüssen des Wiener Gemeinderats. Sie verfügen weder über eine rechtliche Verbindlichkeit noch über Sanktions- beziehungsweise Durchgriffsmöglichkeiten im Falle der Nichteinhaltung."

Generell sah der Rechnungshof in der fehlenden Verbindlichkeit der übergeordneten Konzepte ein zentrales Problem der Wiener Stadtentwicklung. Mit Verweis auf die Erfahrungen anderer Bundesländer empfahl er dringend eine Aufwertung dieser wichtigen Planungsinstrumente, insbesondere des Stadtentwicklungsplans. „Vor allem dort, wo bestimmte Entwicklungen bewusst verhindert werden sollen, könnte der Plan als Verordnung erlassen werden. Als Beispiel wäre die Verordnung von Siedlungsgrenzen […] eine weitere Hemmschwelle, die an sich starke Widmung ‚Schutzgebiet Wald und Wiesengürtel' zu durchbrechen, und ein Signal für potentielle Investoren, dass in diesen Bereichen keine weitere Entwicklung möglich und erwünscht ist." Rechtskräftige Vorgaben schlugen die Prüfer unter anderem auch für die Standortverteilung von Einkaufszentren und Hochhäusern vor, die in Wien bis dato ohne erkennbare Strategie erfolgt.

Der Rechnungshof wies darauf hin, dass in anderen, ebenfalls vom Gemeinderat beschlossenen Konzepten klare Empfehlungen zur Stärkung des Stadtentwicklungsplans bestünden. So fordere das Klimaschutzprogramm von 1999 „die verbindliche Wirkung der auch in Wien vorhandenen Instrumente der überörtlichen Raumordnung, wie z.B. des STEP, für die Flächenwidmungs- und Bebauungspläne" und urgiere „die Festschreibung der Verpflichtung zur Berücksichtigung der übergeordneten Rahmenbedingungen und Planungen (STEP usw.) in der Wiener Bauordnung."[185]

Intensiviert werden müsste gemäß dem Rechnungshofbericht von 2004 auch die Evaluierung der Stadtentwicklungspolitik, wobei die Bewertung der Zielverwirklichung durch externe Experten erfolgen sollte, anstatt wie bisher durch die Magistratsabteilungen selbst. Der Kritik, dass nach dem Stadtentwicklungsbericht aus dem Jahr 2000 keine weitere Evaluierung mehr stattgefunden habe, begegnete die Stadt Wien damals mit dem Hinweis, man arbeite ohnehin bereits am neuen Stadtentwicklungsplan 2005, weshalb ein neuer STEP-Bericht „keine erkennbaren Vorteile erbringen" würde.[186] Der Rechnungshof erwiderte darauf: „Adressat der Berichte ist nicht die Projektgruppe für den neuen STEP, sondern die interessierte Öffentlichkeit, der Informationen über die Wirksamkeit der getroffenen Maßnahmen und über die weitere Umsetzung des geltenden STEP [...] geboten werden sollen."[187]

Der Feststellung, dass es den Bundesländern Wien und Niederösterreich an einer „aufeinander abgestimmten regionalen Zusammenarbeit" mangle, hielt man im Rathaus entgegen, dass der STEP '05 erstmals auch das Wiener Umland miteinbeziehe, und zwar bis nach Bratislava. Offenbar geriet in Vergessenheit, dass Wien, Niederösterreich und das Burgenland bereits 1994 im Rahmen der Planungsgemeinschaft Ost (PGO) das ehrgeizige und viel konkretere Siedlungspolitische Konzept Ostregion entwickelt hatten, das allerdings bis heute seiner Umsetzung harrt. Bezüglich einer längst überfälligen gemeinsamen Vorgangsweise bei der Ansiedlung von Einkaufszentren und Großprojekten in der Großstadtregion Wien räumt sogar die PGO selbst ein, dass die von den drei Ländern getroffene Vereinbarung bislang „wirkungslos" war, „weil sie nur sehr willkürlich erfüllt wurde."[188] So muss bezweifelt werden, dass sich an den kommunalpolitischen Egoismen dies- und jenseits der Wiener Landesgrenze Maßgebliches ändern wird, nur weil der neue Stadtentwicklungsplan einige Absichtserklärungen für ein mitteleuropäisches Städtenetzwerk enthält.[189]

Die Forderung des Rechnungshofs nach größerer Verbindlichkeit der strategischen Planung fand beim STEP '05 keine Berücksichtigung – im Gegenteil: Auffallend ist die Scheu vor konkreten Festlegungen, die den Handlungsspielraum der Planungspolitik einschränken würden. Der neue Stadtentwicklungsplan knüpft damit an die Philosophie des Strategieplans für Wien aus dem Jahr 2000 an, der Ende 2004 noch einmal aktualisiert wurde. Darin fanden sich zahlreiche – teils schon umgesetzte – Einzelmaßnahmen, deren Summe als Strategie ausgegeben wurde. So erhielt auch manch fragwürdiges Bauvorhaben nachträglich einen stadtentwicklungspolitischen Sinn – wie etwa die Wienerberg City als repräsentatives Projekt für das Strategiefeld 5 „Wien bleibt Stadt der Lebens- und Umweltqualität".[190, 191, 192]

„Im Idealfall schafft Stadtplanung die Rahmenbedingungen für die Entfaltung privater Interessen – durch Infrastruktur-Investitionen, Flächenwidmungen und Bebauungsvorschriften", erklärt Dieter Bökemann, emeritierter Professor am Institut für Stadt- und Regionalforschung der TU Wien. In den letzten Jahren habe sich dies in Wien aber immer öfter umgekehrt: „Um ein vorgegebenes privates Projekt herum werden allgemeine politische Ziele formuliert, die dessen Realisierung rechtfertigen sollen. Das führt zu einer Beliebigkeit der Stadtentwicklungspolitik und im Extremfall zu einer ausschließlich an partikularen Privatinteressen orientierten Planung."

Ein Produkt dieser Gesinnung sind die „13 Zielgebiete der Stadtentwicklung" im STEP '05. „Diese so genannten Hot Spots betreffen nicht unbedingt jene Punkte, die stadtplanerisch unter den Nägeln brennen", so Kommunalpolitikerin Sabine Gretner, „sondern verdeutlichen die aktuellen Anliegen der Wiener SPÖ, beispielsweise die Verwertung des Flugfelds Aspern oder die Entwicklung des Standorts Rothneusiedl." Fehlen würden im aktuellen Stadtentwicklungsplan dagegen jegliche innovativen Ansätze, wie etwa die Abschöpfung privater Widmungsgewinne durch die öffentliche Hand. Das Rathaus beteuere seit Jahren, dies würde an der Österreichischen Verfassung scheitern. „Da eine Planwertbesteuerung in vielen anderen europäischen Städten aber sehr wohl möglich ist, fehlt es vermutlich am politischen Willen, gemeinsam mit dem Bund die rechtlichen Rahmenbedingungen dafür zu schaffen."

Die Meinungsmacher
Stadtentwicklung, Medien und Öffentlichkeit

Unabhängige Medien sind heute nicht nur Voraussetzung für eine funktionierende Demokratie, ebenso unabdingbar sind sie für eine nachhaltige Stadtentwicklung. Eine pluralistische Diskussion über Sachthemen, eine öffentliche Kontrolle planungspolitischer Entscheidungen, eine fruchtbare Beteiligung der Bevölkerung am Planungsprozess erfordern insbesondere Printmedien, die informativ und kritisch über Stadtentwicklung, Verkehr und Wohnbau berichten. Die österreichischen Fachmagazine aus dem Bereich Architektur, Bau und Planung erfüllen diese Aufgabe mehrheitlich recht gut, nur beschränkt sich ihre Reichweite auf ein nicht allzu großes Publikum, das ohnehin über Einblicke in die Materie verfügt. Viel entscheidender ist die Qualität der Tageszeitungen, Wochenmagazine, Publikumszeitschriften und aller anderen Printmedien, die mit hoher Auflage auf eine breite Leserschaft abzielen.

Hier zeigt sich in Wien mit einigen Ausnahmen (nämlich die Chronik-Seiten und Wochenendbeilagen der Tageszeitungen Die Presse, Der Standard und Wiener Zeitung sowie die Wochenzeitungen Falter und Die Furche) eine hohe Angepasstheit der Verlage und Redaktionen an die Sichtweise von Stadtregierung und Bauwirtschaft. Dies scheint zum Teil an mangelnder journalistischer Qualität, hauptsächlich aber an der Eigentümerstruktur der heimischen Printmedien zu liegen. Die bei lokalpolitischen Themen relevante Tageszeitung Kurier etwa ist mehrheitlich im Besitz der Raiffeisen Bank, die wiederum einer der wichtigsten Akteure in der heimischen Bau- und Immobilienbranche ist.[193] Beispielsweise hält Raiffeisen knapp die Hälfte der Anteile an Österreichs größtem Baukonzern STRABAG.[194] Auffällig ist, dass im Kurier kaum eine bauwirtschaftskritische Meldung zu lesen ist, schon gar nicht über Projekte mit STRABAG-Beteiligung: seien es neue Stadtteile wie Donau City oder Wienerberg City, seien es U-Bahn-, Autobahn- und Schnellstraßenbauten.[195]

Der Kurier ist neben der Kronen Zeitung das Flaggschiff der den heimischen Zeitungsmarkt beherrschenden Mediaprint-Gruppe.[196] Zudem ist der Kurier zu über 25 Prozent an der Verlagsgruppe NEWS beteiligt, die mit den Magazinen NEWS, FORMAT, profil und trend den österreichischen Zeitschriftenmarkt dominiert.[197, 198] Dieses Netzwerk an Printmedien stellt mit einer Reichweite von rund 70 Prozent eine im westeuropäischen Vergleich einzigartige Medienkonzentration dar, die in der Bundeshauptstadt noch weit über dem österreichischen Durchschnittswert liegt, zumal hier eigenständige regionale Zeitungen (wie in den Bundesländern die Oberösterreichischen Nachrichten, die Salzburger Nachrichten, die Tiroler Tageszeitung, die Vorarlberger Nachrichten oder die Kleine Zeitung) fehlen.[199, 200] Die am Beispiel des Kurier skizzierten Verflechtungen gelten mit wechselnden Kapitalgebern in ähnlicher Weise auch für andere in Wien relevante Blätter, etwa für die von NEWS-Miteigentümer Wolfgang Fellner 2006 gegründete Tageszeitung ÖSTERREICH.[201, 202]

Evident ist eine hohe wirtschaftliche Abhängigkeit vieler Printmedien von periodischen Inseraten aus der Wohnbaubranche. So umfasst die Wiener Wochenendausgabe des Kurier regelmäßig die Sonderbeilage Wohn-Kurier. Auf durchschnittlich acht großformatigen Seiten werden aktuelle – und zumeist auch stadtplanerisch relevante – Projekte des geförderten Wohnbaus angepriesen, Portraits von Wiener Wohnbauträgern abgedruckt oder Interviews mit dem Wohnbaustadtrat veröffentlicht. Der unbedarfte Leser bleibt allerdings im Unklaren, ob es sich dabei um redaktionelle Beiträge oder bezahlte PR-Texte handelt. „Die Wohnbaubeilagen sind nichts anderes als eine verdeckte Presseförderung", behauptet Gemeinderat Günter Kenesei. „Das Geld dafür kommt nicht nur aus dem Rathaus, sondern auch von der Bauwirtschaft. Insgesamt geht es um eine siebenstellige Euro-Summe pro Jahr, wobei der Löwenanteil auf den Kurier entfällt."

So gibt es in Wien auch eine Wohn-Krone, und selbst Qualitätsblätter wie Der Standard, Falter oder profil bringen in unregelmäßigen Abständen redaktionelle Wohn- und Stadterneuerungsbeilagen, die ein (in diesen Medien ansonsten unüblicher) euphorischer Grundton kennzeichnet.[203, 204, 205] Daneben verfügen die meisten Zeitungen noch über eigene Immobilienseiten, die von Wohnbauträgern mit großzügigen Inseraten versorgt werden. „In ihrer wirtschaftlichen Abhängigkeit von der Wohnbauförderung schalten viele Bauträger in vorauseilendem Gehorsam sündteure Annoncen, und die meisten Zeitungen quittieren es mit Lobeshymnen auf die Wiener Wohnbaupolitik und den zuständigen Stadtrat", erläutert Günter Kenesei weiter.

„Faymann galt lange als Nachfolger Michael Häupls, wenn der einst das Zepter übergibt. Faymanns Ehrgeiz ist unübersehbar, kein anderer Stadtrat schafft es mit Kampagnen auf so viele Abbildungen in Wiener Kleinformaten. Als sein Pressesprecher zum Chefredakteur der Gratis-U-Bahn-Zeitung avancierte, wurde dies dem Vernehmen nach sogar Häupl zu viel", berichtete im März 2005 Die Presse.[206] Was den Bürgermeister wohl aus parteipolitischen Gründen verstimmte, markierte in medienpolitischer Hinsicht einen neuen Tiefpunkt für Wien: Bereits im September 2004 war zu lesen, dass ein Herausgeberkonsortium um den Steuerberater und Treuhänder Günther Havranek (laut Nachrichtenmagazin profil ein „Vertrauensmann der Wiener SPÖ-Spitze" und eine „schillernde Figur im Wirtschaftsleben des roten Wien") ein Nachfolge-Produkt des von der Kronen Zeitung produzierten „U-Express" unter dem Namen „Heute" lanciert habe – und Wolfgang Jansky, einer der engsten Mitarbeiter von Wohnbaustadtrat Faymann, als Blatt-Verantwortlicher agiere.[207, 208, 209, 210]

Ihm zur Seite steht Eva Dichand, die Schwiegertochter von Krone-Miteigentümer Hans Dichand. Parallel dazu leitet sie das Mietermagazin „Unsere Stadt", zu dessen Herausgebern – profil zufolge – ebenfalls Havranek zählt.[211] Das kostenlose Organ ergeht monatlich an sämtliche Gemeinde- und Genossenschaftswohnungen Wiens, also an Hunderttausende Haushalte, und wird im Umfang von 30.000 Stück an weitere Interessenten verteilt. „Heute" wiederum liegt werktäglich vor allem in den Wiener U-Bahn-Stationen zur freien Entnahme auf und bringt es ebenfalls auf eine sechsstellige Auflagenzahl.[212] „Beide Blätter entstanden im Dunstkreis von Wiens Wohnbaustadtrat Werner Faymann und der BA-CA", weiß die Fachzeitschrift „Der österreichische Journalist".[213]

Allein mit diesen zwei Medien erreicht das Konsortium um Günther Havranek – einst Aufsichtsrat der Bank Austria und von profil als „einer der zentralen Player im recht undurchsichtigen Gratiszeitungsdickicht" beschrieben – gut die Hälfte der Wiener Bevölkerung: sei es direkt zu Hause, sei es allmorgendlich am Weg von zu Hause.[214] Das Thema Wohnen spielt dabei nicht nur im Mietermagazin eine gewichtige Rolle, auch „Heute" nimmt sich dessen an – beispielsweise mit einer achtseitigen Spezial-Beilage über Monte Laa, das aktuelle Großprojekt des Baukonzerns PORR, in dessen Aufsichtsrat Havranek sitzt.[215, 216]

Als Alternative zu „Heute" bietet sich den U-Bahn-Fahrgästen das VOR-Magazin an, jene Monatszeitschrift, die in nahezu allen Verkehrsmitteln des Verkehrsverbunds Ostregion aushängt. Zwei Mal im Jahr umfasst auch dieses Medium eine eigene, 32 Seiten starke Wohnbaubeilage (VOR Wohnen Extra). Als Herausgeber fungiert der Wiener ECHO-Verlag, der laut Wirtschaftsmagazin trend zur Firmengruppe der A.W.H. Beteiligungsgesellschaft gehört und von Helmut Laska, dem Ehemann von Vizebürgermeisterin Grete Laska, geleitet wird. Die A.W.H. wiederum ist Teil des V.W.A., des Verbands Wiener Arbeiterheime, dem ebenfalls Helmut Laska als Geschäftsführer vorsteht. „Dieser scheinbar harmlose Verband", recherchierte der trend „ist in Wahrheit eine mächtige Organisation und [...] politisches Dach eines hübschen Firmenkonglomerats." Dazu seien nicht nur mehrere Werbe- und Veranstaltungsagenturen zu zählen, sondern auch diverse Bauträger – allen voran die Sozialbau AG, mit rund 45.000 Wohnungen der größte private Hausherr Österreichs.[217, 218]

„Wichtigstes Medienobjekt des ‚Verbands' und damit der SPÖ Wien ist aber zweifelsfrei der VWZ-Zeitschriftenverlag, der die Wiener Bezirksblätter – Auflage: 700.000 Stück – in alle Haushalte [...] Wiens bringt", so das Wirtschaftsmagazin weiter. Unterschiedlichste Foren – von Fahrgastzeitungen über Lokalnachrichten bis hin zur Rathaus-Postille wien.at, die sogar als amtliche Mitteilung in jeden Wiener Briefkasten gelangt – bieten der Stadtregierung somit die Möglichkeit, die Bürger über ihre Arbeit zu „informieren", ohne auf Parteigelder zurückgreifen zu müssen. „Der Verband hat die Aufgabe, die Partei zu unterstützen", zitiert der trend V.W.A.-Geschäftsführer Helmut Laska, denn „Eigentümer ist letztendlich die Partei". So könnte theoretisch ein Wohnprojekt der Sozialbau (mit Laska im Vorstand) vom Grundstücksbeirat (dem Laska angehört) als förderwürdig beurteilt werden und durch den ECHO-Verlag (zu dessen Aufsichtsrat Laska zählt) im VOR-Magazin Publicity erhalten.[219, 220, 221] Gelegentlich kommt es aber auch zu direkter Promotion von Politikern, wie etwa am Cover des Wiener Bezirksblatts von Dezember 2003, das einen strahlenden Wohnbaustadtrat vor einem Bürohochhaus [sic!] zeigt und titelt: „Wohnbaustadtrat Werner Faymann, politischer Architekt des modernen Wien."[222]

Mit den PR-Kampagnen aus dem Wohnbauressort werden in der Regel die bedeutendsten Stadtentwicklungsprojekte mitbeworben.

Darüber hinaus hat Planungsstadtrat Rudolf Schicker aber auch selbst Zugang zu bestimmten Medien, etwa zum Periodikum Perspektiven. Bis in die 1980er Jahre war diese Zeitschrift, anfangs unter dem Namen „der aufbau", eines der wichtigsten Architektur- und Planungsmagazine in Österreich. „Da wurde das Heft jedoch noch vom Stadtbauamt herausgegeben und nicht von Mitarbeitern des Presse- und Informationsdiensts", betont Georg Kotyza, mehr als zwei Jahrzehnte lang stellvertretender Leiter der MA 18. Früher dienten die Perspektiven als Forum auch für kritische Beiträge externer Experten. In den 1990er Jahren schränkte sich der Autorenkreis zunehmend auf die Beamtenschaft ein, wodurch die Texte technokratischer wurden, aber durchaus noch wertvolle Daten und Fakten boten. Seit einiger Zeit kommen indes immer mehr Beiträge von den Pressesprechern der Stadträte, sodass die Unterscheidung von einer PR-Broschüre zunehmend schwerfällt. „Information wird von der Stadt Wien heute weitgehend mit Werbung gleichgesetzt", so der pensionierte Senatsrat, „vor allem auch in der Planung. Das ist nicht nur unprofessionell, das ist in hohem Maße undemokratisch."

Da die Perspektiven selbst mit qualitätvollen Artikeln nicht über einen relativ engen Fachkreis hinaus reichen würden, setzt Planungsstadtrat Schicker inzwischen ebenfalls auf Tageszeitungsbeilagen. Seit Mai 2004 sind nun schon sieben Ausgaben von capacity erschienen, das sich als Wiener Business-Immobilienmagazin versteht und unter anderem dem Kurier beigelegt wird. „In capacity werden wichtige Themen zum österreichischen Immobilien-Markt diskutiert, kontroversielle Fragen aufgeworfen und darüber hinaus ein reichhaltiger Überblick der interessantesten internationalen Entwicklungen in der Immobilienbranche geboten", heißt es über die Ziele des Magazins, die in der dritten Ausgabe erstmals dargelegt wurden. Bis dahin musste man andere Intentionen vermuten: Denn ganz- bis doppelseitige Portraits der Bundesimmobiliengesellschaft (BIG), der PORR, der Wien Holding, der U2 Stadtentwicklung GmbH oder der GEWISTA, die kaum merklich als bezahlte Anzeigen deklariert sind, bilden in capacity den Rahmen für Interviews mit Rudolf Schicker, die wenig „Kontroversielles", dafür aber philosophische Zitate von Jean Nouvel und Zaha Hadid bieten.[223, 224, 225, 226]

„Die Bau- und Immobilienbranche inseriert besonders groß und teuer in solchen Zeitschriften und finanziert damit eine mediale Plattform für den Planungsstadtrat", erklärt Oppositionspolitiker Günter Kenesei.

„Das kann gute Stimmung schaffen, etwa für gewünschte Flächenwidmungen." Werbestrategisch wäre es auch nicht anders zu erklären, warum sich Baukonzerne und Projektentwickler um viel Geld ausgerechnet in einer Beilage des Kurier präsentieren, zumal dessen Leserschaft nur zu einem verschwindenden Teil aus potenten Investoren bestehen dürfte. „Politisch bedenklich sind vor allem aber die unnützen Annoncen von stadteigenen Gesellschaften", kritisiert der Mandatar, „denn damit werden öffentliche Gelder für parteipolitische Werbung verwendet." Die WED gibt sogar eine eigene Postille heraus: den Vienna DC Report – mit Neuigkeiten rund um die Donau City, aber auch mit genügend Platz für Fotos und Statements maßgeblicher Kommunalpolitiker.[227]

„Die Stadt wiederum zahlt an ausgesuchte Medienhäuser ein Heidengeld für Zeitschriften, die niemand liest", behauptet Günter Kenesei weiters. „Wo der Reingewinn dieser Publikationen hin fließt, kann man sich mit ein wenig Phantasie ausmalen." Der Compress Verlag produziert für das Rathaus das Monatsmagazin Enjoy Vienna um angebliche 73.000 Euro pro Ausgabe.[228] Derselbe Verlag führt im Auftrag der Magistratsabteilung 53 (Presse- und Informationsdienst) die so genannten Wiener Verbindungsbüros in elf Städten Mittelosteuropas, laut Zeitungsberichten um 146,4 Millionen Euro für eine Dauer von zehn Jahren.[229] Obwohl es in Laibach, Zagreb, Sarajevo, Belgrad, Sofia und Bukarest, in Moskau, Krakau, Prag, Bratislava und Budapest Botschaften und Konsulate des Außenministeriums sowie Vertretungen der Wirtschaftskammer gibt, unterhält das Rathaus dort eigene Repräsentanzen – zur Bewerbung Wiens sowie zur Betreuung städtischer Delegationen.[230]

Mit der Bohmann Druck- und Verlagsgesellschaft vereinbarte die MA 53 ein bis zu acht Jahre laufendes „Medien-Fullservice" zum kolportierten Preis von 116,8 Millionen Euro mit dem Ziel, „die Medien der Stadt den Lebensbedürfnissen der Menschen anzupassen."[231] Diese beiden Medien-Deals des Informationsressorts von Vizebürgermeisterin Grete Laska sorgten im Sommer 2005 für Empörung seitens der Oppositionsparteien, die neben der Laufzeit und den Kosten der Aufträge vor allem auch die Vergabemodalitäten kritisierten.[232] Mit der „Rathauskorrespondenz" bildet die MA 53 sozusagen ein kommunales Pendant zur Austria Presse Agentur. Rund 4.000 Artikel werden alljährlich an die heimischen Medien versandt, wobei ein ganz wesentlicher Unterschied zu den Texten der APA besteht:[233] Während die Austria Presse Agentur sachliche Meldungen aus neutraler Perspektive anbietet, stammen die Beiträge des Presse- und Informationsdiensts der Stadt Wien (PID) zu einem großen Teil von den Pressesprechern der einzelnen Stadträte und sind dementsprechend oft nicht mehr als tendenziöse PR-Texte. Aus der Sicht des Rathauses stellt dies kein medienpolitisches Problem dar, im Gegenteil: Man verweist darauf, dass der PID „zu einer modernen Medien-, Presse- und Werbeagentur ausgebaut" wurde, die „sowohl für die Presse- und Öffentlichkeitsarbeit [...] als auch für die Imagepflege der Stadtverwaltung zuständig ist".[234]

Dessen ungeachtet übernehmen viele Medien die Aussendungen der MA 53 – ein Mitgrund dafür, dass speziell das Thema Stadtentwicklung seit Jahren schon von einer beispiellosen Ankündigungspolitik geprägt ist. So lesen sich die Archive der meisten Wiener Zeitungen als Chronik gescheiterter oder mehrfach verschobener Maßnahmen und Projekte, die bis zu diesem oder jenem Zeitpunkt begonnen oder abgeschlossen werden hätten sollen. Ein neuer Bahnhof für Wien Mitte beispielsweise wurde für das Jahr 2005 versprochen – bis dato ist noch nicht einmal der Baubeginn erfolgt.[235] Die Realisierung des neuen Stadtteils Eurogate auf den Aspang-Gründen im 3. Bezirk wiederum sollte 2003 starten.[236] Nachdem der 1998 unter großem Medienecho präsentierte Masterplan des britischen Stararchitekten Norman Foster mehrfach überarbeitet worden war, erhielt im Herbst 2006, also acht Jahre später, zumindest ein erster Teilbereich des 22 Hektar großen innerstädtischen Entwicklungsgebiets die erforderliche Flächenwidmung.

Im September 2001 kündigte Planungs- und Verkehrsstadtrat Rudolf Schicker für spätestens 2004 eine eigene Fahrspur für Fahrgemeinschaften auf der chronisch überlasteten Südautobahn (A 2) an – bis heute war davon nie wieder die Rede.[237] Und im November 2001 hieß es: „Alles klar für die U5-Planung", sodass 2008 mit dem Bau einer elf Kilometer langen U-Bahn-Trasse vom 17. Bezirk zur Wienerberg City im 10. Bezirk begonnen werden könne.[238] Im Stadtentwicklungsplan 2005, der die U-Bahn-Planungen bis 2015 und darüber hinaus darstellt, ist davon nichts mehr zu lesen.[239] Bei vielen Versprechungen verfügt das Rathaus nicht einmal über den nötigen Einfluss, um sie auch nur ansatzweise wahr werden zu lassen. Dennoch werden sie vom Bürgermeister und den Stadträten mit größter Zuversicht kolportiert, um sich regelmäßig in den Medien zu halten, oder um von anderen Themen abzulenken.

Schöner Shopping
Fachmärkte und Einkaufszentren

Gemessen an der Verkaufsfläche pro Einwohner weist Österreich mit 1,9 Quadratmetern unangefochten die höchste Einzelhandelsdichte in der gesamten Europäischen Union auf. In Deutschland etwa beträgt dieser Wert 1,4 und in Großbritannien gar nur 0,7.[240] Ein zunehmend hoher Anteil der heimischen Verkaufsfläche entfällt auf Einkaufs- und Fachmarktzentren, wobei Wien an der Spitze liegt.[241] Damit scheint der traditionelle Vorwurf aus dem Rathaus an das Land Niederösterreich nicht mehr haltbar, wonach die Einkaufszentren (EKZ) in den Stadtumlandgemeinden – allen voran die Shopping City Süd in Vösendorf – für den Niedergang der Wiener Einkaufsstraßen verantwortlich seien. Ihr Geschäftesterben hat die Stadt überwiegend selbst verursacht, was eine Statistik der Wiener Wirtschaftskammer aus dem Jahr 2004 eindrucksvoll untermauert: 720.000 Quadratmeter Verkaufsfläche (ohne Leerstände) entfielen damals auf Wiens Geschäftsstraßen – inklusive „integrierter", sprich gut erschlossener Einkaufszentren wie das Donauzentrum im 22. Bezirk. Dagegen brachten es die nicht integrierten Einkaufs- und Fachmarktzentren Wiens in so genannter Streulage auf 1,110.000 Quadratmeter Verkaufsfläche. Die gesamte Einkaufsagglomeration in und um Vösendorf hielt im Vergleich dazu bei 310.000 Quadratmetern.[242]

„Die Entwicklung der Einkaufszentren erfolgt in Wien schon seit Ende der 1980er Jahre völlig konzeptlos", moniert Stadtplaner Georg Kotyza, „und wurde unter der politischen Führung von Wirtschafts- und Finanzstadtrat Hans Mayr zunächst auch durch den Wiener Wirtschaftsförderungsfonds, der dafür Flächen zur Verfügung stellte, aktiv mitgetragen. Die einzige erkennbare Intention dahinter war die Ermöglichung großer Bauvorhaben zur Unterstützung der Bauwirtschaft, ohne Rücksicht auf den Standort, die Umgebung oder die Auswirkungen für Nahversorgung und Verkehr."

Einen kurzen Einbruch erlebte der Wildwuchs an Abholmärkten auf der sprichwörtlichen grünen Wiese durch die so genannte Farnleitner-Verordnung von 1998. Schon damals galt eine Beschränkung für weitere

Einkaufs- und Fachmarktzentren als längst überfällig, sodass der damalige Wirtschaftsminister Hannes Farnleitner (ÖVP) über die Raumordnungskompetenzen der Länder hinweg eine bundesweite Regelung zum Schutz der Nahversorgung erließ. Diese wurde – veranlasst durch die Beschwerde einer Elektro-Handelskette – im Juli 2000 vom Österreichischen Verfassungsgerichtshof allerdings wieder aufgehoben. Nun lag es erneut an den einzelnen Landesregierungen, die Entwicklung von Einkaufszentren zu steuern, was zu einem wahren EKZ-Boom führte: Ende 2000 waren österreichweit 34 Shopping Center bereits wieder in Planung oder sogar schon in Bau – die meisten davon in der Bundeshauptstadt, wo allein acht auf Eis gelegte Projekte nach besagter VfGH-Erkenntnis wieder aufgenommen wurden.[243]

Derzeit sind in Wien Einkaufszentren und Fachmärkte mit insgesamt rund 400.000 Quadratmetern Verkaufsfläche geplant, wovon etwa die Hälfte am Stadtrand vorgesehen ist.[244, 245] „Da kommt eine Lawine auf uns zu", warnt ÖVP-Gemeinderat und Immobilien-Experte Alexander Neuhuber. „Die anstehenden Projekte übertreffen an Verkaufsfläche sämtliche Läden der Mariahilfer Straße und des 1. Bezirks zusammen genommen." Die von der Stadt teils schon gewidmeten neuen EKZ-Standorte reichen von Wien Mitte über den künftigen Hauptbahnhof, den Westbahnhof, die Komet-Gründe, die Brauerei Liesing und Rothneusiedl bis nach Aspern und in die Aderklaaer Straße am Nordrand Wiens. Darüber hinaus stehen einige Einkaufszentren vor ihrer Erweiterung: sei es das Auhof Center im 14. Bezirk, sei es das Donauzentrum im 22. Bezirk. Gleichzeitig verzeichnen die traditionellen Geschäftsstraßen immer dramatischere Leerstandsraten: In der Lerchenfelder Straße sind 27 Prozent der gesamten Handelsfläche ungenutzt, in der Praterstraße 23 Prozent, in der Hütteldorfer Straße 21 Prozent und in der Nußdorfer Straße sowie im Bezirkszentrum von Floridsdorf je 16 Prozent. „Allein in den Einkaufsstraßen und ihrem unmittelbaren Umfeld stehen derzeit rund 600 Geschäfte mit insgesamt über 100.000 Quadratmetern Verkaufsfläche leer", bilanziert Alexander Neuhuber.

Das buchstäbliche Wegbrechen des klein strukturierten Einzelhandels führt nicht nur zu einer Verschlechterung der Versorgungssituation für eingeschränkt mobile Bevölkerungsgruppen, es bewirkt eine nachhaltige Verödung der Erdgeschoßzonen und somit auch einen Niedergang des öffentlichen Raums. Darüber hinaus ist die Abwanderung des

Handels an den Stadtrand ein bedeutender Mitgrund für den nach wie vor wachsenden Pkw-Verkehr in Wien sowie für den Schwund kostbarer städtischer Grünflächen. So steht jede neue Widmung peripherer Einkaufszentren im Widerspruch zu den übergeordneten planungs- und verkehrspolitischen Zielsetzungen ebenso wie zum Klimaschutzprogramm und anderen strategischen Konzepten. Selbst das von der Stadtregierung viel strapazierte Argument, dass neue Handelsflächen auch Arbeitsplätze schaffen, gilt bei näherer Betrachtung nicht.[246] „Der großflächige Einzelhandel kommt im Vergleich zum gewachsenen Fachhandel mit rund einem Drittel des Personals aus", weiß Georg Kotyza. „Und viele der vermeintlich neuen Jobs entstehen lediglich durch Verlagerungen innerhalb Stadt."

Die Widmungspraxis des Rathauses stieß in den letzten Jahren sogar bei der Wirtschaftskammer, die über den Verdacht erhaben scheint, ökologische, urbanistische oder soziale Ziele über wirtschaftliche Interessen zu stellen, auf massive Kritik. Im Herbst 2004 wandte sich Walter Nettig, damals noch Präsident der Wiener Wirtschaftskammer, öffentlich gegen das heute bereits in Bau befindliche EKZ beim Ernst Happel-Stadion. Den Standort des so genannten Nahversorgungszentrums bezeichnete Nettig als „völlig ungeeignet", zumal er am Rande des Praters liege und nur sehr wenig Bevölkerung im Umfeld wohne. Mit mehr als 20.000 Quadratmetern Verkaufsfläche habe das Projekt auch nichts mit Nahversorgung zu tun, sondern zähle zu den größten EKZ in Wien.[247] „Die Verkehrserschließung des Stadion Center ist mit der nahen Auffahrt zur Wiener Südosttangente und einer künftigen U-Bahn-Station ebenfalls nur auf den ersten Blick gut", ergänzt Andreas Prybila, Leiter der Abteilung Stadtplanung und Verkehrspolitik der Wirtschaftskammer Wien. „Denn die A 23 ist chronisch verstopft, und die Hoffnung auf Bewohner aus dem 22. Bezirk, die ab 2011 am Heimweg aus der U2 aussteigen, um hier einzukaufen, wird sich kaum erfüllen. Die Stadt Wien plant nämlich schon weitere Einkaufszentren entlang der U2-Trasse in der Donaustadt."

Walter Nettig forderte vom Rathaus ein sofortiges Ende von Widmungen „für neue, unsinnige Projekte außerhalb der Einkaufsstraßen", um weitere Fehlentwicklungen zu unterbinden. Planungsstadtrat Rudolf Schicker, der im Herbst 2005 den feierlichen Spatenstich für das Stadion Center vornahm, sieht die Krise der Geschäftsstraßen dagegen auch in ihrer mangelnden Selbstorganisation begründet: Die sei – so Zeitungsberichte – einfach „zu lasch".[248, 249] Zwar gewährt das Rathaus den Einkaufsstraßen finanzielle Unterstützung – 770.000 Euro im Rahmen der Nahversorgungsaktion sowie 1,74 Millionen Euro an Geschäftsstraßenförderung pro Jahr reichen allerdings nicht aus, um eine Trendumkehr im städtischen Einzelhandel einzuleiten.[250, 251] Dazu kommt, dass sich die Subventionen auf über 100 Einkaufsstraßenvereine in ganz Wien verteilen, die alle ihre eigenen Marketingkonzepte entwickeln; den Grünen zufolge trägt dies eher zur gegenseitigen Konkurrenz bei als zum gemeinsamen Kampf gegen den Kaufkraftabfluss an den Stadtrand.[252]

„Die Wiener Geschäftsstraßenförderung ist völlig unzureichend, uneffektiv und bar jeder Strategie", bemängelt daher auch Gemeinderätin Sabine Gretner. Beispielsweise wandte die Stadt im Jahr 2004 für die Weihnachtsbeleuchtung von 35 Einkaufsstraßen insgesamt 300.000 Euro auf.[253] „Notwendig wäre vielmehr ein Mix aus wirtschaftspolitischen und fiskalischen Maßnahmen sowie stadtplanerischen und verkehrspolitischen Weichenstellungen", fordert die Mandatarin. Tatsächlich sorgt das Rathaus selbst für eine Marktverzerrung zulasten des innerstädtischen Einzelhandels, solange es Abholmärkte auf der grünen Wiese durch wertsteigernde Flächenwidmungen oder die kostenlose Erschließung mit Straßen und technischer Infrastruktur unterstützt.

Die politische Scheu vor einer längst überfälligen Reglementierung von Einkaufszentren scheint geradezu Strategie zu sein, wie das Beispiel des Booms an Großkinos ab Ende der 1990er Jahre zeigt. Ihre oft mangelnde Umfeldverträglichkeit, die überzogene Kapazität der eingereichten Projekte sowie die davon ausgehende Bedrohung für die gewachsene Wiener Kinoszene war Stadtplanern schon vor Genehmigung der ersten Kinozentren bewusst. „Wir konnten sie jedoch nicht verhindern, weil sie damals noch keiner gesonderten Widmung bedurften. Daher verlangten wir eine spezielle gesetzliche Regelung für Großkinos", erzählt der frühere Planungsbeamte Georg Kotyza. „Die Politik lehnte das aber zunächst ab und entschied sich erst, als der Boom quasi vorbei war, zur so genannten Großbauvorhaben-Novelle in der Wiener Bauordnung."

„Diesen Punkt werden wir auch bei den Einkaufszentren bald erreicht haben", meint Sabine Gretner, „denn wenn alle derzeit geplanten Shopping Center errichtet sind, gibt es kaum mehr einkaufsfreie Gegenden am Wiener Stadtrand." Dann komme es wahrscheinlich noch zum Ausbau bestehender Shopping Malls, „bis die Stadt schließlich fünf Minuten nach zwölf ein EKZ-Leitbild erarbeiten lässt, so ähnlich wie beim Hochhauskonzept." Die Zeit scheint auch deshalb noch nicht reif dafür, da Einkaufszentren nach der Überhitzung des Wiener Bürobaubooms die mit Abstand attraktivsten Objekte für internationale Immobilienfonds darstellen. Vergleichsweise geringe Errichtungskosten sowie hohe Mieterträge ermöglichen Renditen von 6,5 bis 7 Prozent, „und an der Peripherie sieht es sogar noch besser aus", weiß Christoph Chorherr, Ökonom und Gemeinderat der Wiener Grünen.[254] „Darum gibt es momentan auch kein neues Immobilienprojekt, das nicht auch ein Shopping Center vorsieht."

Das führe, so Wiens ehemaliger Wirtschaftskammerpräsident Walter Nettig, zu einem derartigen Überhang an Handelsflächen, dass inzwischen nicht mehr nur die traditionellen Geschäftsstraßen, sondern – vor allem an ungeeigneten Standorten – auch schon erste Shopping Malls veröden: „Es wird zu einer Marktbereinigung unter den Einkaufszentren und Fachmärkten kommen. Wir werden in den kommenden Jahren einige Investitionsruinen sehen. Wir haben bei den Kinos davor gewarnt, damals leider umsonst." Wie sorglos das Rathaus dieser Entwicklung gegenübersteht, offenbarte auch ein Bericht des Kontrollamts aus dem Jahr 2001 über Einkaufszentren in Wien. Dabei wurden die MA 37, Baupolizei, und die MA 64, Baurechtsabteilung (beide im Ressort des Wohnbaustadtrats), ebenso wie die MA 21, Stadtteilplanung und Flächennutzung (im Ressort des Planungsstadtrats), überprüft.

Zwar beschränkte die Wiener Bauordnung 1976 die Errichtung großflächiger Handelsobjekte auf jene Standorte, die im Flächenwidmungs- und Bebauungsplan explizit für Einkaufszentren vorgesehen sind, und definierte in §6 Abs. 17 den Gebäudetypus EKZ relativ klar: „Unter Einkaufszentren werden Verkaufsräume, Betriebsräume und Lagerräume mit einer Fläche von zusammen mehr als 2.500 m² für das Ausstellen und den Verkauf von Waren sowie für das Erbringen von Dienstleistungen, soweit diese Räume baulich eine Einheit bilden, verstanden." Doch erfuhr diese Begriffsbestimmung, die nach dem Kontrollamtsbericht per 1.1.2002 geändert wurde, den Prüfern zufolge „eine sehr freizügige Auslegung" durch die Baubehörde.[255]

Bei 54 von insgesamt 132 großflächigen Handelsobjekten aus den 1990er Jahren brachte die Untersuchung der für EKZ erforderlichen Widmungen und Bewilligungen Unregelmäßigkeiten zutage. 31 Einkaufszentren standen zum Zeitpunkt der Baubewilligung „im Widerspruch zu den Bebauungsbestimmungen", auf 24 Shopping Center traf dies auch noch zum Zeitpunkt der Kontrollamtsprüfung zu. Dies bedeutet, dass der Flächenwidmungs- und Bebauungsplan in sieben Fällen nachträglich an den Bestand angepasst worden war. In weiteren sieben Fällen wurden vom Kontrollamt „Manipulationen bei der Berechnung der EKZ-Fläche" festgestellt, bei drei Einkaufszentren erfolgte eine „widmungswidrige Benützung von Räumen". Zwei Einkaufszentren wurden gar ohne Baubewilligung errichtet, und in einem Fall kam es während des Baus zu einer deutlichen Flächenvergrößerung.

„Diese Auswahl an Rechtsverstößen legt nahe, dass die Entwickler der Einkaufszentren nicht unbemerkt die Wiener Bauordnung umgingen, sondern seitens der Behörden zumindest wohlwollende Toleranz erfuhren", resümiert Günter Kenesei, damals Vorsitzender des Kontrollausschusses. In dieses Bild passt, dass das Kontrollamt zu Beginn seiner Untersuchungen Probleme hatte, von den geprüften Dienststellen – insbesondere von der MA 37 – aussagekräftige Unterlagen zu bekommen, beispielsweise eine Liste bestehender EKZ. Weiters wurden dem Kontrollamt „aus verwaltungsökonomischen Gründen" Akten über jene Einkaufszentren vorenthalten, die nach Ansicht der zu prüfenden MA 37 ohnehin „nicht strittig waren".

„Als ‚gängige Praxis' zur Umgehung der Bebauungsbestimmungen wurden (vielfach auch mehrere) nebeneinander liegende bauliche Einheiten durch Feuermauerdurchbrüche verbunden, wodurch diese zusammen eine funktionale Einheit bildeten und somit im Hinblick auf ihre Flächenausdehnung einem EKZ gleichkamen", stellte das Kontrollamt fest. Beispielsweise wurden auf einem Areal im 22. Bezirk elf benachbarte Bauplätze mit jeweils weniger als 2.500 Quadratmetern für die Errichtung eigenständiger Verkaufsstätten geschaffen. Die in geschlossener Bauweise realisierten Gebäude waren zunächst baulich voneinander getrennt und wiesen separate Ein- und Ausgänge auf, wurden dann aber durch 37 baubehördlich genehmigte Feuermauerdurchbrüche zu einem Shopping Center vereint. Übersehen haben musste die Baupolizei, dass die elf Läden von Anfang an eine bauliche

Einheit bildeten, zumal sie durch eine gemeinsame Tiefgarage verbunden waren.

Bei mehreren Handelseinrichtungen wurden Büroräume, Personalräume, Sanitäranlagen, Müllräume oder Fluchtgänge aus der Flächenbilanz herausgerechnet, um diese unter die EKZ-relevante Grenze von 2.500 Quadratmetern zu senken. Auch Apotheken, Bankfilialen oder Gastronomiebetriebe blieben des Öfteren unberücksichtigt, da sie laut MA 64 „der Erfüllung von Aufgaben öffentlichen Interesses" dienten – im Fall von Restaurants etwa „der Verabreichung von Speisen und Getränken (auch an Kinder und Jugendliche)" – und somit nichts mit den herkömmlichen kommerziellen Nutzungen eines EKZ zu tun hätten. Die MA 37 führte in ihrer Rechtfertigung weniger die Fürsorge- und Wohlfahrtsfunktion von Einkaufszentren ins Treffen als deren wirtschaftspolitische Bedeutung: „Die Forderung nach Erhaltung des Wirtschaftsstandorts Wien und der Konkurrenzdruck der Umlandgemeinden haben im Zweifelsfall dazu geführt, diese Bestimmungen im Sinne der Wiener Wirtschaft auszulegen. Es wurden daher in der Regel nur die tatsächlichen Verkaufsflächen für die Berechnung, ob es sich um ein Einkaufszentrum handelt, herangezogen", offenbar um Bauwerbern die für EKZ erforderliche Raumverträglichkeitsprüfung oder einfach nur die Dauer eines Widmungsverfahrens zu ersparen. Doch nicht einmal die tatsächlichen Verkaufsflächen wurden immer korrekt erfasst, wie Peter Klopf von der MA 21A anhand eines Beispiels belegen kann: „Ein sechsgeschoßiges Möbelhaus am Landstraßer Gürtel benötigte keine Einkaufszentrenwidmung, da die meisten Schauräume als Lagerräume ausgegeben wurden."

In wirklich heiklen Fällen entschied die Baupolizei nicht allein, sondern zog die Baurechtsabteilung hinzu, wie etwa beim Einkaufszentrum im Millennium Tower.[256] Dagegen wurde die MA 21A zur entscheidenden Bauverhandlung im November 1996 nicht eingeladen, was dem Kontrollamt zumindest „bemerkenswert" erschien, zumal es im Vorfeld heftige Diskussionen über die Interpretation der erteilten Flächenwidmung gegeben hatte. Auf Basis eines vom Bauwerber beauftragten Rechtsgutachtens, dem sich die MA 64 anschloss, erteilte die MA 37 schließlich die gewünschte Baugenehmigung. Allerdings war die damalige Rechtsauslegung der Behörde „für das Kontrollamt nicht nachvollziehbar", sie „korrelierte auch nicht mit der Bauordnung" und ließ

„jeden Realitätsbezug vermissen". Die Behauptung der Baurechtsabteilung, ihre Interpretation des Flächenwidmungs- und Bebauungsplans entspreche den Intentionen der Stadtplanung, wurde durch eine Stellungnahme der MA 21A widerlegt.

Bezeichnend war das kaum vorhandene Schuldbewusstsein der untersuchten Dienststellen in ihren Reaktionen auf den harschen Prüfbericht. Die MA 37 bekannte sich zur Vorwegnahme von Gemeinderatsbeschlüssen, in dem sie ihre widmungswidrigen Baugenehmigungen wie folgt rechtfertigte: „Die Baubewilligungen wurden zu einem Zeitpunkt erteilt, zu dem bereits feststand, dass die entsprechenden Änderungen der Bebauungsbestimmungen erfolgen werden [...]." Die MA 64 wiederum stellte sogar die Prüfzuständigkeit des Kontrollamts in Frage und meinte gemäß dem Grundsatz „Wo kein Kläger, da kein Richter": „Abschließend darf aus Gründen der Vollständigkeit höflich und der Vorsicht halber vermerkt werden, dass die im Bericht des Kontrollamts angesprochenen Fragen Rechtsfragen darstellen, [...] die ohnedies [...] nach Erschöpfung des Instanzenzuges der rechtlichen Kontrolle durch den Verfassungsgerichtshof und den Verwaltungsgerichtshof unterliegen."

Dabei gab es schon vor der Überprüfung durch das Kontrollamt interne Kritik an der zweifelhaften Anwendung der EKZ-Bestimmungen, jedoch ohne Folgen. Im Sommer 2000 wandte sich die MA 18 an Planungsdirektor Arnold Klotz sowie an das Verfassungs- und Rechtsmittelbüro der Magistratsdirektion mit einer Liste von baurechtlich genehmigten Einkaufszentren, die ohne die erforderliche Flächenwidmung realisiert worden seien.[257] Vor allem jenseits der Donau entstünden bereits in gewisser Regelmäßigkeit Shopping Center im Widerspruch zu gültigem Planungsrecht, mahnte die Magistratsabteilung für Stadtentwicklung und Stadtplanung. Genannt wurden unter anderem zwei Handelskomplexe an der Gewerbeparkstraße, die 11.000 beziehungsweise 19.000 Quadratmeter statt der zulässigen 2.500 Quadratmeter Verkaufsfläche umfassten, sowie eine Mall an der Breitenleer Straße mit 31.000 statt 2.500 Quadratmetern. Diese Beispiele dürften Schule gemacht haben, denn „mittlerweile verzichten die Betreiber großer EKZ-Projekte immer öfter darauf, um eine EKZ-Festsetzung überhaupt anzusuchen", so die MA 18. „Eine solche Häufung derart schwerwiegender Fälle ist nicht mit korrumpierbaren Beamten zu erklären", mutmaßt

Günter Kenesei; „dazu braucht es auch politische Rückendeckung. Allerdings übernahm keiner der zuständigen Stadträte für die aufgedeckten Missstände die Verantwortung, obwohl es sich dabei um einen handfesten Skandal handelte."

Kurz nachdem der Kontrollausschuss des Wiener Gemeinderats am 11. Oktober 2000 eine Überprüfung der Einkaufszentrenentwicklung beschlossen hatte, wurde die damalige MA 35 (Allgemeine baubehördliche Angelegenheiten), die für die Bewilligung zahlreicher problematischer Handelseinrichtungen verantwortlich zeichnete, mit 31. Dezember 2000 aufgelöst und ihr Pouvoir auf mehrere Dienststellen, unter anderem die MA 37, verteilt. Anstatt tief greifende Konsequenzen aus den Untersuchungsergebnissen des Kontrollamts zu ziehen, versucht die Stadt Wien scheinbar, Missstände durch Tilgung auffälliger Magistratsabteilungen aus der Welt zu schaffen – wie dies nur ein Jahr später auch mit der früheren MA 21B in Reaktion auf den „Flächenwidmungsskandal" geschah.[258]

Doch löst das nicht einmal jene strukturellen Probleme innerhalb des Rathauses, die derartige Fehlentwicklungen mitermöglichen. Nach wie vor sind die politischen Kompetenzen im Planungs- und Baubereich aufgesplittet zwischen dem Ressort des Planungsstadtrats, das mit der Flächenwidmungs- und Bebauungsplanung befasst ist, und dem Ressort des Wohnbaustadtrats, das für Baugenehmigungen und die Feststellung von Bauordnungswidrigkeiten zuständig ist. „Unter Stadtrat Hannes Swoboda befanden sich MA 21 und MA 37 – und damit Planung und Ausführung – für kurze Zeit einmal in einer Hand", entsinnt sich Georg Kotyza „Das bedeutete offenbar aber eine zu große Machtfülle, verglichen mit anderen Geschäftsgruppen der Stadtregierung, weshalb man schon bald wieder davon abging."

G'schichten aus dem Wienerwald
Wiens Grünraumplanung

Zum 90-jährigen Jubiläum der Unter-Schutz-Stellung des Wiener Wald- und Wiesengürtels beschloss der Gemeinderat im November 1995 die Erweiterung und Vervollständigung des zunehmend lückenhaft gewordenen Grünzugs um die Bundeshauptstadt herum. Das rechtlich unverbindliche Landschafts- und Freiraumkonzept „Grüngürtel Wien 1995" hatte zum Ziel, rund 1.000 Hektar schützenswerten Grünlands durch öffentlichen Ankauf, entsprechende Widmung sowie durch gestalterische Maßnahmen dauerhaft zu sichern. Eine erste Evaluierung im Rahmen des Stadtentwicklungsberichts 2000 ergab eine nüchterne Bilanz. Bei rund 330 in diesem Zeitraum beschlossenen Flächenwidmungen stellte die Realisierung des Grüngürtels in keinem einzigen Fall den Anlass zur Überarbeitung des Plandokuments dar.[259]

Zwar kam es zu einem Zuwachs von 500 Hektar SWW gewidmeter Fläche (Schutzgebiet Wald- und Wiesengürtel), aber auch zum Verlust von 490 Hektar ländlicher Gebiete durch Umwidmung in Bauland. 43 Hektar wurden durch die Magistratsabteilung 49 (Forstamt und Landwirtschaftsbetrieb) ausgestaltet. Zu einem Ankauf kam es in den ersten fünf Jahren hingegen bei keiner einzigen erhaltenswerten Grünfläche, ja es bestand dafür nicht einmal ein Finanzierungsmodell. „Unter den neuen Schutzgebiet-Widmungen befanden sich Grünzonen wie die Donauinsel oder der Goldberg, deren Erhaltung ohnehin außer Streit standen", relativiert auch der langjährige Planer Georg Kotyza die vermeintlichen Erfolge der Stadt bei der Umsetzung des so genannten 1.000 Hektar-Programms.

Als der Österreichische Rechnungshof 2004 seinen Bericht über die Stadtentwicklung und Stadtplanung Wiens vorlegte, sah die Situation nur geringfügig besser aus, weshalb die unabhängigen Prüfer von einer klaren grünraumpolitischen Zielverfehlung sprachen.[260] „Um dem weiteren Verbrauch von wertvollem Grünland Einhalt zu gebieten, schlugen wir Stadtrat Schicker vor, im neuen Stadtentwicklungsplan gemäß der Empfehlung des Rechnungshofs verbindliche Siedlungsgrenzen zu definieren", berichtet die Grüne Planungssprecherin Sabine Gretner.

„Schicker lehnte dies mit der Begründung ab, er wolle sich keine verbindlichen Grenzen vorschreiben lassen, und den Schutz des Grüngürtels werde man auch so irgendwie schaffen." Nach Fertigstellung des STEP '05 zeigte sich, dass manche Flächen, die bis vor kurzem noch als Bestandteile des Grüngürtels gegolten hatten, fortan zur Disposition stehen: sei es die Baumgartner Höhe – sei es das Areal beim Friedhof Atzgersdorf, dessen Bauland-Widmung durch Aufdecken des so genannten Flächenwidmungsskandals im Jahr 2001 noch verhindert werden konnte. „Jetzt gilt es offenbar als politisches Ziel, diesen Grünraum zu verbauen", so die Oppositionelle.

Für die Baumgartner Höhe im 14. Bezirk, Standort des kommunalen Otto Wagner-Spitals am Steinhof, stellten Planungsstadtrat Rudolf Schicker und Gesundheitsstadträtin Renate Brauner im Frühjahr 2006 den Entwurf für eine neue Flächenwidmung vor. Demnach sollte der Spitalsbetrieb in der westlichen Hälfte des weitläufigen, parkartigen Areals konzentriert werden, und der östliche Teil der denkmalgeschützten Anlage für neue Nutzungen offenstehen. Dies würde auch mit einer baulichen Nachverdichtung des weltweit beachteten Jugendstil-Ensembles aus den Jahren 1904 bis 1907 einhergehen – für Hotels, Büros und vor allem für bis zu 3.000 Wohnungen.

„Der Ausgangspunkt der Umwidmung war, dass Stadträtin Brauner dringend Geld zur Finanzierung des Wiener Krankenanstaltenverbunds benötigte und deshalb den Verkauf und die Verwertung attraktiver Liegenschaften des stadteigenen KAV forcierte", behauptet Günter Kenesei von der Wiener ÖVP. „Doch gab es im Vorfeld weder genauere stadtplanerische Studien der MA 18 oder der MA 21A noch wusste die Infrastrukturkommission im Rathaus von der Widmungsabsicht auf der Baumgartner Höhe. Die alleinige Zielvorgabe lautete, rund 300 Millionen Euro zu lukrieren, woraus die städtebaulichen Überlegungen abgeleitet wurden." Wie leichtfertig und übereilt die Planungspolitik hier agiere, zeige sich schon daran, dass man 10.000 Menschen dorthin schaffen wolle, aber keinerlei Konzepte für den öffentlichen Verkehr bestünden, so der Abgeordnete.

Auf die zunehmende öffentliche Kritik hin schaltete sich sogar Bürgermeister Michael Häupl ein und bekräftigte laut Pressemeldungen, dass die Stadt „im Einklang mit dem Denkmalschutz und den entsprechenden Grünflächenbestimmungen" lediglich neue Rahmenbedingungen für eine wirtschaftliche Nutzung des Geländes festlege.[261] Die Landeskonservatorin Barbara Neubauer wollte diese harmonische Sichtweise nicht teilen. „Das ist eine Schnapsidee", zitierten Zeitungen die Expertin des Bundesdenkmalamts, die eine Veränderung der etwa 60 Pavillons oder gar eine Bebauung der Zwischenräume als „sicher nicht vorstellbar" bezeichnete.[262]

Öffentlichkeitswirksam zeigten die Wiener Grünen auf, welch gravierende Einschnitte für Architekturensemble und Landschaft sich hinter den Plänen der Stadtregierung verbargen: Anbauten und Aufstockungen bei den Pavillons, massive Kubaturen beiderseits der freistehenden Otto Wagner-Kirche, viergeschoßige Wohnhäuser inmitten der historischen Anlage.[263] „Die Neuwidmung sei keine Gefahr für den angrenzenden Wald- und Wiesengürtel, versicherte Schicker. [...] Ein als Parkschutzgebiet deklarierter Grünstreifen soll jedoch einen sanften Übergang zur Bebauung ermöglichen", berichtete Der Standard über die Kalmierungsversuche des Planungsstadtrats.[264] Die Grünen wiederum hielten die beabsichtigte 40-prozentige Verbauung einer Grünverbindung mit altem Baumbestand dagegen – eine alles andere als „sanfte" Maßnahme.

„Bisher wurden in Parkschutzgebieten – wenn überhaupt darin gebaut werden durfte – immer genaue Gebäudeumrisse festgelegt", weiß Günter Kenesei. „Auf der Baumgartner Höhe beließ man es erstmals bei einem generellen Prozentsatz, der keinerlei stadtgestalterische Vorgaben für künftige Investoren impliziert." Die beabsichtigte Umwidmung beschränkte sich dabei nicht auf das faktische Spitalsgelände allein, sondern griff auch auf den angrenzenden Naturraum über. „38.000 Quadratmeter des nördlich gelegenen Biosphärenparks sollten ebenfalls zur Bebauung freigegeben werden, obwohl es sich dabei um ein Landschaftsschutzgebiet sowie gemäß Forstgesetz um zu erhaltenden Wald handelt", empört sich Sabine Gretner. „Teile des Wald- und Wiesengürtels drohten dadurch zersiedelt zu werden, genauso wie Flächen, die laut 1.000 Hektar-Programm als vorrangig zu sicherndes Grünland gelten."

Zumindest Letzteres verhinderten heftige Proteste aus der Bevölkerung. Denn im Herbst 2006 verlautbarte das Rathaus nicht nur, dass der Flächenwidmungsentwurf nochmals überarbeitet werde, sondern auch, dass das Landschaftsschutzgebiet im Norden unangetastet bleibe und dem benachbarten Erholungsgebiet Steinhof zugeschlagen werde. Dennoch zeigte sich Landeskonservatorin Barbara Neubauer

Presseberichten nach weiter skeptisch: „Wenn jetzt der Grünraum bei den Steinhofgründen doch nicht verbaut werden soll, fürchte ich, dass der Verwertungsdruck auf das bestehende denkmalgeschützte Areal entsprechend größer wird."[265, 266]

Ein spezielles Kapitel der kommunalen Grünraumpolitik stellen die rund 35.000 Schrebergärten dar, die – zusammengefasst in kleinen Siedlungen – das Stadt- und Landschaftsbild Wiens mitprägen, von den Außenbereichen bis zu manch innerstädtischer Lage. Hatten sie bis Mitte des 20. Jahrhunderts die Funktion, die Versorgung ihrer Pächter mit Obst und Gemüse zu verbessern, so kam ihnen später eine wichtige Rolle als – teils öffentlich zugängliche – Naherholungsgebiete und ökologische Ausgleichsflächen zu. Dies änderte sich schlagartig, als die Stadt Wien im Zuge der Novellierung des Kleingartengesetzes 1992 ohne ersichtlichen Grund die widmungsrechtliche Voraussetzung für ganzjähriges Wohnen in den bis dahin nur temporär zu bewohnenden Anlagen schuf.[267]

Die politische Rechtfertigung lautete, man könne nur dadurch den infolge der Ostöffnung rasch ansteigenden Wohnraumbedarf decken oder auch, man wolle damit die Stadtflucht Tausender Wiener in die Umlandgemeinden stoppen. Innerhalb der Stadtplanungsabteilungen wiederum hieß es, es solle in den Flächenwidmungs- und Bebauungsplänen nachvollzogen werden, was faktisch seit Jahren geschehe – nämlich die Umwandlung von Wochenend- und Sommerhäusern in halbjährig genutzte Zweitwohnsitze. Dies bedeutete nichts anderes, als ein Übel zum Prinzip zu küren.

„In Wirklichkeit war es so, dass in den 1980er und frühen 1990er Jahren einige Wahlen weniger erfolgreich ausgingen, als die SPÖ sich das vorgestellt hatte", beleuchtet Klaus Steiner, damals noch Mitarbeiter der MA 21, die Hintergründe. „Als dann die Kleingartenvereine, also eine Stammklientel der Wiener SPÖ, mit ihren Wünschen an die Partei – und nicht etwa an die Stadtplanung – herantraten, war das ganzjährige Bewohnen der einstigen Gartenlauben bald beschlossene Sache." Selbst Beamte, die sich bis dahin vehement für den Erhalt der Anlagen als Grünräume eingesetzt hatten, wären plötzlich dafür gewesen.

Bis heute erhielten etwa 20.000 Schrebergärten die neuartige Widmung Eklw (Kleingartengebiete für ganzjähriges Wohnen), was die Überbauung einer Parzelle auf 50 Quadratmetern mit einer Kubatur von 250 Kubikmetern erlaubt. Die Novellen zum Kleingartengesetz von 1994, 1996 und 1999 brachten weitere baurechtliche Vereinfachungen, die – gepaart mit dem Heimwerkertum vieler Schrebergärtner – in einer architektonischen Verunstaltung zahlreicher Kolonien mündeten. Auch ihre artenreiche Durchgrünung ist vielfach bereits Zierrasen, Thujen und Swimming Pools gewichen. „Immer öfter kommt es zur Zusammenlegung von zwei oder gar vier Parzellen sowie zur rechtswidrigen Errichtung des doppelten bis vierfachen Wohnraums", beklagt Sabine Gretner die aktuelle Entwicklung. „Zudem wurde die öffentliche Zugänglichkeit in vielen Siedlungen eingeschränkt."

„Offensichtlich blendete die Stadtregierung sämtliche Konsequenzen ihrer weitreichenden Gesetzesnovelle aus", lautet der Vorwurf von Georg Kotyza. „Denn die Umwandlung Hunderter Garten- in Wohnanlagen brachte eine Selbstverpflichtung der Gemeinde zur Errichtung der Trinkwasserversorgung sowie der Kanalisation bis an die Außengrenzen der oft entlegenen Kolonien mit sich. Darüber hinaus wird in größeren Siedlungen mittelfristig bestimmt auch der Ruf nach einem Kindergarten oder einer Busanbindung laut werden, wiederum auf Kosten der öffentlichen Hand." Ferner bietet die Stadt Wien den Kleingartenpächtern ihre Parzellen zum Kauf an (was österreichweit ebenso einmalig ist wie die Möglichkeit zu ganzjährigem Wohnen), noch dazu mit bis zu 40-prozentigen Rabatten auf den Verkehrswert der Liegenschaften. Und schließlich wird die Errichtung von Kleingartenwohnhäusern im Rahmen der Wiener Wohnbauförderung unterstützt.

Mit der Genehmigung zum Bau von Wohnhäusern, vor allem aber durch die Aufsplittung der kommunalen Flächen auf eine Vielzahl privater Grundeigentümer gibt die Stadt Wien einerseits hochwertige Stadterweiterungsgebiete für immer aus der Hand – etwa die Kleingartensiedlung nördlich der Wohnanlage Am Schöpfwerk: Der bestens erschlossene Standort im 12. Bezirk liegt unmittelbar neben einer Station der U-Bahn-Linie 6 und hätte alle Voraussetzungen für eine urbane Entwicklung, die allerdings mit jedem weiteren voll ausgebauten Kleingartenhaus unwahrscheinlicher wird. Andererseits entstehen so Wohnsiedlungen in Gegenden, die unter normalen Umständen niemals eine Baulandwidmung erhalten würden – insbesondere in peripheren Grünlagen: Damit fördert die Stadt Wien selbst die Zersiedlung ihres Wald- und Wiesengürtels und schafft in krassem Widerspruch zu allen langfristigen Entwicklungskonzepten „Suburbs", die ausschließlich per Auto zu erreichen sind.

„Die Tendenz zur hausgemachten Suburbanisierung wurde ab Mitte der 1990er Jahre durch Planungsstadtrat Bernhard Görg noch verstärkt", erinnert sich Gemeinderätin Sabine Gretner. Sein Programm „Wohnen im Grünen" sollte den Wienern eine attraktive Alternative zum freistehenden Einfamilienhaus in Niederösterreich bieten, auch wenn sich bei ähnlichen Rathaus-Aktionen bereits gezeigt hatte, dass die Verhüttelung der Stadt kein probates Mittel gegen die Abwanderung von jährlich 5.000 Bürgern darstellt. Zielführender wären Maßnahmen zur Verbesserung der Wohn- und Lebensqualität in den dicht verbauten Vierteln, doch wurde die Strategie des früheren ÖVP-Stadtrats von der SPÖ übernommen und unter dem Schlagwort „Neue Siedlerbewegung" fortgesetzt.

Im April 2006 kündigten Bürgermeister Michael Häupl und Wohnbaustadtrat Werner Faymann an, in den nächsten Jahren insgesamt 3.500 Einfamilienhäuser mit Garten zu subventionieren und dafür 750.000 Quadratmeter Bauland zur Verfügung zu stellen. Dies steht in klarem Widerspruch zum Stadtentwicklungsplan 2005, der dazu festhält:[268] „Auszuschließen ist […] die Neuwidmung von großflächigen Gebieten für freistehende Einfamilienhäuser."[269] Trotz der begrifflichen Analogie zum genossenschaftlichen Wohnbau im Roten Wien verbirgt sich hinter der „Neuen Siedlerbewegung" nichts anderes als die Förderung mittelständischen Wohnens auf Kosten des Grüngürtels.[270] Dies wird in den Akten der Stadtplanungsabteilungen auch offen eingeräumt, wie das Beispiel eines Flächenwidmungsantrags für Breitenlee im 22. Bezirk zeigt: „Das Plangebiet soll im Rahmen des Programms der ‚Neuen Siedlerbewegung' entwickelt werden. Nach Abwägung der Vor- und Nachteile einer solchen Entwicklung soll dies auch entgegen den üblichen Konzepten (insbesondere des 1.000 Hektar-Plans), die eine grünräumliche Entwicklung vorsehen, erfolgen."[271]

Wider besseres Wissen
Stadtentwicklung und Verkehrspolitik

„Wien ist beim Klimaschutz Weltspitze", behauptete die frühere Umweltstadträtin Isabella Kossina anlässlich der Weltklimaschutzkonferenz in Bonn 2001.[272] In vielerlei Hinsicht hält sich die Stadt Wien für europaweit, wenn nicht sogar weltweit führend – und schreibt sich unter anderem das Prädikat „Umweltmusterstadt" zu.[273] Hand in Hand damit geht die politische Zufriedenheit mit dem Wiener Modal Split, sprich mit den Verkehrsanteilen von motorisiertem Individualverkehr (35 Prozent), öffentlichem Verkehr (35 Prozent) sowie Fußgänger- und Radverkehr (30 Prozent).[274] Tatsächlich funktioniert der öffentliche Verkehr gemessen an anderen westeuropäischen Großstädten relativ gut, was Wien allerdings auch seiner Vergangenheit als fußläufig angelegte Zwei-Millionen-Metropole des Fin de Siècle zu verdanken hat. Der Autoverkehr in dieser Stadt bedeutet indes eine massive Belastung der Wohnqualität sowie der Aufenthaltsqualität im öffentlichen Raum, vor allem aber der Gesundheit der Bevölkerung durch Luft- und Lärmemissionen.

Nachweislich leiden Tausende Wiener Kinder an schweren Atemwegs- und Lungenerkrankungen infolge winterlichen Feinstaubs sowie sommerlichen Ozons, wofür der städtische Kfz-Verkehr hauptverantwortlich ist.[275, 276] Und 17 Prozent der Bewohner sind – ebenso verkehrsbedingt – einem gesundheitsgefährdenden Dauerlärmpegel von über 65 Dezibel tagsüber beziehungsweise über 55 Dezibel nachts ausgesetzt.[277] Die Gegenmaßnahmen der „Umweltmusterstadt" sind in beiden Fällen unzureichend, wie auch der nationale und internationale Vergleich zeigt. In der Steiermark setzen Städte bei hoher Feinstaubbelastung die zulässige Höchstgeschwindigkeit auf 30 Stundenkilometer herab, in Graz verkehren an solchen Tagen Straßenbahnen und Busse gratis. Mehrere italienische Städte verhängen bei Überschreitung der EU-weit festgelegten Feinstaubgrenzwerte sogar ein generelles Autofahrverbot.[278]

Wien hingegen erlebte im Jänner 2006 eine politische Posse: Aufgrund der hohen Schadstoffbelastung veranlassten Planungs- und Verkehrsstadtrat Rudolf Schicker und Umweltstadträtin Ulli Sima auf allen

Ein- und Ausfallstraßen (ausgenommen Stadtautobahnen) eine Temporeduktion auf 50 anstatt der sonst gültigen 70 oder 80 Stundenkilometer. Wenige Tage später wurde diese Maßnahme teilweise wieder zurückgenommen, nachdem die beiden Autofahrer-Clubs ÖAMTC und ARBÖ mit medialer Hilfe dagegen Stimmung gemacht hatten. Kolportierte 50.000 Protest-E-Mails von aufgewiegelten Autolenkern, die zu einem großen Teil nicht einmal aus Wien stammten, wogen für die Stadtregierung offenbar schwerer als der Anspruch von 1,65 Millionen Bürgern auf unbedenkliche Atemluft.[279] Während Verkehrsstadtrat Schicker den Rückzieher als „normale Nachjustierung" darstellte, wollte Umweltstadträtin Sima die hitzige Debatte gar als Beitrag zur Bewusstseinsbildung erkannt haben: „Sehr viele machen sich jetzt Gedanken über Feinstaub und Tempo 50."[280]

Das mag erklären, warum Wien es – im Gegensatz zu 280 österreichischen Städten und Gemeinden, zu zweieinhalbtausend europäischen Kommunen (darunter Paris, London, Berlin oder Madrid) – für nicht erforderlich befand, auch im September 2006 bewusstseinsbildende Maßnahmen zu ergreifen und am internationalen autofreien Tag teilzunehmen.[281] Dieser sei, zitieren Zeitungen Stadtrat Rudolf Schicker, nämlich vor allem dort erfolgreich, wo normalerweise die öffentlichen Verkehrsmittel weniger benützt würden. In Wien dagegen betrage der Anteil von Bahnen und Bussen ohnehin bereits 35 Prozent, und die automobile Belastung sei mit 1,027.000 Fahrten pro Tag im Vergleich zum Vorjahr kaum gestiegen. Tatsächlich wuchs der motorisierte Individualverkehr auf Wiens Straßen zwischen 1995 und 2005 um über 15 Prozent.[282] Dennoch soll ein Sprecher des Verkehrsstadtrats über den alljährlichen europaweiten Aktionstag befunden haben: „Das ist uns zu radikal."[283]

Sämtliche übergeordneten Entwicklungskonzepte der Stadt seit Anfang der 1990er Jahre (Stadtentwicklungsplan 1994, Verkehrskonzept 1994, Klimaschutzprogramm 1999, Masterplan Verkehr 2003, Stadtentwicklungsplan 2005) erklärten als Ziel, den Autoverkehr zu reduzieren, zumal dieser ursächlich mit einer Vielzahl urbanistischer Probleme in Verbindung steht: Die Zersiedlung des Grüngürtels, die Randwanderung von Bürokomplexen, Einkaufszentren und Großkinos, aber auch die Verödung der Erdgeschoßzonen im dicht bebauten Stadtgebiet waren und sind nur durch die massenhafte Motorisierung der Wiener Bevölkerung möglich.

„Im Verkehrskonzept 1994 wurde als Zielwert für den Autoverkehrsanteil 25 Prozent und als Zieljahr 2010 angegeben", berichtet Georg Kotyza, als Planer für das damalige Verkehrskonzept mitverantwortlich. „Es kam jedoch zu einer starken Zunahme des Autoverkehrs, vor allem im hochrangigen Straßennetz und in den äußeren Bezirken, wodurch die geringfügige Abnahme in den inneren Bezirken infolge von U-Bahn-Ausbau und Parkraumbewirtschaftung mehr als kompensiert wurde." Obwohl sich die Kluft zwischen Anspruch und Wirklichkeit vergrößert hatte, hielt das Rathaus im Masterplan Verkehr 2003 am Zielwert von 25 Prozent fest. Nur schob man das Zieljahr um zehn Jahre auf 2020 hinaus, „ohne aber Grundsätzliches an der Stadtentwicklungs- und Verkehrspolitik zu ändern", so Kotyza.

Daher gehen seriöse Verkehrsprognosen auch von einem drastischen Anstieg des Pkw-Anteils auf langfristig rund 45 Prozent aus.[284] Wissenschafter wie Gerd Sammer vom Institut für Verkehrswesen von der Universität für Bodenkultur Wien betonen immer wieder, dass diese Entwicklung von der Stadtregierung nicht nur hingenommen, sondern aktiv gefördert wird: sei es durch den weiteren Ausbau des hochrangigen Straßennetzes in und um Wien, sei es durch die Weigerung, den städtischen Autoverkehr zu verteuern.[285] Die Bemühungen des Rathauses um einen umweltverträglicheren Modal Split konzentrieren sich fast ausschließlich auf den Ausbau des U-Bahn-Netzes. Dabei liegt der Qualitätsvorsprung Wiens im öffentlichen Verkehr verglichen mit vielen anderen Metropolen nicht im unterirdischen Schienennetz und auch nicht in seiner modernen Autobusflotte, sondern in der nach wie vor relativ engmaschigen Erschließung durch jenes Verkehrsmittel, das augenscheinlich ein Stiefkind der Wiener Verkehrspolitik darstellt: die Straßenbahn.

Wie groß das Potential des Wiener Straßenbahnnetzes, das einst 300 Kilometer maß und heute immerhin noch halb so lang ist, wäre, zeigt ein Vergleich mit westeuropäischen Städten – etwa mit Zürich. Seien es eigene Gleiskörper, die es der Tramway erlauben, am Stau der Autos vorbeizufahren, oder automatische Grünschaltungen für Straßenbahnen an Ampelkreuzungen, seien es komfortable Haltestellen mit zeitgemäßem Kundenservice oder barrierefreie Garnituren: Vieles, was international längst als Standard gilt, ist in Wien nach wie vor eher die Ausnahme denn die Regel. Während in anderen Städten – beispielsweise in Frankreich – Straßenbahnnetze als innovative und flächenhaft wirksame

Transportsysteme gänzlich neu errichtet werden, haftet der Tramway in Wien immer noch das Image des rückständigen Vehikels an, das dem Autoverkehr im Weg steht.

Zwar kam es in den Stadterweiterungsgebieten seit den 1990er Jahren zu der einen oder anderen Linienverlängerung. Doch werden nach wie vor Straßenbahnen eingestellt, wenn im selben Korridor eine neue U-Bahn entsteht, obwohl beide Systeme ganz unterschiedliche Anforderungen erfüllen. Anfang der 1990er Jahre wurde zum Beispiel die Mariahilfer Straße nach Inbetriebnahme der U3 von den Linien 52 und 58 „freigemacht". Dadurch kappte man nicht nur zwei Direktverbindungen aus dem 13. und 14. Bezirk in die Innenstadt (die Straßenbahnfahrgäste müssen seither am Westbahnhof umsteigen), sondern beraubte auch Wiens wichtigste Einkaufsstraße einer attraktiven oberirdischen Erschließung. In Graz und Linz dagegen sind die wichtigsten Geschäftsstraßen Fußgängerzonen und zugleich Hauptachsen des Tramway-Verkehrs.

Es stecken aber auch gewichtige ökonomische Gründe hinter der in Wien augenfälligen Forcierung der U-Bahn. So liegen ihre Errichtungskosten etwa beim Zehnfachen der einer Straßenbahn, weshalb die Wiener Bauwirtschaft den U-Bahn-Bau als attraktives Betätigungsfeld schätzt. Die Stadt Wien wiederum hat dafür nur den halben Preis zu zahlen, da 50 Prozent der Errichtungskosten traditionell vom Bund finanziert werden. Dies mag ein Mitgrund dafür gewesen sein, dass das Rathaus Anfang der 1990er Jahre – so die Vorwürfe der Grünen – relativ sorglos bei der Ausschreibung einiger U-Bahn-Baulose agiert habe: „Vizebürgermeister Mayr hatte die Befürchtungen der Opposition, die bietenden Baufirmen träfen illegale Preisabsprachen, immer abgewiegelt", erinnert sich Gemeinderat Günter Kenesei, „als der Vergabeskandal dann aber 1998 aufgedeckt wurde, galten die Baufirmen als die allein Schuldigen."

Dabei reichte die „schiefe Optik" – so Bürgermeister Michael Häupl gegenüber den Medien – bis tief ins Rathaus hinein: Der Büroleiter der ab 1996 für den U-Bahn-Bau zuständigen Stadträtin Brigitte Ederer saß nach Berichten der Tageszeitung Der Standard sowohl in der städtischen Auftragsvergabe-Kommission als auch im Vorstand des Mitbieters TEERAG-ASDAG (damals noch im Mehrheitseigentum der Wiener Stadtwerke, heute Bestandteil des PORR-Konzerns).[286, 287, 288] Zwar kam es auch in diesem Fall zu keinerlei politischen Konsequenzen, doch blieb den Steuerzahlern am Ende Einiges erspart: „Bei der Neuausschreibung der betroffenen U-Bahn-Abschnitte lagen die Angebote um rund 400 Millionen Schilling unter den ursprünglichen Offerten", resümiert Günter Kenesei.

Kritik am finanziellen Aufwand für den Wiener U-Bahn-Bau übte auch der Österreichische Rechnungshof im Jahr 2004, konkret an der Verlängerung der U1 von Kagran in Richtung nördlicher Stadtgrenze. Hier hatte sich das Planungsteam unter mehreren Varianten für die kostengünstigere und betrieblich sinnvolle Errichtung des Abschnitts Kagraner Platz–Leopoldau in durchgehender Hochlage ausgesprochen. Die Stadtregierung orientierte sich jedoch nicht an dieser Empfehlung, sondern an den Einwänden betroffener Anrainer – und beschloss 1998 die inzwischen realisierte Variante mit mehrmaligem Wechsel zwischen Hochlage, Niveaulage und Tieflage. Das letztmalige Abtauchen der U1 vor der Endstelle Leopoldau erfolgte wegen eines einzigen Wohnhauses und bedeutete laut Rechnungshof Mehrkosten von 15 Millionen Euro. Dabei hatten die Fachplaner seit 1978 an der Nordverlängerung der U1 gearbeitet und bereits damals eine frühzeitige Trassenfestlegung und -freihaltung empfohlen. Konkrete Schritte wie eine politische Entscheidung über den Verlauf der künftigen Verlängerung sind allerdings zwei Jahrzehnte lang unterblieben.[289]

Weniger Planungsvorlauf hatte die gerade in Bau befindliche Verlängerung der U2 durch den Prater und über die Donau bis in die Stadterweiterungsgebiete des 22. Bezirks. „Konkrete Überlegungen dazu tauchten erst Mitte der 1990er Jahre auf", erinnert sich Georg Kotyza, zu dieser Zeit Mitarbeiter der MA 18. „Damals wurde offensichtlich, dass man östlich von Stadlau Zigtausende Menschen ohne Arbeitsstätten angesiedelt hatte, die nun mit dem Auto tagtäglich über die A 23 in die Bezirke südlich der Donau pendelten." Dem Verlauf der U2-Verlängerung ist auch anzusehen, dass es sich mehr um einen Reparaturversuch urbanistischer Fehleinschätzungen als um ein vorausschauendes Verkehrsprojekt handelt. So wird diese Linie langfristig drei Mal die U1 schneiden: am Praterstern, am Karlsplatz und – wenn die Südverlängerung der U2 zum künftigen Hauptbahnhof und wohl noch weiter in Richtung Wienerberg erfolgt – auch im Bereich Reumannplatz.[290]

Der Stadtentwicklungsplan 1994 definierte Stadlau noch als Hauptzentrum für den 22. Bezirk.[291] Fünf Jahre später wurde die U-Bahn-

Trasse am Siedlungsschwerpunkt von Stadlau vorbei geplant, wobei auch ein städtischer Schulbau, der erst vor wenigen Jahren dort entstanden war, dem Verkehrsbauwerk weichen muss.[292] „Ursprünglich sollte die U2 ja vom Karlsplatz aus verlängert werden, weil diese Linienführung kürzer und billiger war und das Problem, mitten im Zentrum eine Endstelle zu haben, gelöst hätte", weiß Georg Kotyza. „Außerdem schreckte man davor zurück, die neue und durch ihre Bahnsteiganordnung ideale Station Schottenring abzureißen. Doch bot die Variante Karlsplatz keine schöne Planoptik – verstärkte sie doch das Angebot an öffentlichen Verkehrsmitteln im Bereich Wien Mitte, der bereits zu den besterschlossenen Standorten der Stadt zählte." Die Entscheidung, von dieser Variante abzugehen, sei durch die damalige Wirtschafts- und Finanzstadträtin Brigitte Ederer erleichtert worden, so Kotyza weiter. „Ederer setzte sich für eine Verlängerung vom Schottenring aus ein, wodurch sie – auch Parteiobfrau der Leopoldstadt – ihrem Bezirk zu einer zusätzlichen U-Bahn-Station in der Taborstraße verhalf."

So sinnvoll der Ausbau der U2 im dicht bebauten Stadtgebiet ist, so sehr sind die Motive ihrer Verlängerung über den bestehenden Siedlungskörper des 22. Bezirks hinaus zum ehemaligen Flugfeld Aspern zu hinterfragen. Das 240 Hektar große Areal wurde vom stadteigenen Wiener Wirtschaftsförderungsfonds (WWFF) – mit kleineren Anteilen des WBSF (heute Wohnfonds Wien) und der Bundesimmobiliengesellschaft (BIG) – 1992 erworben und darbt seither mangels Investoren vor sich hin. „Niemand wusste, warum die Stadt das Flugfeld noch kaufte, denn eine Prognose aus dem Ressort von Planungsstadtrat Hannes Swoboda sagte damals bereits voraus, dass sich das kurze Bevölkerungswachstum Wiens bald wieder zu Ende neigen werde", rätselt Günter Kenesei. Der für den WWFF zuständige Vizebürgermeister Hans Mayr sei auch mehrfach vor dieser Großinvestition gewarnt worden, habe sich aber nicht davon abbringen lassen. „In den darauffolgenden Jahren konnte der WWFF nur durch kräftige Nachdotierung der Stadt Wien am Leben erhalten werden", weiß der Mandatar um die finanziellen Folgen dieser politischen Entscheidung.

Nach einem Jahrzehnt des Brachliegens definierte das Rathaus das entlegene Gelände im STEP '05 als einen von 13 „Hot Spots" der Wiener Stadtentwicklung und beschloss, noch einmal in das frühere Flugfeld zu investieren.[293] Durch die projektierte U-Bahn und ebenso hochrangige Straßenverkehrswege soll Aspern ab 2013 über die notwendige Erschließung für dereinst 8.500 Wohnungen (subventioniert durch den Grundstücksmiteigentümer Wohnfonds Wien) sowie für Wissenschafts- und Bildungsinstitutionen (errichtet durch den Grundstücksmiteigentümer BIG) verfügen.[294] Im Soge dessen könnte es dem WWFF – so die politische Hoffnung – schließlich doch gelingen, größere Areale als hochwertige Büro- und Gewerbeflächen zu verwerten, um langfristig 25.000 Arbeitsplätze am Nordostrand Wiens zu schaffen.[295]

Die Strategie erinnert an andere „Hot Spots" wie etwa die Donau City: Nach massiven Infrastrukturvorleistungen sollen geförderte Wohnungen und öffentliche Einrichtungen für die so genannte kritische Masse an Bürgern sorgen, die den Standort für nachfolgende Konzerne beleben und die erforderliche Nahversorgung wirtschaftlich tragen. Nicht zum ersten Mal scheinen sich die erhofften Partner allerdings zu zieren, die Vision einer neuen Stadt am Rande der Stadt mitzuverwirklichen. Entgegen den Ankündigungen des Rathauses, die TU Wien oder auch die WU Wien würden als Motoren des mit Abstand größten Stadterweiterungsgebiets fungieren, erklärte die Technische Universität im Frühjahr 2006, definitiv nicht aufs Flugfeld umsiedeln zu wollen. Seitens der Wirtschaftsuniversität ist eine Entscheidung nach wie vor offen.[296, 297]

Die geplanten Verkehrsinvestitionen werden dem abgeschiedenen Gelände in den kommenden Jahren jene Standortqualität verschaffen, die großflächige innerstädtische Entwicklungsgebiete seit Jahren bieten und trotzdem weitgehend ungenutzt bleiben. „Allein in einem Umkreis von vier Kilometern um die Wiener City – das entspricht den Bezirken 1 bis 9 und 20 inklusive der gürtelnahen Bereiche der Außenbezirke sowie der Donau City – verfügt Wien derzeit über ein Potential von etwa 6,3 Millionen Quadratmetern Bruttogeschoßfläche, das wir auch langfristig nicht annähernd verwerten können", summiert Peter Klopf, Stadtplaner bei der MA 21A, die attraktivsten Baulandreserven auf. Neben Nordbahnhof und Erdberger Mais mit jeweils über einer Million Quadratmeter Bruttogeschoßfläche zählen dazu auch die noch unverbauten Teile der Donau City, der Bereich Prater–Messe–Stadion–Krieau, die Aspang-Gründe, Wien Mitte sowie Flächen am künftigen Hauptbahnhof, beim Arsenal, am Westbahnhof und in der Muthgasse. „Da ist für jeden Geschmack etwas dabei: U-Bahn-Anschluss, Autobahnanschluss, urban oder auch peripher gelegen", urteilt Klopf. Warum die Stadt dennoch periphere Entwicklungsgebiete aufschließt und damit die zentrumsnahen Standorte konkurriert, ist also nicht nachvollziehbar.

Fachlich ebenso schwer zu rechtfertigen sind die politischen Ziele für die nächste, die vierte U-Bahn-Ausbauphase. Laut Stadtentwicklungsplan 2005 soll die U6 nach Norden über den Heurigenort Stammersdorf hinaus bis in die Weingärten am Rendezvousberg verlängert werden. Selbst die Stadtwerke halten ihr Missfallen über solch unwirtschaftliche Projekte inzwischen nicht mehr zurück.[298] „Laut Wiener Linien würde eine – um vieles günstigere – Beschleunigung und Taktverdichtung der bestehenden Tram-Linie 31 in der Brünner Straße völlig ausreichen", führt Oppositionspolitikerin Sabine Gretner ins Treffen. „Die Straßenbahn wäre dann um nur fünf Minuten langsamer als eine U-Bahn und würde den Fahrgästen mehr Stationen bei gleichzeitig kürzeren Fußwegen bieten."

Dabei sprechen nicht nur Kostengründe gegen eine wahllose Ausdehnung des U-Bahn-Netzes. „Im STEP '84 wurden die U-Bahn-Endstationen bewusst in den Bezirkszentren vorgesehen, um sie zu stärken", erläutert Georg Kotyza. „Gerade das Umsteigen von den Straßenbahn- und Bus-Zubringerlinien in die U-Bahn bringt die Kaufkraft der Fahrgäste in die Stadtteilzentren. Verläuft die U-Bahn jedoch bis in die Stadtrandsiedlungen hinaus, fahren die Kunden von der Peripherie direkt in die City." Demnach droht Subzentren wie dem Franz Jonas-Platz am Nordende der U6, dem Reumannplatz am Südende der U1 oder dem Zentrum Kagran – bis vor kurzem der nördliche Endpunkt der U1 – ein Substanzverlust infolge von U-Bahn-Verlängerungen.

„Die schon länger geplanten Erweiterungen U6-Nord und U1-Süd wurden in der dritten Ausbauphase zugunsten des U2-Ausbaus nach Nordosten zurückgestellt", so Kotyza weiter, „da sie im Endeffekt nur die Straßenbahnlinien 31 und 67 ersetzt hätten." Stattdessen wurden Schnellstraßenbahn-Projekte für die beiden Verkehrsachsen ausgearbeitet, die man auch zügig umsetzen hätte können. „Doch lehnten die Bezirkspolitiker aus Floridsdorf und Favoriten – beides Hochburgen der SPÖ – die Beschleunigungsmaßnahmen ab, da ihre Bezirke sonst vielleicht nie die versprochenen U-Bahn-Verlängerungen bekommen würden." Demnach hätten die Bezirksvertreter aus politischem Ehrgeiz dafür gesorgt, dass Tausende Bürger ihre täglichen Wege zur Arbeit oder zur Ausbildung noch auf Jahre hinaus mit unnötig langsamen Verkehrsmitteln bestreiten müssen.

Im Fall der Süd-Erweiterung der U1 könnte dieses Kalkül allerdings bald aufgehen – ungeachtet dessen, dass ihr Ausbau bis an die Grenze Wiens gravierende stadt-, verkehrs- und grünraumplanerische Fehlentwicklungen mitbedingt. Denn immerhin handelt es sich bei den 170 Hektar großen, agrarisch genutzten Flächen um Rothneusiedl um den letzten zusammenhängenden Landschaftsraum im Süden der Stadt und damit um ein Herzstück des Wald- und Wiesengürtels. Führt nun eine leistungsfähige Verkehrsinfrastruktur mitten in dieses Areal hinein, ist die bestehende Grünlandwidmung realpolitisch kaum mehr aufrecht zu halten, was das Rathaus dadurch bestätigte, dass es im STEP '05 auch Rothneusiedl zu einem „Hot Spot" erklärte. Kurz nach Bekanntgabe der U-Bahn-Pläne unterbreitete der austrokanadische Milliardär und Sport-Mäzen Frank Stronach Bürgermeister Michael Häupl das Konzept eines neuen Fußballstadions für seinen Verein Austria Wien samt eines großmaßstäblichen Shopping und Entertainment Centers an der geplanten U-Bahn-Endstelle, wofür die Stadt prompt ihre Unterstützung zusagte.[299]

Dabei sähe der von Bürgermeister Häupl und seinem damaligen Planungsstadtrat Görg verantwortete Strategieplan aus dem Jahr 2000 in Fällen wie diesen eher finanzielle Abgeltungen seitens des Investors vor: „Die verstärkte bauliche Inanspruchnahme von Grünflächen führt zu einer zunehmenden Verringerung des Naturraums – dieser individuelle Bodenverbrauch darf nicht länger auf Kosten der Allgemeinheit möglich sein. Ebenso soll die oft beträchtliche Steigerung des Grundstückswerts durch öffentliche Investitionen (z.B. hochrangiger Verkehrsanschluss) nicht mehr ohne Gegenleistungen erfolgen."[300] Als Stronach aufgrund unentwegter medialer Kritik im Herbst 2005 ankündigte, sein Engagement für den österreichischen Fußball zu beenden, schien sich auch das Projekt in Rothneusiedl erledigt zu haben.

Doch konnte Wiens Bürgermeister – auch Vorsitzender des Austria-Kuratoriums – den vergrämten Gönner in einem persönlichen Gespräch umstimmen und den Bau der 30.000-Zuschauer-Arena fixieren. „Schriftlich wurde noch nichts festgelegt, aber das ändert nichts", wurde Häupl Ende 2005 in den Zeitungen zitiert. „Wir haben darüber Einigung erzielt. Wir machen das zusammen."[301] Nicht zum ersten Mal griff das Stadtoberhaupt damit der fachlichen Entscheidung der Planungsabteilungen ebenso vor wie der politischen Entscheidung des Gemeinderats. Noch mehr befremdete die Opposition allerdings seine öffentlichen Zusage, dass die Stadt die erforderlichen Grundstücke aufkaufen und dem Investor kostenlos zur Verfügung stellen werde.[302] Das alles von Beginn an über die Medien zu kommunizieren, lasse die Bodenpreise in Rothneusiedl auf Kosten der Steuerzahler kräftig steigen, beanstandeten Wiens Grüne, die – mit Blick auf manche Grundeigentümer in Rothneusiedl – Spekulationsgeschäfte vermuteten und für das Gesamtprojekt öffentliche Kosten von rund 500 Millionen Euro überschlugen.[303, 304] Ein anderer Kritikpunkt an der Subvention der Stronach-Pläne lautet, dass das Rathaus damit Konkurrenz zum stadteigenen Ernst Happel-Stadion schaffe, das jüngst um 37 Millionen Euro saniert wurde und ab 2008 durch die U2 erschlossen sein wird.[305] Das weiterhin vorgesehene Einkaufs- und Freizeitzentrum wiederum sei nachgerade dazu angetan, die letzten verbliebenen Geschäftsstraßen im Süden Wiens zu ruinieren.[306]

Weder Frank Stronachs Interessen in Rothneusiedl noch die städtischen Visionen für das Flugfeld Aspern basieren allein auf dem U-Bahn-Ausbau, auch wenn dieser gern als Motor der peripheren Stadterweiterungsgebiete dargestellt wird.[307] Viel entscheidender für die Entwicklung der beiden „Hot Spots" scheint der künftige Autobahnanschluss durch die A 23 beziehungsweise die A 24 sowie die Nähe zur (teils schon realisierten, teils erst geplanten) Wiener Außenring Schnellstraße zu sein. Die autobahnähnliche S 1, die – um öffentlichen Widerstand zu vermeiden – zwischenzeitlich auch B 301 hieß und jetzt den unverfänglichen Namen „Regionenring" trägt, soll einmal die großräumige Erschließung der zwei Entwicklungszonen übernehmen. Dies steht allerdings in klarem Widerspruch zur ursprünglichen verkehrspolitischen Begründung der S 1 als Schwerverkehrs- und Transitroute.[308]

„Wegen Protesten in manchen Anrainer-Gemeinden war das Land Niederösterreich anfangs gegen den Schnellstraßenring", weiß Stadtplaner Georg Kotyza. „Das Projekt wurde vor allem von der Stadt Wien betrieben." Dem zu erwartenden Entwicklungsdruck entlang der 2006 eröffneten Südostumfahrung, die über weite Strecken entlang der Landesgrenze verläuft, begegnete die niederösterreichische Landesraumordnung durch Ausweisung von Bauverbotszonen. So sollte die Umfahrungsstraße entsprechend ihrer eigentlichen Funktion anbaufrei bleiben.

Auf Wiener Seite hingegen ortete der Rechnungshof bereits in seinem Bericht von 2004 die Gefahr einer Zersiedlung der Landschaft infolge der leistungsfähigen Verkehrserschließung und mahnte: „Lediglich begrünte Begleitstreifen entlang des hochrangigen Straßennetzes würden der Idee des Grüngürtels nicht mehr entsprechen."

Ebenso wenig entspricht es der Idee des Nationalparks Donau-Auen, dass die S 1 künftig quer durch die Lobau führen soll. Dabei macht es laut Umweltschützern kaum mehr einen Unterschied, ob die Donauquerung in Form einer Brücke (mit starken Lärm- und Schadstoffemissionen) oder in Form eines Tunnels (der in das Grundwassersystem eingreift und Altlasten des Ölhafens Lobau freisetzen könnte) erfolgt.[309] So wie neue Autobahnen und Schnellstraßen das Ziel der Verkehrsreduktion ad absurdum führen, bedeutet eine vierspurige Straße mit täglich 50.000 Autos in einem nach internationalen Konventionen geschützten Feuchtgebiet die Preisgabe jeglicher umweltpolitischen Glaubwürdigkeit. Ähnlich ist es um Wiens Bemühungen zur Reduktion der CO_2-Emissionen bestellt, die mit dem Verkehrskonzept 1994 politisch beschlossen wurden.[310] Statt bis 2010 gegenüber dem Vergleichsjahr 1990 zu sinken, hat der straßenverkehrsbedingte Kohlendioxid-Ausstoß in den 1990er Jahren um 46 Prozent zugenommen – Tendenz weiter steigend.[311] Analog dazu erhöhte sich im selben Zeitraum der Pkw-Bestand in Wien um 85.000, das sind 15 Prozent, auf insgesamt 640.000 – Tendenz ebenfalls steigend.[312]

Laut Rechnungshofbericht werde daran „der Zielkonflikt zwischen der angestrebten wettbewerbsorientierten Wirtschaftspolitik zur Positionierung und Attraktivierung des Standortes Wien im europaweiten Kontext und der Umweltpolitik, welche auf Verkehrsvermeidung und -verminderung zur Verbesserung der Umweltqualität abzielt, deutlich. [...] Hinsichtlich des motorisierten Individualverkehrs wäre eine massive Reduktion des Verkehrsaufkommens und der Verkehrsleistung erforderlich, um die klimawirksamen CO_2-Emissionen spürbar zu verringern. Angesichts der zu erwartenden starken Zunahme des Pkw-Bestandes wurden die im Masterplan Verkehr Wien 2003 formulierten Maßnahmen vom RH als nicht ausreichend beurteilt."

Eine Studie des Instituts für Verkehrsplanung und Verkehrstechnik der TU Wien nennt als wesentlichste Voraussetzungen für eine Trendumkehr in der städtischen Verkehrsentwicklung die Reduktion des geplanten Straßenausbaus, eine flächendeckende Pkw-Maut sowie eine wirksame Parkraumorganisation.[313] „Die Parkgebühren wurden seit knapp zwei Jahrzehnten nicht mehr erhöht, bei der Euro-Einführung wurden sie aus populistischen Gründen sogar geringfügig gesenkt", bemängelt Georg Kotyza. „Wenn man im Vergleich dazu die regelmäßigen Fahrpreisteuerungen bei den Wiener Linien betrachtet, treten die verkehrspolitischen Intentionen der Stadt sehr viel klarer hervor als bei der Lektüre des Masterplan Verkehr." Dazu kommt, dass sich die Parkraumbewirtschaftung im Wesentlichen auf die Bezirke 1 bis 9 und 20 beschränkt, sodass der Großteil der Wiener Autofahrer nach wie vor kostenlos öffentlichen Raum für das Abstellen des Pkw in Anspruch nehmen kann. „In London, Stockholm oder Oslo gibt es inzwischen eine City-Maut, und in anderen europäischen Städten ist sie in Vorbereitung", nennt Sabine Gretner ein weiteres Regulierungsinstrument, das für das Rathaus tabu ist.[314]

Entgegen internationaler Trends wird der Autoverkehr in Wien nach wie vor subventioniert, etwa durch das Programm zur Errichtung so genannter Volksgaragen. Seit 1999 wurden an 18 Standorten insgesamt 3.500 Stellplätze geschaffen; weitere acht Standorte mit rund 1.200 Garagenplätzen waren Ende 2006 in Bau oder Planung. Die Stadt fördert jeden Stellplatz mit einem zinslosen, über 40 Jahre rückzahlbaren Darlehen von bis zu 21.800 Euro, was im Normalfall 100 Prozent der Errichtungskosten deckt. Dafür akzeptiert der Garagenbetreiber eine zehnjährige Beschränkung des Mietpreises auf monatlich 72,50 Euro pro Stellplatz, danach sind die Parkgebühren frei verhandelbar. Der Rechnungshof kritisierte in seiner Untersuchung der Stadtentwicklung und Stadtplanung Wiens dieses für Garagenbetreiber wie Autobesitzer gleichermaßen attraktive Programm: „Darüber hinaus brachte der in den letzten Jahren forcierte Bau von Garagen zumeist eine weitere Erhöhung des Stellplatzangebotes mit sich, da Verkehrsflächen an der Oberfläche oftmals nicht rückgebaut wurden. Eines der Hauptziele des Verkehrskonzepts, den öffentlichen Straßenraum für den öffentlichen Verkehr sowie für Fußgänger und Radfahrer, aber auch als urbanen Frei- und Lebensraum zurückzugewinnen, konnte daher nur punktuell erreicht werden."

Im 5. Bezirk – einem der dichtest verbauten Stadtteile Europas – eskalierte jüngst ein Konflikt um knappen urbanen Freiraum. Die Stadt

Wien plante hier gemeinsam mit der InvestConsult GmbH die Errichtung einer dreigeschoßigen Volksgarage unter dem Bacherpark, wogegen sich eine Bürgerinitiative formierte, die den Bedarf an zusätzlichen Stellplätzen in Abrede stellte und den alten Baumbestand des Parks gefährdet sah. Trotz des schriftlichen Protests von 2.000 Anwohnern lehnte der Bezirksvorsteher eine Bevölkerungsbefragung ab, und berief sich auf ein Stellplatzgutachten, das dem Viertel eine hohe Überlastung attestierte. Eine Bürgerbeteiligung, so der Lokalpolitiker gemäß der Tageszeitung Der Standard, wäre bei der Oberflächengestaltung des Projekts möglich – nach Fertigstellung der Garage.[315]

Dies ist umso beschämender, als im 5. Bezirk auf politischen Wunsch hin seit 2003 ein Büro der Lokalen Agenda 21 besteht. Ziel dieser Einrichtung ist die Förderung der Partizipation auf Quartiersebene, die Aktivierung der Bevölkerung zur Mitwirkung am Stadtentwicklungsprozess, sodass sich das Projekt Bacherpark als Agenda-Thema geradezu aufgedrängt hätte. Allerdings ist die Lokale Agenda finanziell zu 100 Prozent vom Rathaus und der Bezirksverwaltung abhängig und unterliegt den Vorgaben einer politischen Steuerungsgruppe.[316] So verwundert es nicht, dass das Agenda-Büro im jahrelangen Disput um das Garagenprojekt entsprechend zurückhaltend agieren musste.

Als im Jänner 2006 die Bauarbeiten begannen und die ersten Bäume gefällt wurden, entschieden sich die Garagengegner kurzerhand zur Besetzung des Bacherparks – im gemütlichen Wien ein geradezu revolutionärer Akt. Den gesamten Winter über harrten die Aktivisten in Zelten aus, bis sich die Streitparteien im April 2006 auf ein Mediationsverfahren einigen konnten. Ergebnis des Konfliktlösungsprozesses war insbesondere die Durchführung einer Anrainerbefragung, die das Garagenprojekt schließlich zu Fall brachte.[317, 318, 319] Im Zuge der Mediation galt es auch, bisherige Entscheidungsgrundlagen zu hinterfragen: allen voran die von der Stadt Wien beauftragte Stellplatzerhebung aus dem Jahr 2001. Denn einer umfassenden Analyse des Instituts für Verkehrsplanung und Verkehrstechnik der TU Wien zufolge habe diese Erhebung weder in ihrer Methodik noch in ihrem Umfang den Erfordernissen entsprochen. Beispielsweise fehle eine nachvollziehbare Unterscheidung von Personen- und Lastkraftwagen ebenso wie die notwendige Differenzierung zwischen Kurzparkern und Dauerparkern, sodass selbst „fachliche Minimalanforderungen [...] unterschritten wurden".[320]

Auf „erhebliche Unschärfen" stieß der Autor der wissenschaftlichen Analyse aber nicht nur bei der Stellplatzerhebung im 5. Bezirk, sondern auch bei Parkraumuntersuchungen in anderen Stadtteilen, die allesamt von ein und demselben Verkehrsplanungsbüro durchgeführt worden waren. Ein zweites, ebenfalls namhaftes Ingenieurbüro im Dienst des Rathauses habe die Stellplatzauslastung sogar mit groben Schätzwerten ermittelt, was – so die kritische Stellungnahme – im besten Fall Hilflosigkeit ausdrücke. „Verkehrliche Aussagen können [davon] jedenfalls nicht abgeleitet werden."

Dabei gibt es wissenschaftliche Empfehlungen zur Durchführung von Verkehrsuntersuchungen, die von den Magistratsdienststellen auch in ihren Ausschreibungen vorgegeben werden. „Diese Vorgaben werden jedoch nicht erfüllt und die entsprechenden Arbeiten auch nicht durchgeführt", konstatierte der Mitarbeiter der TU Wien. „Die mangelnde Aussagekraft und damit die verkehrsplanerische Sinnlosigkeit der [...] Stellplatzerhebungen ist den Auftragnehmern vermutlich bewusst, da es vermieden wird, aus den Daten Schlussfolgerungen zu ziehen." Ungeachtet dieser In-Frage-Stellung der bisherigen Entscheidungsgrundlagen hält das Rathaus weiter an seinen Garagenprojekten fest. So stellte Stadtrat Rudolf Schicker im ORF klar, dass bis zum Jahr 2010 alle Bezirke die ihnen zustehenden 300 Volksgaragen-Stellplätze bekommen sollen – und brachte damit zum Ausdruck, dass es dabei weniger um verkehrsplanerische Erfordernisse als um bezirkspolitische Begehrlichkeiten geht.[321]

Weit hinter seinem Zeitplan liegt das Verkehrsressort bei der Förderung des Radverkehrs zurück. Das Verkehrskonzept 1994 strebte bis 2010 eine Verdoppelung des Radverkehrsanteils von drei auf sechs Prozent an, wozu ein 600 Kilometer langes Hauptradwegenetz entworfen wurde. Davon konnte bislang allerdings nur ein Bruchteil realisiert werden, weshalb es nicht verwundert, dass der STEP '05 den Radverkehrsanteil unverändert mit drei Prozent ausweisen musste – ein im westeuropäischen Vergleich sehr geringer Wert.[322] Dennoch legte sich die Stadt im Masterplan Verkehr 2003 mit angestrebten acht Prozent die Latte noch einmal höher, gab sich dafür aber auch in diesem Fall bis zum Jahr 2020 Zeit.[323] In München und Berlin dagegen hält das Fahrrad heute schon bei einem Anteil von zehn Prozent.[324, 325]

Die unendliche Geschichte
Wien Hauptbahnhof

Mit der Ostöffnung 1989 erhielten die langjährigen Forderungen nach einem so genannten Hauptbahnhof eine neue Dynamik. Denn Wien ist seither nicht mehr östlicher Endpunkt des westeuropäischen Schienennetzes, an dem überregionale Züge ohnehin zu enden haben, sondern potentielle Durchgangsstation des kontinentalen Eisenbahnverkehrs. Allerdings weist die Donaumetropole nach wie vor seine habsburgische Bahnhofsstruktur mit nicht weniger als vier Kopfbahnhöfen auf (von ursprünglich sieben bestehen noch Westbahnhof, Franz Josefs-Bahnhof, Süd- und Ostbahnhof), die nur höchst unzulänglich miteinander verbunden sind. Dass die Stadt mit ihrer Rolle als Prellbock im transeuropäischen Netz (TEN) nicht glücklich ist, versteht sich von selbst: Neben umständlichen Relationen – auch im Regionalverkehr – bedeutet die mangelnde Durchlässigkeit des geplanten TEN-Knotens Wien eine Einschränkung für die Wirtschaftsentwicklung und Wettbewerbsfähigkeit der österreichischen Hauptstadtregion.

Zwar beschlossen die Bundesregierung, die Österreichischen Bundesbahnen und die Stadt Wien Anfang der 1990er Jahre die Errichtung eines modernen Durchgangsbahnhofs am Standort des heutigen Süd- und Ostbahnhofs im 10. Bezirk, zu einem verbindlichen Finanzierungskonzept konnten sich die drei Parteien vorerst allerdings nicht durchringen. So folgte ein Jahrzehnt ergebnisloser Verhandlungen und wechselseitiger Schuldzuweisungen, in dem das ursprünglich sehr ehrgeizige Bahnprojekt nach und nach schrumpfte. Erst 2003 erzielten Bund, Stadt und ÖBB auch über die Kostenaufteilung eine Einigung, der zufolge das Rathaus 40 Millionen Euro zum (aktuell) 660 Millionen Euro teuren Bahnhofsprojekt beizutragen habe.[326]

Die Stadt Wien übernahm jedoch noch weitere Verpflichtungen, zumal der Finanzierungsplan Einnahmen von über 100 Millionen Euro aus der Verwertung frei werdender Bahnflächen vorsah. Als Voraussetzungen dafür galten eine entsprechende Flächenwidmung sowie städtische Infrastrukturinvestitionen in Höhe von knapp 90 Millionen Euro.[327] Die Planungen für das insgesamt 55 Hektar große Areal orientierten sich somit weniger an urbanistischen Zielen als an der Maximierung des Bodenwerts. Nach dem städtebaulichen Wettbewerb von 1995, den der Schweizer Architekt Theo Hotz für sich entschieden hatte, beauftragte das Rathaus im Jahr 2000 den Wiener Architekten Ernst Hoffmann mit der Überarbeitung des preisgekrönten Leitbilds – um Anfang 2004 erneut ein Expertenverfahren zur Entwicklung des Bahnhofsviertels zu veranstalten. Als Folge wurde dem Team Hotz & Hoffmann noch Architekt Albert Wimmer zur Seite gestellt, und auf Basis deren Entwürfe ein Masterplan ausgearbeitet, den der Gemeinderat im Dezember 2004 beschloss.[328]

Demnach sollen im direkten Umfeld des neuen Stationsgebäudes neben einem Einkaufszentrum mit 20.000 Quadratmetern Verkaufsfläche insgesamt elf Türme – mehrheitlich für Büronutzungen – mit 60 bis 100 Metern Höhe entstehen. Damit liegt die Zahl der geplanten Hochhäuser deutlich über jener in den beiden prämierten Entwürfen, obgleich sowohl Hotz & Hoffmann als auch Wimmer das ursprünglich geforderte Bauvolumen in ihren Beiträgen erzielen konnten. Erstere beschränkten sich dabei auf Gebäudehöhen von bis zu 50 Metern, Wimmer schlug vier Türme mit 60 bis 90 Metern vor.[329] „Der Masterplan summiert sozusagen die Hochhäuser aus den beiden Konzepten", analysiert Architektin und Gemeinderätin Sabine Gretner. „Das führt in manchen Bereichen zu enormen Dichten, die es erschweren werden, eine stadträumliche Qualität zu erzeugen." Da einige dieser Türme in nächster Nähe zur Barockanlage des Belvedere – ebenso ein Weltkulturerbe wie die Innenstadt und Schloss Schönbrunn – vorgesehen sind, ist nicht auszuschließen, dass auf Intervention der UNESCO wie im Fall von Wien Mitte oder der Komet-Gründe auch dieses Projekt noch verändert wird. Die Welterbe-Kommission solle von den Vorhaben jedenfalls informiert werden, erklärte Planungsstadtrat Rudolf Schicker, auch wenn die Hochhäuser weder den berühmten Belvedere-Blick noch die Sichtachse zur Elisabethkirche beeinträchtigen würden.[330]

Im südlichen Bereich des Planungsgebiets ist auf dem Areal des heutigen Frachtenbahnhofs ein neuer Stadtteil mit 4.000 Wohnungen konzipiert. Um diesen adäquat zu erschließen, entschied sich das Rathaus zur Süd-Verlängerung der U2 – allerdings nicht auf direktem Weg über den künftigen Hauptbahnhof: Von der aktuellen Endstelle Karlsplatz aus soll die U-Bahn in einem weiten Bogen über die Aspang-Gründe,

St. Marx und das Arsenal – alles Hoffnungsgebiete der Stadtplanung – den künftigen Stadtteil Wien-Südbahnhof erreichen. Das löste den Unmut der ÖBB aus, zumal durch diese Trassenführung die U2 – so wie vor Jahrzehnten schon die U1 – am Bahnhof vorbeigebaut werde.[331] Stadtrat Rudolf Schicker rechtfertigte die Planungen damit, dass das neue Bahnhofsgebäude ohnehin näher zur U1 am Südtiroler Platz rücke und sich der Umsteigeweg somit auf wenige Hundert Meter reduziere. Ein anderes Mal hingegen propagierte Schicker die Errichtung eines „Cabel Liner" oder „People Mover", der U-Bahn, Hauptbahnhof und die neuen Bürotürme verbinden könne.[332] Die ÖBB ließen jedenfalls durchklingen, mit allen in Wien endenden Zügen aus dem Westen auch weiterhin den Westbahnhof anzufahren, solange dieser mit seinen zwei U-Bahn-Linien (U3, U6) besser erschlossen sei als der Standort Süd-/Ostbahnhof.

Tatsächlich erscheint es höchst fragwürdig, auf eine optimale Anbindung des geplanten Hauptbahnhofs mit tagtäglich Zehntausenden Bahnreisenden und Pendlern irreversibel zu verzichten, nur um die U2 von einem Stadterweiterungsgebiet ins andere schlängeln zu lassen.[333] Eine engmaschige, flächenhafte Versorgung durch moderne Straßenbahnen würde den Anforderungen der weitläufigen Entwicklungszonen auch besser entsprechen als ein punktueller Verkehrsanschluss in Form einer U-Bahn-Station. Mit relativ kurzfristig herstellbaren Tramway-Linien könnte die Stadt schließlich auch flexibler und gezielter auf die stets unwägbare Realisierung neuer Quartiere reagieren.

Zweifellos sind die Liegenschaften im Nahbereich des künftigen Hauptbahnhofs wie geschaffen für die innere Stadtentwicklung. Attraktive Grün- und Erholungsflächen wie Schweizer Garten, Belvedere-Garten und Botanischer Garten in unmittelbarer Umgebung, die Nachbarschaft zu den gründerzeitlich geprägten Bezirken 3, 4 und 10 mit ihrer Infrastruktur, kulturelle Einrichtungen wie das Obere Belvedere, das 20er-Haus und das Heeresgeschichtliche Museum, die Nähe zu U-Bahn-, Straßenbahn- und Buslinien – und nicht zuletzt der Bahnknoten mit seinen Regional- und Fernverbindungen machen den zentrumsnahen Standort zum Filetstück am Wiener Bodenmarkt. Gerade deshalb könnte die Stadt es sich leisten, dieses Quartier nach nachhaltigen Qualitätskriterien modellhaft zu gestalten anstatt auf die überkommenen Schablonen Dutzender Stadterweiterungsgebiete der letzten zwei Jahrzehnte zurückzugreifen.

Als erster Ansatz sollte reichen, die Ziele aus diversen strategischen Konzepten ernst zu nehmen und zum Beispiel eine tatsächlich urbane Struktur zu schaffen, in der das Auto so gut wie keine Rolle mehr spielt: nicht nur, weil das unvergleichlich gute Angebot an öffentlichen Verkehrsmitteln rings um den Hauptbahnhof dies ermöglichen würde, sondern auch, weil jene Straßen, die das künftige Viertel erschließen, bereits heute heillos überlastet sind. Dies betrifft den vier- bis sechsspurigen Gürtel – die meistbefahrene Bundesstraße Österreichs, die den gesamten Autoverkehr von und zum Bahnhofsviertel aufnehmen wird müssen – ebenso wie die A 23 als übergeordneten Verkehrsweg in diesem Teil Wiens.

Doch dürfte schon heute klar sein, dass das Rathaus – ungeachtet aller Nachteile – am Konzept der automobilen Stadt festhalten wird: Im Masterplan Verkehr aus dem Jahr 2003 sind für den betreffenden Abschnitt des Gürtels trotz massiver Anrainerproteste bereits zwei weitere Fahrspuren auf Kosten des angrenzenden Schweizer Gartens vorgesehen. Und die betreffende Anschlussstelle der Wiener Südosttangente soll niveaufrei und damit leistungsfähiger gestaltet werden.[334] Am Institut für Verkehrsplanung und Verkehrstechnik der TU Wien hegt man indes Zweifel, ob der zu erwartende Verkehrszuwachs infolge der geplanten Stadtentwicklungsprojekte auf diese Weise zu bewältigen sein werde.

In einem Gutachten über die Belastung des Gürtels zwischen dem Südtiroler Platz und der Autobahnauffahrt erläutert das Institut, dass die Wiener Stadtplanung und das von ihr beauftragte Verkehrsplanungsbüro von einer krassen Fehleinschätzung des Verkehrszuwachses ausgegangen seien.[335] So habe man als Grundlage der Verkehrsprognose die jüngste Entwicklung in diesem Abschnitt herangezogen und damit einen Betrachtungszeitraum gewählt, in dem wegen chronischer Überlastung der Straße kaum mehr eine Verkehrszunahme möglich gewesen sei. Im Fall einer Verbreiterung des Gürtels würde die Verkehrsmenge laut dem Gutachten der TU von heute 60.000 Fahrzeugen pro Tag sehr rasch auf 90.000 Fahrzeuge anschwellen und sich bei diesem neuen Sättigungswert wiederum einpendeln.

Das hieße, schon wenige Jahre nach seinem Ausbau wäre der Gürtel wieder voll, noch bevor der Verkehr der neuen Entwicklungsgebiete hinzukommt. Und da über ein und dieselbe Anschlussstelle der A 23 nicht nur das künftige Bahnhofsviertel sowie das benachbarte Arsenal, sondern auch die Aspang-Gründe und St. Marx an das Autobahnnetz angebunden sein werden, ist abschätzbar, dass die Stauhäufigkeit auf diesem Teilstück der Südosttangente noch weiter zunimmt. Dies umso mehr, als mit dem Abschluss der U2-Verlängerung kaum vor 2020 zu rechnen ist – also erst Jahre nach der für 2013 geplanten Eröffnung des Wiener Hauptbahnhofs.[336]

Nachwort
Christian Kühn

Die Wahrheit ist kein Kristall, den man in die Tasche stecken kann,
sondern eine unendliche Flüssigkeit, in die man hineinfällt.
Robert Musil, „Der Mann ohne Eigenschaften"

„Wer baut Wien?" Schon der Titel dieses Buches ist kontroversiell. Haben wir uns nicht längst vom Begriff „Städtebau" gelöst, von der Idee eines großen Plans, der auf Jahrzehnte hinaus die Entwicklung der Stadt vorherbestimmt? Als mythologischer Ort hat die Stadt einen radikalen Bedeutungswandel erfahren. War sie ursprünglich eine geschützte und geordnete Lichtung, umgeben von einer Natur voller Gefahren, so ist sie seit 200 Jahren selbst zum bedrohlichen Ort geworden, aus dem man in „die Natur" zu fliehen hoffte. Heute ist klar, dass es für die große Masse der Weltbevölkerung keine Alternative zur Stadt gibt. Die Stadt ist eine künstliche Natur geworden, die man erforschen, aber nur noch in sehr eingeschränktem Maß planen und schon gar nicht „bauen" kann. Sie baut sich selbst in einer unentwirrbaren Verflechtung Hunderter und Tausender einzelner Aktivitäten, großer Ankündigungen und kleiner Korruptionen, getrieben von Gemeinsinn und Partikularinteressen, von der Hoffnung auf ein besseres Leben, von Grabenkämpfen unter Parteifreunden und vom Streben nach Macht und Geld.

„Wer baut Wien?" ist also eine rhetorische Frage, auf die Reinhard Seiß mit einer Sammlung von Erzählungen antwortet. Von Weitem betrachtet entsteht so ein Bild, wie es schon Robert Musil im „Mann ohne Eigenschaften" benutzte, um den Schauplatz seines Romans zu beschreiben. Musil vergleicht die Haupt- und Residenzstadt Wien mit einer „kochenden Blase, die in einem Gefäß ruht, das aus dem dauerhaften Stoff von Häusern, Gesetzen, Verordnungen und geschichtlichen Überlieferungen besteht". Seiß behandelt in seiner Analyse die Epoche von den späten 1980er Jahren bis zur Gegenwart, eine Jahrhundertwende, deren Dreh- und Wendepunkt – anders als im Fin de Siècle um 1900 mit seiner diffusen Sehnsucht nach einer umfassenden Modernisierung – präzise festzustellen ist. Die aktuelle Jahrhundertwende dreht sich um das

Jahr 1989, als der Eiserne Vorhang kollabiert und Wien plötzlich vom östlichen Rand der westlichen Welt in die geographische Mitte Europas rückt. Das Bild der nahen undurchdringlichen Grenze, von Schienensträngen, die sich grasüberwachsen an dieser Grenze totlaufen, hat jahrzehntelang die Mentalität der Stadt geprägt. Nach 1989 darf man sich an ein grenzenloses Wien erinnern: An eine Stadt, die im Jahr 1906 bereits mehr als zwei Millionen Einwohner hatte und für die Otto Wagner den Plan einer „Unbegrenzten Großstadt" entwarf, eine endlose Stadtstruktur ohne jede Sentimentalität.

Diese Erinnerung kann aber nur für einen Moment die Tendenz der Stadt aufhalten, sich in einem gemütlichen Zerrbild des Fin de Siècle um 1900 einzurichten. Der alte Anzug der Haupt- und Residenzstadt ist längst prächtig und touristengerecht herausgeputzt. Ihren Beitrag zum Weltkulturerbe sieht die Stadt zuerst in Schloss Schönbrunn, das 1996 in die UNESCO-Welterbe-Liste aufgenommen wird, dann in der gesamten Wiener Innenstadt, die 2001 folgt. Auch die Wohnbauten der Zwischenkriegszeit werden renoviert, aber den Mut, den Karl Marx-Hof zum Weltkulturerbe auszurufen und Wien damit als Stadt des sozialen Wohnbaus zu positionieren, bringt niemand auf. Barock und Historismus sollen die große Zeit Wiens markieren. Das Selbstbild der Stadt orientiert sich damit an einer diffusen, ins Geschichtslose verklärten Vormoderne.

Freilich gibt es Anstrengungen, die Stadt aus dieser Gemütlichkeit herauszulocken. Mitte der 1980er Jahre entsteht das Projekt, 1995 in Wien und Budapest eine Weltausstellung abzuhalten. Mit der EXPO 95 will sich die Stadt einer großen Herausforderung stellen, die alte Gegensätze überwinden soll. Nicht von ungefähr lautet der Untertitel der EXPO „Brücken in die Zukunft". Das bezieht sich auf die Städte Wien und Budapest, die in der Anfangsphase des Projekts noch zu unterschiedlichen geopolitischen Blöcken gehören. Aber auch in Österreich hat das Projekt Brückenfunktion, zwischen Konservativen und Sozialdemokraten, zwischen der Stadt Wien und dem Bund. Seine Wurzeln finden sich in der Idee des konservativen Vordenkers Jörg Mauthe, den Donauraum als geopolitische Achse quer zum Eisernen Vorhang zu positionieren. Hans Mayr, Sozialdemokrat und mächtiger Vizebürgermeister der Stadt, greift diese Idee auf und konkretisiert sie mit dem Projekt einer Weltausstellung. Ähnlich wie die „Parallelaktion", die in Musils „Mann ohne Eigenschaften" die leere Mitte der Handlung bildet, setzt die EXPO 95 eine Vielzahl von Kräften frei. Sie scheitert jedoch 1991 am politischen Kleingeist. Die Freiheitliche Partei, ursprünglich Befürworterin des Projekts, übt sich hier erstmals in der Kunst, den Großparteien mit fremdenfeindlichen Parolen die Richtung vorzugeben. Auf ein Volksbegehren der FPÖ reagieren die Befürworter mit einer Volksbefragung unter der Wiener Bevölkerung, die aufgrund hoffnungslos kurzer Vorbereitungszeit negativ ausgeht. Was von der EXPO 95 übrig bleibt, ist die vorgezogene Nachnutzung des Areals vor der UNO City, abgewickelt von der WED, der anlässlich der Weltausstellung gegründeten Wiener Entwicklungsgesellschaft für den Donauraum. Ihr Name ist nur noch Reminiszenz an die großen Visionen, die mit dem Donauraum und der EXPO 95 verbunden waren.

Die Stadtplanung hat ihre Lektion aus diesem Misserfolg gelernt. Statt der großen Zukunftsprojekte setzt sie seit 1991 auf die Patchwork City, in der allerlei Ideen miteinander konkurrieren dürfen, Themensiedlungen, einmal frauenfreundlich, einmal autofrei, nie umfassend und nie verbindlich. Ein Hochhauskonzept für Wien? Viel mehr als Verbotszonen und vage Andeutungen über Standortvoraussetzungen traut sich die Stadt nicht mehr zu. Nur ein weiteres Mal, in der Schlussphase zur Vorbereitung des Stadtentwicklungsplans 1994 laden Stadtrat Hannes Swoboda und Planungsdirektor Arnold Klotz die Planungsfachleute Wiens zu einer umfassenden Kritik am Status quo ein. Zwei Tage lang dürfen die Experten auf dem Wilhelminenberg die Stadtplanungspraxis Wiens diskutieren, vom Stadtrat ausdrücklich zu einer radikalen Auseinandersetzung ermuntert. Als die tatsächlich entsteht – noch dazu in Form eines Manifests – kommt es zum Eklat. Das Manifest wird zurückgezogen. Als die Sozialdemokraten bei den Wiener Gemeinderatswahlen 1996 die absolute Mehrheit verlieren und Hannes Swoboda ins Europaparlament nach Brüssel wechseln muss, ist klar, welche undankbaren Ressorts die bisher Alleinregierenden an den Koalitionspartner abgeben, nämlich jene für „Planung und Zukunft" und für „Kultur".

Die Episode vom Wilhelminenberg ist beispielhaft für die vertrackte Situation aller großen, komplexen Institutionen. Selbst wenn sie erkennen, dass sie Irritation und Kritik brauchen, um beweglich für die Zukunft zu bleiben, hilft das nur wenig. Ein geschlossenes System kann sich genauso wenig selbst irritieren, wie wir uns selbst kitzeln können. Deshalb sind große riskante Projekte wie die EXPO 95 mit ihren harten

Terminen und ihrer unvorhersehbaren Eigendynamik überlebenswichtig für alle großen Städte. Um zu überleben, müssen sich geschlossene Systeme immer wieder an den Rand des Chaos wagen, dorthin, wo Irritation unvermeidlich ist. Ob das Twin City-Konzept von Wien und Bratislava, wie es im aktuellen Wiener Stadtentwicklungskonzept formuliert ist, attraktiv und verbindlich genug ist, um in diese Richtung zu wirken, bleibt abzuwarten.

Dass Städte bei solchen Projekten Fehler machen, ist jedenfalls ebenso unvermeidlich wie die Kritik, die auf diese Fehler folgt. Ein konstruktiver Umgang mit Kritik ist aus Übungsgründen daher schon im Normalbetrieb anzuraten. Die Wiener Sozialdemokraten, seit Jahrzehnten an eine absolute Mehrheit gewöhnt, tun sich damit naturgemäß schwer. 2001, als sie nach einem kurzen Intermezzo wieder die absolute Mehrheit im Gemeinderat erreichen, bekennt sich Altbürgermeister Leopold Gratz zu seiner Überzeugung, nun sei in Wien endlich „die natürliche Ordnung wiederhergestellt".

Dass ein Buch wie „Wer baut Wien?" in diesem Umfeld auf wenig Gegenliebe stößt, ist verständlich. Manches von dem, was Seiß an Erzählungen um die Wiener Stadtplanung ausbreitet, mag anders interpretiert werden können, als er es tut. Das liegt in der Natur der Sache, gerade wenn es um Fragen der Stadt geht, jener Mischung „aus Unregelmäßigkeit, Wechsel, Vorgleiten, Nichtschritthalten, Zusammenstößen von Dingen und Angelegenheiten, bodenlosen Punkten der Stille dazwischen, aus Bahnen und Ungebahntem, aus einem großen rhythmischen Schlag und der ewigen Verstimmung und Verschiebung aller Rhythmen gegeneinander" als die Robert Musil die moderne Stadt charakterisiert hat. Dass Seiß' Kritik nicht einer Lust am Nörgeln, sondern einer unbedingten Begeisterung für dieses abenteuerliche Gebilde entspringt, spricht aus jeder Zeile seiner Texte. Auch die Kritisierten sollten allmählich erkennen, dass eine Stadt Kritiker wie ihn braucht, um auf dem Weg in die Zukunft nicht in der Sackgasse der Selbstzufriedenheit zu enden.

a. o. Univ. Prof. Dr. Christian Kühn, Architekturforscher und -kritiker; Venia Docendi für Gebäudelehre an der Technischen Universität Wien; Forschungsgebiete: Geschichte und Theorie der Architektur, Architekturdidaktik, CAAD; seit 2000 Vorsitzender der Architekturstiftung Österreich; Architekturkritiker u.a. für Die Presse, Architektur & Bau Forum, ARCH+, Architecture d'aujourd'hui.

Akteure der Wiener Stadtentwicklungspolitik seit 1989

(Stand Dezember 2012)

Bürgermeister
1984–1994	Dr. Helmut Zilk
1994–	Dr. Michael Häupl

Planungsstadträte
1988–1996	Dr. Hannes Swoboda
1996–2001	Dr. Bernhard Görg
2001–2010	Dipl.-Ing. Rudolf Schicker
2010–	Mag. Maria Vassilakou

Verkehrsstadträte
1983–1991	Johann Hatzl
1991–1994	Dr. Hannes Swoboda
1994–2001	Fritz Svihalek
2001–2010	Dipl.-Ing. Rudolf Schicker
2010–	Mag. Maria Vassilakou

Wohnbaustadträte
1986–1994	Rudolf Edlinger
1994–2007	Werner Faymann
2007–	Dr. Michael Ludwig

Wirtschafts- und Finanzstadträte
1973–1994	Hans Mayr
1994–1996	Rudolf Edlinger
1996–2000	Mag. Brigitte Ederer
2000–2007	Dr. Sepp Rieder
2007–	Mag. Renate Brauner

Dem Planungsstadtrat unterstehen unter anderen folgende Magistratsabteilungen

MA 18   Stadtentwicklung und Stadtplanung

MA 19   Architektur und Stadtgestaltung

MA 21A   Stadtteilplanung und Flächennutzung (Bezirke 1–9 und 14–20)

MA 21B   Stadtteilplanung und Flächennutzung (Bezirke 10–13 und 21–23)

Dem Wohnbaustadtrat unterstehen unter anderen folgende Magistratsabteilungen

MA 37   Baupolizei

MA 64   Rechtliche Bauangelegenheiten

MA 69   Liegenschaftsmanagement

Der Wohnbaustadtrat trägt darüber hinaus die politische Verantwortung für Wiener Wohnen sowie für den Wohnfonds Wien, vormals Wiener Bodenbereitstellungs- und Stadterneuerungsfonds (WBSF).

Der Wirtschafts- und Finanzstadtrat trägt die politische Verantwortung für die Wiener Stadtwerke, die Wien Holding sowie für die Wirtschaftsagentur Wien, vormals Wiener Wirtschaftsförderungsfonds (WWFF).

Der Landtag und der Gemeinderat sind die obersten Organe Wiens und werden von der Bevölkerung für eine Legislaturperiode von fünf Jahren gewählt. Vertreten sind darin alle Wiener Parteien mit einem Stimmenanteil von mindestens fünf Prozent. Die 100 Abgeordneten des Landtags sind identisch mit den Mitgliedern des Gemeinderats und wählen den Wiener Bürgermeister (respektive Landeshauptmann) sowie die Stadträte. Dem Landtag obliegt die Landesgesetzgebung, dem Gemeinderat der Beschluss des kommunalen Budgets, aller Flächenwidmungs- und Bebauungspläne sowie der Transaktionen städtischer Immobilien. Nicht zuletzt kommt den Mandataren die Funktion der Kontrolle der Stadtregierung zu.

Quellennachweis

Ausführliche Interviews mit:

Hon. Prof. Dipl.-Ing. Georg Kotyza, Senatsrat a. D., von 1968 bis 2001 Mitarbeiter der MA 18, Leiter des Referats für Stadtplanung und Stadtentwicklung, ab 1979 stv. Abteilungsleiter, verantwortlich für die Erarbeitung der Stadtentwicklungspläne von 1984 und 1994; Lehraufträge an der Universität Wien und der TU Wien.

Dipl.-Ing. Klaus Steiner, Senatsrat a. D., von 1979 bis 1992 Mitarbeiter der MA 21, Dezernatsleiter sowie Projektkoordinator unter anderem für das Wohnbauprogramm der Stadt Wien und die Planungen zur EXPO 95, danach bis 2003 Mitarbeiter der MA 18, zuständig für Sonderprojekte; Vorstandsmitglied des Architekturzentrum Wien.

Mag. arch. Peter Klopf, Senatsrat, Mitarbeiter der MA 18 von 1978 bis 1992, seither Mitarbeiter der MA 21A, Leiter des Dezernats Stadtteilplanung, Projektkoordinator unter anderem für das Entwicklungsgebiet Prater–Messe–Stadion–Krieau.

Dipl.-Ing. Sabine Gretner, Architektin, ab 2000 Referentin der Wiener Grünen für Stadtplanung, Architektur und Bauen, seit 2005 Gemeinderätin und Planungssprecherin der Grünen; Lehrauftrag an der TU Wien.

Günter Kenesei, von 1991 bis 2005 Gemeinderat der Wiener Grünen, seither Gemeinderat der ÖVP Wien, seit 1993 Mitglied im Kontrollausschuss des Gemeinderats und von 1996 bis 2001 auch dessen Vorsitzender.

Mag. Franz Artner, Publizist, zunächst freie journalistische Tätigkeit unter anderem beim Nachrichtenmagazin profil, ab 1996 Redakteur des Bau & Immobilien Report, Wien, seit 1999 dessen Chefredakteur.

Weitere Informationsgespräche mit:

Dipl.-Ing. Karl Glotter, MA 18, Stadt Wien

Dr. Robert Eigler, MA 18, Stadt Wien

Dipl.-Ing. Josef Matousek, MA 19, Stadt Wien

Dipl.-Ing. Klaus Vatter, MA 21A, Stadt Wien

Dipl.-Ing. Hans-Peter Graner, MA 21A, Stadt Wien

Dipl.-Ing. Andreas Pfleger, MA 21B, Stadt Wien

Dipl.-Ing. Eva Prochazka, MA 21B, Stadt Wien

Ing. Alfred Theuermann, MD-BD, Stadt Wien

Univ. Prof. Dr. Dieter Bökemann, Institut für Stadt- und Regionalforschung, TU Wien

Univ. Prof. Dr. Christian Kühn, Institut für Architektur und Entwerfen, TU Wien

Univ. Ass. Dr. Paul Pfaffenbichler, Institut für Verkehrsplanung und Verkehrstechnik, TU Wien

Univ. Prof. Dipl.-Ing. Adolf Krischanitz, Architekt, Wien

Mag. arch. Silja Tillner, Architektin, Wien

Dr. Harry Glück, Architekt, Wien

Dr. Kurt Leitner, Architekt und Wohnbauforscher, Wien

Hans-Jörg Hansely, Wohnbauforscher, Wien

Liesbeth Waechter-Böhm, Architekturpublizistin, Nexing

Dipl.-Ing. Christian Holl, Architekturpublizist, Stuttgart

Dr. Helmut Hofmann, Jurist, Bürgerinitiative Wien Mitte

David Ellensohn, Nicht amtsführender Stadtrat und Wohnbausprecher der Wiener Grünen

Mag. Christoph Chorherr, Ökonom, Gemeinderat der Wiener Grünen

Mag. Alexander Neuhuber, Immobilien-Consulter, Gemeinderat der ÖVP Wien

Dipl.-Ing. Andreas Prybila, Abteilung für Stadtplanung und Verkehrspolitik, Wirtschaftskammer Wien

Dipl.-Ing. Thomas Jakoubek, WED und B.A.I. (Immobilien Holding), Wien

Anmerkungen

Bei mehrmaliger Bezugnahme auf dieselbe Quelle innerhalb eines Kapitels wurde auf wiederholte Verweise durch Fußnoten verzichtet.

[1] „Europäische Raumentwicklung – Die neue Herausforderung", Friedrich Schindegger in „Raumordnung im Umbruch – Herausforderungen, Konflikte, Veränderungen", Österreichische Raumordnungskonferenz, Wien 2003

[2] „Stadtentwicklungsplan Wien", MA 18, Stadt Wien 1984

[3] „Bevölkerungsfortschreibung Wien 1945–2001", MA 5, Stadt Wien 2006

[4] „Adolf Krischanitz, Architect: Buildings and Projects 1986–1998", Adolf Krischanitz, Birkhäuser, Basel–Boston–Berlin 1998

[5] „Die Kraft des Faktischen", Architektur & Bau Forum, Wien, Nr. 9/2004

[6] „Entwicklungsgeschichte und städtebauliche Analyse der Donau City", Institut für Örtliche Raumplanung, TU Wien 2001

[7] „Ankereinrichtung mit Signalwirkung", Der Standard, Wien, 29.8.1998

[8] „Kulturschau", Der Standard, Wien, 18.2.2005

[9] „Donau City Wien – Masterplanung", Dominique Perrault Architecte / WED, Paris–Wien 2003

[10] „Donau City – Städtebauliches Leitbild", MA 21B, Stadt Wien 2003

[11] „Änderungen zur Vereinbarung zu den Liegenschaftskaufverträgen abgeschlossen zwischen der Stadt Wien, 1082 Wien, Rathaus, und der Firma WED Wiener Entwicklungsgesellschaft für den Donauraum AG, 1080 Wien, Friedrich Schmidt-Platz 3", Gemeinderätlicher Ausschuss für Wohnbau und Stadterneuerung, Stadt Wien, Oktober 1995

[12] Homepage der WED – Wiener Entwicklungsgesellschaft für den Donauraum AG, http://www.viennadc.at, letzter Zugriff am 6.11.2006

[13] „Das höchste Haus am Donaustrom", Der Standard, Wien, 18.2.2006

[14] „Stadtentwicklungsplan Wien", MA 18, Stadt Wien 1984

[15] „UCI-Großkino in der Lassallestraße wird geschlossen", Die Presse, Wien, 11.3.2002

[16] „Wien, Architektur – Der Stand der Dinge", MA 18, Stadt Wien 1997

[17] „Faymann: Wienerberg City wird attraktive Adresse", Rathauskorrespondenz der Stadt Wien, 3.5.2001

[18] Lokalaugenschein am 2.6.2006

[19] „Aspanggründe: Ergebnis des Städtebaulichen Wettbewerbs", Rathauskorrespondenz der Stadt Wien, 28.2.2005

[20] „Büromarkt und Stadtentwicklung", Werkstattbericht Nr. 54, Studie im Auftrag der MA 18 – durchgeführt 2001/2002, Stadt Wien 2004

[21] „Der Immobilienmarkt in Wien", CB Richard Ellis GmbH, Wien 2005

[22] „Florido Tower angeblich vor Verkauf", Homepage des Investor-Standard, http://derstandard.at/investor, 25.10.2006

[23] Lokalaugenschein am 13.9.2006

[24] „Deutsche Fonds in Kauflaune", Kurier, Wien, 17.3.2004

[25] „Immofinanz so groß wie Linz", Die Presse, Wien, 26.3.2005

[26] „Büroimmobilien: Nachfrageentwicklung", Homepage der ERES NETconsulting – Immobilien.NET GmbH, http://www.gatetoaustria.at, letzter Zugriff am 13.10.2006

[27] „Entwicklungsszenarien der Wiener City", Werkstattbericht Nr. 61, Studie im Auftrag der MA 21A – durchgeführt 2002/2003, Stadt Wien 2004

[28] „Büromarkt im Umbruch", Rathauskorrespondenz der Stadt Wien, 13.3.2003

[29] „Stadtentwicklungsplan für Wien 1994", MA 18, Stadt Wien 1994

[30] „Einkaufszentrum Donau Plaza, 20., Handelskai – Hellwagstraße", Schreiben der Wirtschaftskammer Wien an die MA 18 der Stadt Wien, 3.5.1995

[31] „Projekt Handelskai 94–96 (ex OMV)", Schreiben der Stumpf Immobilien und Wohnungseigentumsgesellschaft m.b.H. an die MA 18 der Stadt Wien, 9.11.1995

[32] „Millennium Tower – Widmung aus Freundlichkeit?", Presseinformation der Wiener Grünen, 14.1.2003

[33] „Grüne orten Günstlingswidmung", Wiener Zeitung, Wien, 15.1.2003

[34] „Magistratsabteilung 37, Prüfung aller Verkaufsflächen einer Größe über 2.500 Quadratmeter auf das Vorhandensein einer notwendigen Bewilligung und der notwendigen Absicherung im Flächenwidmungs- und Bebauungsplan", Kontrollamt der Stadt Wien 2001

[35] „Bauordnung Wien", Reinhold Moritz, Verlag Manz, Wien 2006

[36] „Grüne nehmen Millennium City ins Visier", Der Standard, Wien, 15.1.2003

[37] „Dreimal größer als genehmigt: Grüne orten neuen Bauskandal", Die Presse, Wien, 15.1.2003

[38] „Stadtentwicklungsplan Wien", MA 18, Stadt Wien 1984

[39] „Beiträge zu einer ökologisch und sozial verträglichen Verkehrsplanung", Institut für Verkehrsplanung und Verkehrstechnik, TU Wien 2005

[40] „Bürgerinitiative Wien Mitte", Homepage der überparteilichen Stadtbildschutzinitiative Wien-Mitte, http://www.denkmalschutz.at/wien-mitte, letzter Zugriff am 11.10.2006

[41] „Wenn die Hochhäuser einmal stehen, ist es zu spät", Die Presse, Wien, 11.2.2002

[42] „Für Projekt Wien Mitte ist Verkehrskonzept unmöglich", Die Presse, Wien, 18.3.2002

[43] „Welterbe erniedrigt die Türme", Der Standard, Wien, 15.3.2003

[44] „Wien Mitte kann schrumpfen: Jetzt ist die Bundesbahn am Zug", Die Presse, Wien, 21.2.2002

[45] „Das Weltkulturerbe ist noch lange kein Quargelsturz", Der Standard, Wien, 15.12.2001

[46] „SPÖ-Mehrheit erspart Wien-Mitte die UVP – Opposition über Vorgehen empört", Der Standard, Wien, 3.8.2002

[47] „Wien Mitte – das Alte durch ebenbürtiges Neues bereichern", Presseaussendung der Fakultät für Architektur und Raumplanung der TU Wien, März 2002

[48] „Stadt soll die Höhe abkaufen", Die Presse, Wien, 30.1.2003

[49] „Proteste gegen unmoralisches Angebot des Bauträgers", Die Presse, Wien, 31.1.2003

[50] „Mörder und Bagger in Wien Mitte", Der Standard, Wien, 18.2.2003

[51] „Projekt mit Weltkulturerbe inkompatibel", Homepage des Österreichischen Rundfunks, http://oe1.orf.at, 17.3.2003

[52] „Klebrige Hände", Falter, Wien, Nr. 9/2004

[53] „Immofinanz kauft um 870 Millionen Büroturm", Der Standard, Wien, 29.9.2001

[54] „Türme höher, aber Geschoßfläche kleiner", Die Presse, Wien, 6.3.2002

[55] „Stadträumliche Aspekte der Projektentwicklung am Beispiel Wien Mitte", Institut für EDV-gestützte Methoden in Architektur und Raumplanung, TU Wien 2004

[56] „Hochhauskonzept Wien", Hugo Potyka im Auftrag der Wiener Stadtplanung, Stadt Wien 1972

[57] „Die Wiener Hochhausstudie", Coop Himmelb(l)au und Synthesis Forschung GmbH. im Auftrag der MA 21, Stadt Wien 1991

[58] „Monte Laa – Das programmierte Verkehrschaos", Presseinformation der Wiener Grünen, 14.6.2002

[59] „Empfehlungen des Expertengremiums zum Wiener Hochhauskonzept", Perspektiven, Wien, Nr. 3–4/2002

[60] „Hochhäuser in Wien", Werkstattbericht Nr. 46, MA 21A, Stadt Wien 2002

[61] „Die neuen U-Bahn-Pläne für Wien", Der Standard, Wien, 22.2.2002

[62] „Internationale Stadtplanungs- und Hochhauskonzepte", Werkstattbericht Nr. 41, Silja Tillner im Auftrag der MA 21A, Stadt Wien 2001

[63] „Rotes Wien", Inge Podbrecky, Falter Verlag, Wien 2003

[64] „Wohnen im mediterranen Stil", Verkaufsprospekt der SEG, Wien 1999

[65] „Beamtenbestechung ist wie Bankraub", Wiener Zeitung, Wien, 26.3.2005

[66] Führung von Stephan Langmann (SEG), ÖGFA-Bauvisite Nr. 89 „Projekt Stadtbahnbögen Spittelauer Lände", Wien, 4.11.2005

[67] „Faymann: Spitzenarchitektur und leistbares Wohnen in Wien", Rathauskorrespondenz der Stadt Wien, 13.9.2002

[68] „format: SEG Stadterneuerungs- und Eigentumswohungsges.m.b.H. pleite", Homepage der APA-OTS Originaltext-Service GmbH, http://www.ots.at, 16.11.2006

[69] „Gasometer-Entwickler SEG schlittert in die Pleite", Die Presse, Wien, 17.11.2006

[70] „Wiener Wohnstudien. Wohnzufriedenheit, Mobilitäts- und Freizeitverhalten", Werkstattbericht Nr. 71, FACTUM OHG, FESSEL-GfK, F & E Werkstatt, IFES, Institut für Stadt- und Regionalforschung der TU Wien, Institut für Soziologie der Universität Hamburg und SORA im Auftrag der MA 18, Stadt Wien 2004

[71] „Wohnträume. Nutzerspezifische Qualitätskriterien für den innovationsorientierten Wohnbau", Österreichisches Ökologie Institut im Auftrag des Bundesministeriums für Verkehr, Innovation und Technologie, Wien 2001

[72] „Alle lieben die Gasometer City", Kronen Zeitung, Wien, 29.1.2003

[73] „Bewohner der Gasometer sind zufrieden", Kurier, Wien, 29.1.2003

[74] „Faymann: Gasometer-Bewohner sind mit Wohnsituation sehr zufrieden", Rathauskorrespondenz der Stadt Wien, 28.1.2003

[75] Homepage des Wohnfonds Wien, http://www.wohnfonds.wien.at, letzter Zugriff am 3.9.2006

[76] „Wien will Stadtflucht reduzieren", Homepage des Immobilien-Standard, http://derstandard.at/immobilien, 4.4.2006

[77] „Tätigkeitsbericht des Rechnungshofes, Bundeshauptstadt Wien, Verwaltungsjahr 2003", Österreichischer Rechnungshof, Wien 2004

[78] „Die Wiener Wohnberater zahlen die doppelte Miete", Der Standard, Wien, 31.1.2004

[79] „Hohe Miete in News-Turm", Die Presse, Wien, 28.1.2004

[80] „Wiener Wohnen unter Beschuss", Die Presse, Wien, 31.1.2004

[81] Homepage der Stadt Wien – Wiener Wohnen, http://www.wien.gv.at/wienerwohnen, letzter Zugriff am 14.10.2006

[82] „Günstlingswirtschaft im Wohnbau-Ressort", Homepage der Wiener Grünen, http://wien.gruene.at/wohnen, 30.1.2004

[83] „Diagonal – zum Thema: Städte in der Stadt", Ö1, Wien, 21.10.2000

[84] „Medien-Journal", Der Standard, Wien, 4.9.2004

[85] „Krone Bunt", Kronen Zeitung, Wien, 8.12.2000

[86] „Krone Bunt", Kronen Zeitung, Wien, 31.8.2001

[87] „Wohnen im City-Klassiker", Verkaufsprospekt der GESIBA, Wien 1999

[88] „128 Plätze an der Sonne: Wohnen im seg-Gasometer", Verkaufsprospekt der SEG, Wien 1999

[89] „Genau das nennt man Kitsch", Die Presse, Wien, 30.6.2001

[90] „Was bleibt, wenn nichts mehr bleibt?", Die Presse, Wien, 20.7.1996

[91] „Einkaufszentrum, Kino, Konzerte machen Gasometer zu Wohntraum", Kurier, Wien, 9.5.2004

[92] „GPA will Gasometer City verkaufen", Die Presse, Wien, 13.5.2006

[93] „Große Krise zum Gasometer-Jubiläum", Wiener Zeitung, Wien, 18.7.2006

[94] „Strukturpläne: Instrument für noch mehr BürgerInnenbeteiligung", Rathauskorrespondenz der Stadt Wien, 14.1.2003

[95] „Stadtwerke auf Chefsuche. Immobilien zur Wiener Holding", Der Standard, Wien, 14.10.2003

[96] „Wiener Stadtwerke im Minus", Der Standard, Wien, 29.7.2004

[97] „TownTown-Ideenwettbewerb: Schüler gestalten neuen Stadtteil mit", Rathauskorrespondenz der Stadt Wien, 13.5.2004

[98] „Stille Stadt – neu evaluiert", Bau & Immobilien Report, Wien, 11.4.2005

[99] „120 Meter-Büroturm für Erdberg", Die Presse, Wien, 14.10.2005

[100] „Immobiliendeal: KGAL kauft TownTown Bauteile 1 und 2", Presseaussendung der Soravia Gruppe, Wien, 6.4.2006

[101] „TownTown – eine Business-Stadt entsteht", Homepage der Soravia Gruppe, http://www.towntown.info, letzter Zugriff am 11.10.2006

[102] „Sima: Saubere Energie aus Wiener Müll", Rathauskorrespondenz der Stadt Wien, 20.4.2006

[103] „Wienerberg City: Wohnen mit Weitsicht", Kurier, Wien, 6.10.2002

[104] „Wohnparadies am Wienerberg", NEWS, Wien, Nr. 17/2001

[105] „Faymann: Coop Himmelb(l)au entwickelt den Wohnbau Wiens weiter", Rathauskorrespondenz der Stadt Wien, 13.12.2002

[106] „Erläuterungsbericht – Plan Nr. 7603", MA 21B, Stadt Wien, 13.5.2004

[107] „Stadtentwicklungsplan für Wien 1994", MA 18, Stadt Wien 1994

[108] „Wiener Verkehrskonzept 1994", MA 18, Stadt Wien 1994

[109] „Entwurfs- und Diskussionsbericht – Plan Nr. 6900", MA 21B, Stadt Wien, 28.3.1996

[110] „Faymann: Wienerberg City nur durch Wohnbauförderung möglich", Rathauskorrespondenz der Stadt Wien, 13.5.2002

[111] „Wohnen wie im Urlaub", DIE STADT – Das Wohnmagazin, Wien, Nr. 12/2004

[112] „Facts zur Wienerberg City", Presseinformation der Wiener Grünen, 12.5.2004

[113] „Lieblingsbezirk für Wohnsuchende: In Wien 10 gibt's das größte Wohnangebot!", Homepage der Verlagsgruppe NEWS, http://www.networld.at, letzter Zugriff am 11.10.2006

[114] „Wienerberg City: Erste 100 Wohnungen fertig gestellt", Rathauskorrespondenz der Stadt Wien, 12.8.2003

[115] „Faymann hat kein Herz für Kinder. Wienerberg City: 1.100 Wohnungen – kein Kinderspielplatz", Presseinformation der Wiener Grünen, 18.11.2003

[116] „Neuer Spielplatz am Wienerberg", Rathauskorrespondenz der Stadt Wien, 13.10.2004

[117] „Dynamik der Stadt: Die aktuellen Projekte in wien.at", Rathauskorrespondenz der Stadt Wien, 24.10.2002

[118] „Heißes Glas", Bau & Immobilien Report, Wien, Nr. 6/2005

[119] „Wienerberger verkauft restliche Anteile der Vienna Twin Towers an Immofinanz", Presseaussendung der Immofinanz AG, Wien, 23.12.2004

[120] „Dachgleiche bei 77 m hohem Wohntower am Wienerberg", Rathauskorrespondenz der Stadt Wien, 6.6.2003

[121] „Stadtentwicklungsplan für Wien 1994", MA 18, Stadt Wien 1994

[122] „Eine neue Stadt entsteht", Homepage von PORR SOLUTIONS, http://www.montelaa.at, letzter Zugriff am 11.10.2005

[123] „Die fünf Größten in Österreich", Österreichische Bauzeitung, Wien, Nr. 40/2006

[124] „AVZ-Stiftung will BA-CA absichern" und „Wissen", Der Standard, Wien, 9.6.2005

[125] „Wien fürchtet, dass PORR Spielball für Investoren wird", WirtschaftsBlatt, Wien, 23.8.2005

[126] „Wiener Abwassertechnologie soll Exportschlager werden", Rathauskorrespondenz der Stadt Wien, 18.1.2002

[127] „Die Hauptversammlungen der Aktiengesellschaften des PORR-Konzerns", PORR-Nachrichten, Wien, Nr. 143/2003

[128] „Monte Laa – oder Monte Lärm. Das programmierte Verkehrschaos", Presseinformation der Wiener Grünen, 17.3.2005

[129] „Masterplan Verkehr Wien 2003", Werkstattbericht Nr. 58, MA 18, Stadt Wien 2003

[130] „Faymann: Kinder- und jugendgerechtes Wohnen in Monte Laa", Rathauskorrespondenz der Stadt Wien, 16.4.2002

[131] „Das nähere Umfeld", Homepage von PORR SOLUTIONS, http://www.montelaa.at, letzter Zugriff am 17.9.2006

[132] „Wohn-Kurier Extra", Kurier, Wien, 9.5.2004

[133] „Wien-Extra", NEWS, Wien, Nr. 25/2006

[134] „Vorlagebericht – Plan Nr. 7409", MA 21B, Stadt Wien, 4.4.2002

[135] „Wiener Verkehrskonzept 1994", MA 18, Stadt Wien 1994

[136] „Klimaschutzprogramm Wien", MA 22, Stadt Wien 1999

[137] „Faymann hat kein Herz für Kinder. Monte Laa: 1.000 Wohnungen – kein Kinderspielplatz", Presseinformation der Wiener Grünen, 18.11.2003

[138] „Anfrage der Abgeordneten Dr. Bleckmann und Kollegen an den Präsidenten des Rechnungshofes betreffend Finanzierung der SPÖ durch Spenden aus dem SPÖ Firmengeflecht", Nr. 1220/J XXII. GP, Homepage des Österreichischen Parlaments, http://www.parlinkom.gv.at, 4.12.2003

[139] „Die gemeinnützige Wohnungswirtschaft. Fakten, Probleme, Perspektiven", Kammer für Arbeiter und Angestellte für Wien, 1990

[140] „Vorwärts-Pleite im Finale. Ex-Manager verurteilt", Die Presse, Wien, 17.4.1997

[141] „Freundlichst gewidmet", Bau & Immobilien Report, Wien, Nr. 5/2002

[142] „Wiener Stadtentwicklungsgesellschaft m.b.H., Feststellungen zum Jahresabschluss 2002, zum Rechnungswesen und zur Gebarung", Kontrollamt der Stadt Wien 2004

[143] „Außer Kontrolle", profil, Wien, Nr. 18/2004

[144] Homepage der Wien Holding, http://www.wienholding.at, letzter Zugriff am 24.9.2006

[145] Homepage der U2 Stadtentwicklung GmbH, http://www.u2stadt.at, letzter Zugriff am 21.9.2006

[146] „Tätigkeitsbericht des Rechnungshofes, Bundeshauptstadt Wien, Verwaltungsjahr 2004", Österreichischer Rechnungshof, Wien 2005

[147] „IG Immobilien übergibt renoviertes Stadion Hohe Warte an Sportstadträtin Laska", Presseaussendung der IG Immobilien, Wien, 22.9.2005

[148] „Plakate lernen auf Stelzen zu stehen", Der Standard, Wien, 24.1.2004

[149] „Neue Stadtmöbel für Wien", Die Presse, Wien, 13.3.2004

[150] „Plakatives Rollkommando startet ab sofort in Wien", Der Standard, Wien, 13.3.2004

[151] „MA 19, Prüfung der Sachverständigentätigkeit für die Bewilligung von leuchtenden Werbeträgern", Kontrollamt der Stadt Wien 2004

[152] Homepage der GEWISTA Werbegesellschaft mbH, http://www.gewista.at, letzter Zugriff am 29.10.2006

[153] „Reiches rotes Wien", trend, Wien, Nr. 9/2004

[154] „puls sucht Gesichter und Geld", Der Standard, Wien, 16.10.2003

[155] „Schicker verteidigt Stelzenplakate", Der Standard, Wien, 5.2.2004

[156] „Leuchtende Werbeflächen", Homepage der Wiener Grünen, http://wien.gruene.at/stadtplanung, 17.3.2004

[157] „Favoritenstraße neu und attraktiv. Innovatives Stadtmobiliar der GEWISTA", Presseaussendung der GEWISTA Werbegesellschaft mbH, Wien, 30.9.2005

[158] „Grundlagen für die Durchführung von Wettbewerben auf dem Gebiet der Architektur und des Städtebaus", Werkstattbericht Nr. 56, MA 19, Stadt Wien 2003

[159] „Das Ende des Schönbrunn-Hotels: ‚Ein Hochhaus kommt nicht in Frage'", Die Presse, Wien, 18.11.2000

[160] „Kometenstimmung in der Stadtplanung", Der Standard, Wien, 23.10.2004

[161] „Ausstellung zum städtebaulichen Ideenwettbewerb Komet-Gründe", Rathauskorrespondenz der Stadt Wien, 28.9.2004

[162] „Das Komet-Hochhaus wird deutlich gestutzt", Der Standard, Wien, 23.7.2005

[163] „Komet-Turm genehmigt", Der Standard, Wien, 13.7.2006

[164] „Und oben drauf einen Hut!", Die Presse, Wien, 11.1.2003

[165] „Widmungsskandal: SP-Klubchef und Ex-Stadtrat schwer belastet", Kurier, Wien, 21.6.2002

[166] „Flächenwidmungsskandal: Wissentliche Fehlinformationen", Falter, Wien, Nr. 37/2002

[167] „Verwendungszusage. Ein Sittenbild der Planungspolitik", Axel Grunt, Der Grüne Klub im Wiener Rathaus, Wien 2003

[168] „Protokoll über die 4. Sitzung der Untersuchungskommission des Wiener Gemeinderats zur Praxis der Wiener Flächenwidmungen am 14. Mai 2002", Homepage der Stadt Wien, http://www.wien.gv.at/mdb/uk/uk-2002-05-14.htm, letzter Zugriff am 29.9.2006

[169] „Protokoll über die 7. Sitzung der Untersuchungskommission des Wiener Gemeinderats zur Praxis der Wiener Flächenwidmungen am 3. Juli 2002", Homepage der Stadt Wien, http://www.wien.gv.at/mdb/uk/uk-2002-07-03.htm, letzter Zugriff am 29.9.2006

[170] „Protokoll über die 9. Sitzung der Untersuchungskommission des Wiener Gemeinderats zur Praxis der Wiener Flächenwidmungen am 10. Oktober 2002", Homepage der Stadt Wien, http://www.wien.gv.at/mdb/uk/uk-2002-10-10.htm, letzter Zugriff am 29.9.2006

[171] „Widmungsskandal. Die übergeordneten Stellen im Zeugenstand", Homepage der Wiener Grünen, http://archiv.wien.gruene.at/themen.php, 10.10.2002

[172] „Neuorganisation der Wiener Flächenwidmungsabteilungen", Rathauskorrespondenz der Stadt Wien, 15.2.2002

[173] „Das hast Du jetzt davon", Falter, Wien, Nr. 37/2002

[174] „Wiener Gemeinderat: Fragestunde", Rathauskorrespondenz der Stadt Wien vom 1.3.2002

[175] „Magistratsabteilung 21B, Prüfung des Verfahrens zur Abänderung des Flächenwidmungs- und Bebauungsplanes im Bereich Wien 13, Küniglberggasse 42", Kontrollamt der Stadt Wien 2001

[176] „Magistratsabteilung 21B, Prüfung des Verfahrens zur Abänderung und Festsetzung des Flächenwidmungs- und Bebauungsplanes im Bereich Wien 12, Aßmayergasse (PD 7248)", Kontrollamt der Stadt Wien 2001

[177] „Magistratsabteilung 21B, Prüfung des Verfahrens zur Festsetzung des Flächenwidmungs- und Bebauungsplanes im Bereich Wien 23, Maurer Hauptplatz", Kontrollamt der Stadt Wien 2001

[178] „Magistratsabteilung 21B, Prüfung des Verfahrens zur Abänderung und Festsetzung des Flächenwidmungs- und Bebauungsplanes im Teil-Planungsgebiet Wien 23, Perfektastraße, Anton Freunschlag-Gasse, Stipcakgasse, Haidengasse (PD 6599)", Kontrollamt der Stadt Wien 2001

[179] „Magistratsabteilung 21B, Prüfung von Verfahren zur Festsetzung des Flächenwidmungs- und Bebauungsplanes im Bereich Wien 23, Atzgersdorfer Friedhof (PD 7009, 7149 und 7327)", Kontrollamt der Stadt Wien 2001

[180] „Magistratsabteilung 21B, Prüfung betreffend die Praxis der Flächenwidmung in Wien", Kontrollamt der Stadt Wien 2002

[181] „Sitzungsberichte der Untersuchungskommission des Wiener Gemeinderats zur Praxis der Wiener Flächenwidmungen", Homepage der Stadt Wien, http://www.wien.gv.at/mdb/uk, letzter Zugriff am 29.9.2006

[182] „Protokoll über die 16. Sitzung der Untersuchungskommission des Wiener Gemeinderats zur Praxis der Wiener Flächenwidmungen am 10. Jänner 2003", Homepage der Stadt Wien, http://www.wien.gv.at/mdb/uk/uk-2003-01-10.htm, letzter Zugriff am 29.9.2006

[183] „Ergebnis der Überprüfung der Gebarung der Bundeshauptstadt Wien hinsichtlich von Teilbereichen der Stadtentwicklung und Stadtplanung durch den Rechnungshof", Österreichischer Rechnungshof, Wien 2004

[184] „Wahrnehmungsbericht des Rechnungshofes, Reihe Wien: Stadtentwicklung und Stadtplanung", Österreichischer Rechnungshof, Wien 2005

[185] „Klimaschutzprogramm Wien", MA 22, Stadt Wien 1999

[186] „Stellungnahme des Stadtsenates zum Bericht des Rechnungshofes", Magistratsdirektion der Stadt Wien 2004

[187] „Gegenäußerung des Rechnungshofes zur Stellungnahme des Stadtsenats zum Ergebnis der Überprüfung der Gebarung der Bundeshauptstadt Wien hinsichtlich von Teilbereichen der Stadtentwicklung und Stadtplanung", Österreichischer Rechnungshof, Wien 2004

[188] „Gemeinsame Vorgangsweise bei Einkaufszentren-/Großprojekten", Homepage der Planungsgemeinschaft Ost, http://www.pgo.wien.at, letzter Zugriff am 1.10.2006

[189] „Schicker: STEP 05 – Ein innovativer Plan für die Zukunft Wiens", Rathauskorrespondenz der Stadt Wien, 24.5.2005

[190] „Strategieplan für Wien", Werkstattbericht Nr. 32, MA 18, Stadt Wien 2000

[191] „Strategieplan für Wien – Strategische Projekte", Werkstattbericht Nr. 32A, MA 18, Stadt Wien 2000

[192] „Strategieplan Wien 2004", Homepage der Stadt Wien, http://www.wien.gv.at/stadtentwicklung/strategieplan, letzter Zugriff am 1.10.2006

[193] „Was die Krone bald braucht", Der Standard, Wien, 30.7.2004

[194] „Raiffeisen will verwandten Partner für Ostaktivitäten", Der Standard, Wien, 20.9.2003

[195] „Leistungsspektrum: Projekte", Homepage der STRABAG, http://www.strabag.de, letzter Zugriff am 14.10.2006

[196] „Mediaprint: Raiffeisen will mehr", Der Standard, Wien, 21.11.2001

[197] „Mediaprint stört Straßburg nicht", Der Standard, Wien, 22.7.2004

[198] „Wien – Daten und Fakten: Medien", Homepage der Compress VerlagsgesmbH & Co KG, http://www.wieninternational.at, letzter Zugriff am 14.10.2006

[199] „Die heiligen Kühe des Landes", Falter, Wien, Nr. 4/2003

[200] „Der österreichische Zeitungsmarkt: hoch konzentriert", Media Perspektiven, Frankfurt/Main, Nr. 5/2005

[201] „Konzentriert und verflochten. Österreichs Mediensysteme im Überblick", Thomas Steinmaurer, Studienverlag, Innsbruck 2002

[202] „Im Vorhof der Schlacht", Harald Fiedler, Falter Verlag, Wien 2004

[203] „Wiener Stadterneuerungspreis 2006", Der Standard, Wien, Juni 2006

[204] „Falter Extra Wohnen", Falter, Wien, Juni 2000

[205] „profil extra wien", profil, Wien, Oktober 2002

[206] „Hintergrund: Häupl-Nachfolge: Frauen voran", Die Presse, Wien, 15.3.2005

[207] „profil: Eva Dichand leitet Gratis-Blatt Die Stadt", Homepage der APA-OTS Originaltext-Service GmbH, http://www.politikportal.at, 13.2.2005

[208] „Familienblatt", profil, Wien, Nr. 7/2005

[209] „Schlank kalkuliertes Gratisblatt", Der Standard, Wien, 19.8.2004

[210] „Medien-Journal", Der Standard, Wien, 4.9.2004

[211] „Impressum", Homepage von „Heute", http://www.heute.at, letzter Zugriff am 15.10.2006

[212] „Liste österreichischer Zeitungen", Homepage von Wikipedia – Die freie Enzyklopädie, http://de.wikipedia.org, letzter Zugriff am 15.10.2006

[213] „Es ist vieles sehr im Fluss", Der österreichische Journalist, Salzburg-Eugendorf, Nr. 8/2005

[214] „Geschäftsbericht Bank Austria 2000", Bank Austria AG, Wien 2001

[215] „Wohn-Spezial", Heute, 31.3.2005

[216] „PORR Geschäftsbericht 2005", Allgemeine Baugesellschaft – A. Porr AG, Wien 2006

[217] „Reiches rotes Wien", trend, Wien, Nr. 9/2004

[218] „Eigentumsverflechtungen von Wiener Zeitschriftenverlagen", Internes Papier der Wiener Grünen, 2000

[219] „SOZIALBAU – Sozialbau gemeinnützige Wohnungsaktiengesellschaft", Homepage des Österreichischen Verbands gemeinnütziger Bauvereinigungen, http://www.gbv.at, letzter Zugriff am 15.10.2006

[220] Homepage des Wohnfonds Wien, http://www.wohnfonds.wien.at, letzter Zugriff am 3.9.2006

[221] „Anfrage der Abgeordneten Dr. Bleckmann und Kollegen an den Präsidenten des Rechnungshofes betreffend Finanzierung der SPÖ durch Spenden aus dem SPÖ Firmengeflecht", Nr. 1220/J XXII. GP, Homepage des Österreichischen Parlaments, http://www.parlinkom.gv.at, 4.12.2003

[222] „Bauen & Wohnen Extra", Wiener Bezirksblatt, Dezember 2003

[223] „capacity", Strobelgasse Werbegesellschaft mbH, Wien, Mai 2004

[224] „capacity", Strobelgasse Werbegesellschaft mbH, Wien, September 2004

[225] „capacity", Strobelgasse Werbegesellschaft mbH, Wien, Februar 2005

[226] „capacity", Strobelgasse Werbegesellschaft mbH, Wien, September 2006

[227] „Vienna DC Report", WED – Wiener Entwicklungsgesellschaft für den Donauraum AG, Wien, Oktober 2006

[228] „Deal unter Freunden: Wien zahlt 150 Mio. Euro für PR", Oberösterreichische Nachrichten, Linz, 15.6.2005

[229] „Lobbyarbeit in Bratislava ist Wien teuer", Der Standard, Wien, 25.6.2005

[230] Homepage von COMPRESS, http://www.compresspr.at, letzter Zugriff am 16.10.2006

[231] „Wien-Medien, Auslandsbüros als Big Deal", Der Standard, Wien, 15.6.2005

[232] „Grünes Licht für Medienverträge", Homepage von Vienna Online, http://www.vienna.at, 15.6.2005

[233] „wien.at rk – rathaus-korrespondenz", Homepage der Rathauskorrespondenz der Stadt Wien, http://www.wien.gv.at/pid/wienat-rk, letzter Zugriff am 16.11.2006

[234] „PID-Chefredakteur Vavrousek wurde Hofrat", Rathauskorrespondenz der Stadt Wien, 29.11.2002

[235] „Wien Mitte wird gebaut", Der Standard, Wien, 20.3.2002

[236] „Die Gstätten wird besiedelt", Der Standard, Wien, 11.4.2001

[237] „Schicker: Ab 2003 eigene Spur auf Südautobahn für Fahrgemeinschaften", Die Presse, Wien, 25.09.2001

[238] „Alles klar für U5-Planung", U-Express, Wien, 15.11.2001

[239] „Stadtentwicklungsplan 2005", MA 18, Stadt Wien 2005

[240] „Ladenleerstandsmanagement", Junker und Kruse – Stadtforschung und Planung, Dortmund 2006

[241] „Einzelhandelsimmobilien: Die Einzelhandelsdichte", Homepage der ERES NETconsulting – Immobilien.NET GmbH, http://www.gatetoaustria.at, letzter Zugriff am 16.10.2006

[242] „Einzelhandelsstandorte in Wien und Umgebung 2004", Homepage der Wirtschaftskammer Wien, http://wko.at/wien, letzter Zugriff am 16.10.2006

[243] „Einzelhandelsimmobilien: Einkaufszentrenverordnung", Homepage der ERES NETconsulting – Immobilien.NET GmbH, http://www.gatetoaustria.at, letzter Zugriff am 16.10.2006

[244] „Die geplante ‚Lawine' von Einkaufszentren in Wien", Der Standard, Wien, 30.11.2004

[245] „ÖVP: Nahversorger in Gefahr", Der Standard, Wien, 22.2.2002

[246] „Startschuss für Stadion-Center", Rathauskorrespondenz der Stadt Wien, 14.10.2005

[247] „Fehlplanung bei Einkaufszentren", Homepage der Wirtschaftskammer Wien, http://portal.wko.at, 14.10.2004

[248] „Große klare Linie, keine Verschleierung", Der Standard, Wien, 26.5.2001

[249] „Die Einkaufswelt in der Zentrumsfalle", Kurier, Wien, 8.4.2005

[250] „Rieder: Mit WWFF-Aktivitäten 300 Mio. Euro Invests ausgelöst", Rathauskorrespondenz der Stadt Wien, 21.2.2006

[251] „Rieder: ‚Wirtschaftsförderung Neu' beim WWFF", Rathauskorrespondenz der Stadt Wien, 16.11.2004

[252] „Positionspapier der Wiener Grünen und der Grünen Wirtschaft zur Nahversorgung in Wien", Landeskonferenz der Wiener Grünen, 10.11.2003

[253] „Rieder: 300.000 Euro für Weihnachtsbeleuchtung in Einkaufsstraßen", Rathauskorrespondenz der Stadt Wien, 21.11.2004

[254] „Mega-Einkaufszentren zerstören städtische Nahversorgung", Homepage der Wiener Grünen, http://wien.gruene.at/pdf/einkaufszentren.pdf, 29.11.2004

[255] „Magistratsabteilung 37, Prüfung aller Verkaufsflächen einer Größe über 2.500 m² auf das Vorhandensein der notwendigen Bewilligungen und der notwendigen Absicherung im Flächenwidmungs- und Bebauungsplan", Kontrollamt der Stadt Wien 2001

[256] „Grüne: Rückbau oder Strafzahlungen", Salzburger Nachrichten, Salzburg, 15.1.2003

[257] „Einkaufszentren-Regelung in der Wiener Bauordnung", Schreiben der MA 18 an Magistratsdirektion – Stadtbaudirektion und an Magistratsdirektion – Verfassungs- und Rechtsmittelbüro, 18.7.2000

[258] „Neuorganisation der Wiener Flächenwidmungsabteilungen", Rathauskorrespondenz der Stadt Wien, 15.2.2002

[259] „Stadtentwicklungsbericht 2000", Werkstattbericht Nr. 38, MA 18, Stadt Wien 2001

[260] „Ergebnis der Überprüfung der Gebarung der Bundeshauptstadt Wien hinsichtlich von Teilbereichen der Stadtentwicklung und Stadtplanung durch den Rechnungshof", Österreichischer Rechnungshof, Wien 2004

[261] „Häupl verteidigt Steinhof-Baupläne", Der Standard, Wien, 17.5.2006

[262] „Steinhof-Pläne: Eine Schnapsidee", Der Standard, Wien, 10.5.2006

[263] „Steinhof: Wiener Krankenanstaltenverbund als Immobilienhai", Presseinformation der Wiener Grünen, 2.6.2006

[264] „Wohnen statt Psychiatrie am Steinhof", Der Standard, Wien, 8.4.2006

[265] „Kleiner Erfolg für Steinhof-Kritiker", Der Standard, Wien, 9.9.2006

[266] „Steinhofgründe werden jetzt um 15 Hektar größer", Der Standard, Wien, 13.10.2006

[267] „Kleingartenzukunft in Himmelb(l)au", Der Standard, Wien, 19.4.2003

[268] „Häupl: Kampf dem Speckgürtel", Die Presse, Wien, 5.4.2006

[269] „Stadtentwicklungsplan 2005", MA 18, Stadt Wien 2005

[270] „Das Rote Wien. Sozialdemokratische Architektur und Kommunalpolitik 1919–1934", Helmut Weihsmann, Promedia Verlag, Wien 2002

[271] „Stadtentwicklungsstrategie und Grüngürtel Wien", Resolutionsantrag der Grünen eingebracht in der Sitzung des Gemeinderats der Stadt Wien am 24.11.2004

[272] „Umweltstadträtin Kossina: Wien ist beim Klimaschutz Weltspitze", Rathauskorrespondenz der Stadt Wien, 17.7.2001

[273] „Häupl & Kossina: Ich bin ein Wiener Umweltprofi", Rathauskorrespondenz der Stadt Wien, 8.6.2004

[274] „Angebotsverbesserung beim Öffentlichen Verkehr als Ziel", Rathauskorrespondenz der Stadt Wien, 21.10.2005

[275] „Feinstaub als Monatsrechnung", Der Standard, Wien, 25.3.2006

[276] „Schwebestaub in Österreich", Umweltbundesamt, Wien 2005

[277] „Das vergessene Gesundheitsrisiko Lärm", Der Standard, 12.3.2005

[278] „Im März drosselt die Steiermark das Tempo", Der Standard, Wien, 25.2.2004

[279] „Erfolg bei Tempo 50", Homepage des ÖAMTC, http://www.oeamtc.at, 5.4.2006

[280] „Tempo 50: Überraschende Kehrtwende Wiens", Die Presse, Wien, 17.1.2006

[281] „Das war der Autofreie Tag 2006", Homepage der Klimabündnis Österreich Ges.m.b.H., http://www.klimabuendnis.at, letzter Zugriff am 22.10.2006

[282] „Wien: Kfz-Verkehr stagniert, Radler werden mehr", Der Standard, Wien, 22.9.2006

[283] „Autofreier Tag: Wien verzichtet nicht aufs Auto", Homepage des Österreichischen Rundfunks, http://oesterreich.orf.at, 19.9.2005

[284] „Mobilitäts-Szenarien 2035. Initiative zur nachhaltigen Verkehrsentwicklung im Raum Wien", Gerd Sammer et al. im Auftrag der Shell Austria GmbH, Wien 2004

[285] „Wenige Alternativen zum Stauverbund Ost", Der Standard, Wien, 21.9.2006

[286] „Baukartell: Wiens Bürgermeister ortet teils Handlungsbedarf im Magistrat", Der Standard, Wien, 15.4.1998

[287] „Unternehmensportrait", Homepage der TEERAG-ASDAG, http://www.teerag-asdag.at, letzter Zugriff am 23.10.2006

[288] „80 Hausdurchsuchungen, 10 Verdächtige und die erste Anklage", Der Standard, Wien, 30.4.1998

[289] „Ergebnis der Überprüfung der Gebarung der Bundeshauptstadt Wien hinsichtlich von Teilbereichen der Stadtentwicklung und Stadtplanung durch den Rechnungshof", Österreichischer Rechnungshof, Wien 2004

[290] „U2-Süd. Verlängerung von der Station Karlsplatz in Richtung Süden", Homepage der Stadt Wien, http://www.wien.gv.at/stadtentwicklung/u2sued, letzter Zugriff am 23.10.2006

[291] „Stadtentwicklungsplan für Wien 1994", MA 18, Stadt Wien 1994

[292] „U2-Verlängerung Schottenring–Aspern", Werkstatt-Information der MA 18, Stadt Wien 2000

[293] „Stadtentwicklungsplan 2005", MA 18, Stadt Wien 2005

[294] „U2-Verlängerung startet", Österreichische Bauzeitung, Wien, Nr. 41/2006

[295] „Flugfeld Aspern: Moderne Stadt mit europäischer Perspektive", Rathauskorrespondenz der Stadt Wien, 1.6.2006

[296] „TU will nicht nach Aspern übersiedeln", Der Standard, Wien, 13.6.2006

[297] „Wien erstellt Leitfaden für Uni-Standorte", Der Standard, Wien, 10.5.2006

[298] „U6-Verlängerung: Ohne Potenzial kein Geld", Der Standard, Wien, 8.10.2003

[299] „Eine Heimat für Fußballer und Fliegen", Der Standard, Wien, 23.9.2002

[300] „Strategieplan für Wien – Zusammenfassung", MA 18, Stadt Wien 2001

[301] „Mit Stronach auf den Stadionbau geeinigt", Der Standard, Wien, 2.12.2005

[302] „Fußball-EM 2008: Wien droht Blamage", Die Presse, Wien, 25.11.2005

[303] „Das ist der dümmste Weg", Der Standard, Wien, 22.4.2006

[304] „Definitive Option", Bau & Immobilien Report, Wien, Nr. 10/2006

[305] „Gemeinderat stockt Mittel für Ausbau des Stadions auf", Wiener Zeitung, Wien, 21.11.2006

[306] „Geld scheffeln im Traktorland", Falter, Wien, Nr. 28/2003

[307] „Flugfeld Aspern: Moderne Stadt mit europäischer Perspektive", Rathauskorrespondenz der Stadt Wien, 1.6.2006

[308] „Bau der S1 wird vorangetrieben", Rathauskorrespondenz der Stadt Wien, 12.5.2003

[309] „Neue Autobahn in der Donaustadt", Homepage der Wiener Grünen, http://wien.gruene.at/verkehr, 13.3.2005

[310] „Wiener Verkehrskonzept 1994", MA 18, Stadt Wien 1994

[311] „Kyoto-Fortschrittsbericht Österreich 2004", Umweltbundesamt, Wien 2004

[312] „Zulassungsrekord im Juni bei Neufahrzeugen in Österreich", Der Standard, Wien, 13.7.2004

[313] „Wien kann an der Spitze bleiben. Eine verkehrsvermeidende Stadtentwicklung und Raumordnung", Institut für Verkehrsplanung und Verkehrstechnik, TU Wien 2005

[314] „Schicker: Klare Absage an City-Maut", Rathauskorrespondenz der Stadt Wien, 2.6.2005

[315] „Das Volk wehrt sich gegen seine Garage", Der Standard, Wien, 13.3.2004

[316] Homepage der Lokalen Agenda 21 in Wien, http://www.la21wien.at, letzter Zugriff am 28.10.2006

[317] „Rot gegen Grün im Park", Der Standard, Wien, 14.1.2006

[318] „Mediation im Bacherpark beginnt", Der Standard, Wien, 5.4.2006

[319] „Wien: Warum Parken teurer wird", Die Presse, Wien, 9.11.2006

[320] „Stellungnahme zu den Erhebungsmethoden im Ruhenden Verkehr in Wien", Institut für Verkehrsplanung und Verkehrstechnik, TU Wien 2004

[321] „Bacherplatz: Volksgaragen stehen nicht in Frage", Homepage des Österreichischen Rundfunks, http://wien.orf.at, 24.1.2006

[322] „Stadtentwicklungsplan 2005", MA 18, Stadt Wien 2005

[323] „Masterplan Verkehr Wien 2003", Werkstattbericht Nr. 58, MA 18, Stadt Wien 2003

[324] „Radverkehrsförderung rechnet sich!", Vortrag von Hep Monatzeder, Fachkonferenz „Der Nationale Radverkehrsplan – Einladung zum Dialog", Berlin, 16.11.2004

[325] „Berlin wird Fahrradstadt", Homepage der Senatsverwaltung für Stadtentwicklung des Landes Berlin, http://www.stadtentwicklung.berlin.de/aktuell/pressebox, 16.3.2005

[326] „Für Zentralbahnhof werden andere ÖBB-Projekte geopfert", Die Presse, Wien, 13.10.2006

[327] „Tauziehen um die Verwertung des Zentralbahnhof-Areals", Der Standard, Wien, 26.3.2005

[328] „Bahnhof Wien – Europa Mitte. Masterplan Stadtteil Wien-Südbahnhof", Homepage der Stadt Wien, http://www.wien.gv.at/stadtentwicklung/bahnhofwien, letzter Zugriff am 28.10.2006

[329] „Zentralbahnhof: Vier Türme hinter dem Belvedere geplant", Die Presse, Wien, 20.7.2004

[330] „Elf Hochhäuser neben dem neuen Hauptbahnhof", Der Standard, Wien, 15.3.2006

[331] „Keine einzige U2-Variante erschließt Zentralbahnhof", Der Standard, Wien, 30.7.2004

[332] „Mini-U-Bahn für den neuen Zentralbahnhof", Der Standard, Wien, 28.7.2005

[333] „Bahnhof Balkan West", Der Standard, Wien, 30.7.2004

[334] „Masterplan Verkehr Wien 2003", Werkstattbericht Nr. 58, MA 18, Stadt Wien 2003

[335] „Gutachten zum Vorprojekt 2001, B221 – Wiener Gürtel Straße", Institut für Verkehrsplanung und Verkehrstechnik, TU Wien 2003

[336] „Kukacka: Hauptbahnhof Wien als Drehscheibe für das transeuropäische Schienennetz", Presseaussendung des Staatssekretariats für Verkehr, Innovation und Technologie, Wien, 12.10.2006

Sonstige Informationen

http://www.wien.gv.at/index/stadtentwicklung.htm
http://www.wien.gv.at/flaechenwidmung/public
http://www.wien.gv.at/index/verkehr.htm
http://www.wien.gv.at/index/wirtschaft.htm
http://www.wwff.gv.at
http://www.wienholding.at
http://www.wien.gv.at/index/wohnen.htm
http://www.wien.gv.at/index/umwelt.htm
http://www.wien.gv.at/pid/wienat-rk
http://www.wien.gv.at/index/gemeinderat.htm
http://www.kontrollamt.wien.at
http://www.rechnungshof.gv.at
http://www.diepresse.com/suche/suche.aspx
http://derstandarddigital.at
http://www.wienerzeitung.at
http://www.kurier.at/archiv/archiv.php
http://www.falter.at/print/archiv.php
http://www.report.at
http://oe1.orf.at

Abbildungsnachweis

© Reinhard Seiß / URBAN+

Cover	Wohnpark Alte Donau, 22. Bezirk
S. II/III	Wiens Skyline mit dem DC Tower 1 (2012), 22. Bezirk
S. XVI	Seestadt Aspern (2012), 22. Bezirk
S. 12	Kleingartensiedlung – Wienerberg, 12. Bezirk
S. 16	Vienna Donau City, 22. Bezirk
S. 28	Hochhäuser – Wagramer Straße, 22. Bezirk
S. 36	Bürokomplex – Altmannsdorfer Straße/Breitenfurter Straße, 12. Bezirk
S. 44	Millennium Tower, 20. Bezirk
S. 50	Vienna City Tower – Wien Mitte, 3. Bezirk
S. 62	UNIQA Tower, 2. Bezirk
S. 70	Sozialer Wohnbau – Vorgartenstraße, 2. Bezirk
S. 82	Gasometer City, 11. Bezirk
S. 94	Wienerberg City, 10. Bezirk
S. 108	Wiener Rathaus, 1. Bezirk
S. 120	Übergeordnete Planungen für Wien
S. 136	Wiens Stadtentwicklung in den Medien
S. 144	Gewerbepark Stadlau, 22. Bezirk
S. 154	Kleingartensiedlung – Hausfeldstraße, 22. Bezirk
S. 162	Kreuzungsbereich Linzer Straße/Ameisgasse, 14. Bezirk
S. 184	Wohnpark Alte Donau, 22. Bezirk

© ARGE H. Hollein – A. Wimmer

S. 102	Monte Laa (Entwurf, Stand 2007), 10. Bezirk

© ÖBB Immobilienmanagement GmbH

S. 178	Wien Hauptbahnhof (Entwurf, Stand 2007), 10. Bezirk

Stichwortverzeichnis